भारत की प्रथम महिलाएँ

भारत की प्रथम महिलाएँ

आशारानी व्होरा

प्रतिभा प्रतिष्ठान, नई दिल्ली

प्रकाशक : **प्रतिभा प्रतिष्ठान**

694–बी (निकट अजय मार्केट), चावड़ी बाजार, दिल्ली–110006

 / संस्करण : 2025 / मूल्य : पाँच सौ रुपए

मुद्रक : यश प्रिंटोग्राफिक्स, नोएडा ISBN 978-93-80823-29-4

BHARAT KI PRATHAM MAHILAYEN

₹ 500.00

by Asharani Vohra

Published by **PRATIBHA PRATISHTHAN**

694-B (Near Ajay Market), Chawri Bazar, Delhi-110006

पृष्ठभूमि

एक कदम, दो कदम, तीन कदम, फिर एक साथ कई। पहला कदम ही कठिन होता है। दूसरा और तीसरा क्रमशः सरल। आगे कदम अपने आप उठते जाते हैं—आयासहीन, बाधाहीन।

भरी-पूरी आकांक्षाएँ और अधूरे संकल्प। फिर सहसा पूरे संकल्प के साथ उन आकांक्षाओं की पूर्ति के लिए जब कोई कदम उठाता है तो परंपराएँ डोल जाती हैं। बाधाएँ आगे बढ़ रास्ता रोकने लगती हैं। समस्याएँ सुरसा-सी मुँह बाए व्यक्ति को उसके संकल्पों सहित लील जाने को तत्पर रहती हैं। एकबारगी लगता है, व्यक्ति हारा, उसका मनोबल डिगा, अब डिगा। पर साहस अडिग हुआ तो वह कदम उठा चल ही पड़ता है। पगडंडी तैयार होती है और अगले कदमों की राह आसान होती जाती है।

दूसरों की बनाई राह पर तो सभी चलते हैं। परंपराओं की गिट्टियाँ तोड़, रूढ़ियों के काँटे बीनते हुए नई पगडंडी तैयार करना सचमुच बड़े साहस और जोखिम का काम होता है। भारतीय नारी की मुक्ति और उसे वर्तमान स्तर पर लाने के लिए न जाने कितनी स्त्रियों ने यह जोखिम उठाया है। एक-एक पगडंडी तैयार करने के लिए वर्षों-वर्षों के अंतराल से एक-एक कदम उठा, झिझका, लड़खड़ाया, फिर सँभलकर दृढ़ता से गति पकड़ गया। स्वाधीनता और समानाधिकार—इस एक मंजिल को जाती हुई कई-कई राहें बनीं। फिर स्वतंत्र भारत की स्वतंत्र महिला उन राहों पर न केवल तेजी से बढ़ चली, बल्कि नई-नई और राहें भी बनाती चली। एक राह से दूसरी का अंतराल क्रमशः घटता गया। इसी तरह मुश्किल राहें भी धीरे-धीरे आसान होती गईं।

यह जानने की जिज्ञासा स्वाभाविक है कि कौन थीं वे अग्रणी महिलाएँ? कौन

सी थीं वे राहें? किसने, किस तरह, किस नई राह को चुना या उसका निर्माण किया? यह प्रयत्न इस जिज्ञासा का समाधान ही नहीं, उन महती विभूतियों को एक विनम्र श्रद्धांजलि भी है, जिन्होंने रूढ़ि तोड़, अपने अद्‍भुत साहस का परिचय दे किसी क्षेत्र में 'पहल' की है।

जब कभी किसी महिला ने किसी क्षेत्र में पहल की—वह प्रथम विमान-चालिका बनी, प्रथम छाताधारी, प्रथम जज या प्रथम विधायक—समाचार-पत्रों ने एक समाचार प्रकाशित किया, कभी चित्र भी और फिर लोग भूल गए। (प्रथम प्रधानमंत्री श्रीमती इंदिरा गांधी की तरह चमककर छा जानेवाले नाम कितने होते हैं?) इन्हें खोजकर एक जगह रखना आसान न था। वर्षों तक यह खोज चलती रही और पुस्तक की योजना दिमाग में पलती रही। इसे प्रथम कार्यान्वयन देने का श्रेय है 'कादंबिनी' के पूर्व संपादक स्व. श्री रामानंद दोषी को, जिन्होंने 'अग्रणी महिलाएँ' शीर्षक से इस सूची के तेरह अपरिचित नामों को धारावाहिक रूप में प्रकाशित कर पाठकों की जिज्ञासा जगाने और पुस्तक की उपादेयता बढ़ाने में योग दिया। इस सूची के कुछ अपरिचित नाम 'धर्मयुग', 'नवभारत टाइम्स', 'दैनिक हिंदुस्तान' और 'अंगजा' में प्रकाशित हो चुके हैं। और अब सुपरिचित नामों सहित पुस्तक रूप में आपके सम्मुख प्रस्तुत हैं—एक लंबे संघर्ष की कई लंबी-लंबी कहानियों का संक्षिप्त दिग्दर्शन।

पुस्तक के महत्त्व और प्रयास की सफलता का निर्णय आपके हाथों में।

—आशारानी व्होरा

सूची-क्रम

शिक्षा

वैज्ञानिक

खेल

अन्य

स्वाधीनता संग्राम

प्रथम क्रांतिकारी

भीकाजी कामा

भारत का स्वाधीनता संग्राम! लंबे समय तक चलनेवाला एक निरंतर संघर्ष। बलिदानों की एक लंबी कहानी। असंख्य वीर देशभक्तों द्वारा स्वतंत्रता की बलिवेदी पर जीवन की आहुति। स्वतंत्रता का नारा बुलंद करनेवालों की टोलियाँ लाठियाँ, गोलियाँ और पुलिस के बूटों की ठोकरें खाते हुए भी हँसते-हँसते सीना तानकर आगे बढ़ती रहती थीं।

नारियाँ भी पीछे न रहीं, वे अग्रणी होकर भी चलीं। जीवन के समस्त सुखों को तिलांजलि देकर कठोर साधना और कष्टमय जीवन अपनानेवाली नारियों में श्रीमती भीका रुस्तमजी कामा का नाम विशेष सम्मान के साथ लिया जाता है।

बंबई के एक संपन्न पारसी परिवार में 24 सितंबर, 1891 को श्रीमती कामा का जन्म हुआ था। वह श्री सोराबजी पटेल की नौ संतानों में से एक थीं। एलेक्जेंड्रिया गर्ल्स स्कूल में शिक्षा दिलवाकर उनके पिता ने पश्चिमी संस्कृति के बीज उनमें भरने का प्रयत्न किया, पर भीका तो भारत की पुत्री थीं। तीव्र बुद्धि, जन्मजात प्रतिभा और संवेदनशील हृदय की स्वामिनी भीका अपने चारों ओर के भारतीय वातावरण से असंपृक्त कैसे रह सकती थीं? भारतीयों की अपमानजनक जिंदगी उनके लिए असह्य थी। उनकी गरीबी उनसे देखी नहीं जाती थी। यह वह जमाना था जब स्त्रियों का, विशेषकर समृद्ध परिवारों की स्त्रियों का, घरों से निकलकर समाज-सेवा के क्षेत्र में आना एक बड़े साहस का काम था; पर भीका स्वयं को रोक न सकीं।

किशोरावस्था में ही भीका का ध्यान राजनीति की ओर आकर्षित हुआ। सन् 1885 में भारतीय राष्ट्रीय कांग्रेस की स्थापना के बाद जब कांग्रेस का प्रथम अधिवेशन हुआ, तब उनकी अवस्था केवल चौबीस वर्ष थी। नेताओं के उग्र भाषणों और जोरदार अपीलों से वे इतनी प्रभावित हुईं कि तभी से एक सक्रिय कार्यकर्त्री के रूप में कार्य करने लगीं। जाति-पाँत, धर्म-संप्रदाय के भेदभाव भुलाकर उन्होंने सबसे पहले सभी तरह की स्त्रियों और महिला संस्थाओं के संगठन का बीड़ा उठाया। निर्धन और अभावग्रस्त महिलाओं में समाज के कल्याण-कार्य के अतिरिक्त उनका विशेष कार्य उन महिलाओं को अपनी दुर्दशा के प्रति सचेत करना और उनमें जागृति का शंख फूँकना था। विदेशी राज्य के अत्याचारों के खिलाफ खड़े होने के लिए उन्होंने सभी को ललकारा और उनके सोए आत्माभिमान को जगाया।

उनके क्रांतिकारी विचारों और ब्रिटिश साम्राज्य-विरोधी गतिविधियों से आतंकित हो सन् 1885 में ही उनके पिता ने उनका विवाह श्री रुस्तमजी कामा से करके उन्हें घर-परिवार की तरफ मोड़ने का प्रयत्न किया। पर विवाह से उनकी गतिविधियों में कोई बाधा नहीं पड़ी। श्री कामा एक विद्वान् और संपन्न पिता के पुत्र थे। प्रारंभ में उन्होंने श्रीमती कामा के काम में कोई रुकावट नहीं डाली। वे दोगुने उत्साह से काम में जुट गईं। यहाँ तक कि वे पति से अधिक अपने कार्य के प्रति समर्पित हो गईं। वे कहा करती थीं, "मेरा विवाह तो मेरे ध्येय के साथ हो चुका है।" इस तरह काम में डूब जाने और घर की ओर ध्यान न दे पाने के बाद से उनका विवाहित जीवन असफल हो गया। फिर एक बार जब वे बहुत बीमार पड़ गईं तो पति ने यह समझकर उन्हें इंग्लैंड भेज दिया कि भारत से बाहर जाकर वे राजनीति से अलग हो जाएँगी। पर यह उनका भ्रम था।

जब वे स्वस्थ होकर भारत लौटने वाली थीं, उन्हीं दिनों इंग्लैंड में उनकी भेंट प्रसिद्ध भारतीय क्रांतिकारी श्यामजी कृष्ण वर्मा से हो गई। श्यामजी के ओजस्वी भाषणों से उनकी सुषुप्त भावनाओं ने जागकर फिर इतना जोर मारा कि भारत लौटने का निश्चय छोड़कर उन्होंने वहीं स्वतंत्रता संग्राम छेड़ दिया। श्री श्यामजी वर्मा के साथ वह भी हाइड पार्क में अपने जोशीले भाषणों से स्वतंत्रता का नारा बुलंद करने लगीं। अंग्रेज आश्चर्यचकित हो गए। भारत जैसे गुलाम और पिछड़े देश की एक महिला अपने शासकों के देश में इस तरह खुल्लमखुल्ला विद्रोही प्रचार कर सकती है। इंडिया ऑफिस के अधिकारी आगबबूला हो गए। उन्होंने श्रीमती कामा को समझाया कि वे भारत लौट जाएँ, नहीं तो उनके खिलाफ काररवाई की जाएगी। पर वे कहाँ मानने वाली थीं। उन्होंने आंदोलन और तेज कर दिया।

भाषणों का सिलसिला बंद न करने पर अधिकारियों ने उन्हें जबरदस्ती निकाल

देने की धमकी दी, पर वह भी बेकार! आखिर जब श्रीमती कामा को गुप्त रूप से खबर मिली कि उनके खिलाफ कठोर काररवाई की जाने वाली है तो वे इंग्लिश चैनल के रास्ते तुरंत फ्रांस पहुँच गईं और फिर पेरिस को उन्होंने अपना कार्यस्थल बना लिया। पेरिस में उनका घर क्रांतिकारियों का मुख्य आश्रय था। यहाँ भारत, फ्रांस और रूस के सभी भूमिगत क्रांतिकारी शरण पाते थे। ब्रिटिश अधिकारियों ने उनकी गतिविधियों से आतंकित होकर उनके भारत-प्रवेश पर रोक लगा दी थी, इसलिए श्रीमती कामा पैंतीस वर्ष तक पेरिस में ही रहीं। अंग्रेज अधिकारियों ने फ्रांस सरकार से उनके प्रत्यर्पण की कई बार कोशिश की, पर असफल रहे। यदि फ्रांस द्वारा उन्हें ब्रिटिश सरकार को सौंप दिया जाता तो निश्चय ही वे गोली से उड़ा दी जातीं।

इस तरह फ्रांस सरकार से सुरक्षा का आश्वासन पाकर उन्होंने 'वंदे मातरम्' पत्र का प्रकाशन भी प्रारंभ कर दिया। फ्रांस सरकार इस प्रकाशन से किसी तरह की उलझन में न पड़े, इसलिए उसका प्रकाशन जेनेवा से किया गया। यह क्रांतिकारी पत्र नौ वर्ष तक विदेशों में भारतीय स्वतंत्रता की अलख जगाता रहा।

उनकी एक प्रमुख एवं चिर स्मरणीय देन है—भारतीय तिरंगा झंडा। भारतीय स्वतंत्रता के प्रतीक तिरंगे झंडे का नमूना श्रीमती कामा द्वारा ही भारत से बाहर तैयार किया गया। इसकी भी एक कहानी है। 18 अगस्त, 1907 को जर्मनी में विश्व समाजवादियों का एक विशाल सम्मेलन हुआ था, जिसमें 1,000 से अधिक प्रतिनिधि सम्मिलित हुए थे। उस सम्मेलन में श्रीमती कामा को न केवल आमंत्रित किया गया, सम्मेलन के नेता श्री जीन जौरस ने सभा-मंच से उनका परिचय 'फ्रेटरनल डेलीगेट' (हमसफर प्रतिनिधि) के रूप में दिया। श्रीमती कामा ने इस सम्मेलन में अपने तूफानी भाषण से श्रोताओं के हृदय में उथल-पुथल मचा दी। अपनी ओजस्वी वाणी में उन्होंने यह प्रस्ताव प्रस्तुत किया—"भारत में ब्रिटिश साम्राज्य का बने रहना हम भारतीयों के लिए घोर अपमानजनक और भारतवर्ष के लिए सर्वनाशक है। संपूर्ण विश्व के स्वतंत्रता-प्रेमियों को विश्व की चौथाई से अधिक जनसंख्यावाले इस दलित राष्ट्र की स्वाधीनता में अवश्य सहयोग देना चाहिए।" इसके बाद एक भारी भीड़ उन्हें बधाई देने उमड़ पड़ी। इसी बीच भावावेश में आकर उन्होंने अपनी साड़ी का पल्लू फाड़ा और उसे भारतीय स्वतंत्रता के झंडे के रूप में गर्व से लहरा दिया और कहा, "यह है मेरे राष्ट्र की पताका।"

श्रीमती कामा के व्यक्तित्व और कार्यों से प्रभावित होकर स्वयं लेनिन ने उन्हें रूस आने के लिए कई निमंत्रण दिए, जिन्हें वे किसी कारणवश स्वीकार न कर सकीं।

पैंतीस वर्ष तक भारत से निष्कासित रहकर निरंतर काम में जुटी रहनेवाली इस निर्भीक महिला की वृद्धावस्था में स्वदेश लौटने की इच्छा इतनी बलवती हो उठी कि

राजनीति में भाग न लेने की ब्रिटिश सरकार की शर्त पर उन्होंने यह सोचकर स्वीकृति दे दी कि अब वे काम करने लायक नहीं रह गई थीं। अब तो वे एक थकी, रुग्ण और क्षीणकाय नारी मात्र थीं। नवंबर 1935 में बंबई पहुँचने पर स्ट्रेचर और एंबुलेंस द्वारा उन्हें सीधे अस्पताल पहुँचाया गया, जहाँ आठ महीने बाद 13 अगस्त, 1936 को उनका स्वर्गवास हो गया। उनके अंतिम शब्द थे—'वंदे मातरम्'।

उन्नीसवीं सदी में जबकि अंग्रेजों की शक्ति भारत या इंग्लैंड में ही नहीं, सारे संसार में बढ़ी-चढ़ी थी और जब भारतीय पुरुष भी खुलकर ऐसे आंदोलनों में भाग लेने से डरते थे, एक नारी का इतना महान् एवं साहसी कार्य सचमुच अद्‌भुत प्रेरणा और शक्ति प्रदान करता है।

□

कांग्रेस की प्रथम अध्यक्ष

एनी बेसेंट

"सत्य के अनुसंधान में चाहे मेरे समस्त लौकिक बंधन छूट जाएँ, मित्रता और सामाजिक संबंध छिन्न-भिन्न हो जाएँ, चाहे मैं प्रेम से वंचित हो जाऊँ, चाहे उसके लिए मुझे निर्जन पथों में क्यों न भटकना पड़े और फिर सत्य प्रकट होकर चाहे मुझे ही क्यों न मिटा डाले, मैं उसका अनुसरण करने से पीछे नहीं हटूँगी। मृत्यु के पश्चात् भी मैं अपनी समाधि पर यही एक वाक्य चाहूँगी—'वह, जिसने सत्य के अन्वेषण में प्राणों की बाजी लगा दी।' " इस शब्दावली का जीवन में कई बार प्रयोग करनेवाली डॉ. एनी बेसेंट का समस्त जीवन गांधीजी की भाँति सत्य की प्रयोगशाला और सेवा की कुटिया कहा जा सकता है। सन् 1893 में उनका भारत आगमन 'सत्य की खोज' और बाद का जीवन 'सेवा के प्रति समर्पण' है। विश्व में बहुत कम महिलाएँ ऐसी मिलेंगी, जो अपने जीवनकाल में ही इतनी ऊँचाई पर पहुँची हों, जिनका नैतिक, आध्यात्मिक, सामाजिक, शैक्षणिक एवं राजनीतिक स्तर समान ऊँचाई पर हो तथा जिन्होंने मानवता की विविध रूपों में इतनी महान् सेवा की हो। स्वयं गांधीजी ने उनके विषय में कहा था, "श्रीमती बेसेंट ने भारत की जो गरिमापूर्ण सेवाएँ की हैं, उनकी स्मृति तब तक सजीव रहेगी जब तक स्वयं भारत राष्ट्र के शरीर में प्राणों का स्पंदन रहेगा।"

डॉ. एनी बेसेंट राष्ट्रीय जागरण आंदोलन एवं स्वतंत्रता-संग्राम की प्रमुख नेत्री थीं। इस नाते भारतीय राष्ट्रीय कांग्रेस के अध्यक्ष पद पर आसीन होनेवाली प्रथम महिला का सौभाग्य उन्हें ही प्राप्त हुआ था। यह सन् 1915 की बात है। इसी से

प्रोत्साहन पाकर सन् 1917 में भारतीय महिलाओं का अखिल भारतीय संगठन और महिला मताधिकार आंदोलन सामने आया।

एनी बेसेंट ने अन्य कई क्षेत्रों में पहल की है। सन् 1907 में सूरत 'इंडियन नेशनल कांग्रेस' दो दलों में विभक्त हो गई थी—उनके नेता थे श्री बाल गंगाधर तिलक और श्री गोपालकृष्ण गोखले। एनी बेसेंट ने दोनों दलों में समझौता करवाकर 'इंडिया होम रूल लीग' की स्थापना की। सन् 1913 में उन्होंने 'कामनवील' साप्ताहिक पत्र निकाला। इसके कुछ ही माह बाद उन्होंने प्रसिद्ध दैनिक पत्र 'मद्रास स्टैंडर्ड' खरीदकर उसका नाम 'न्यू इंडिया' रख दिया। कई वर्षों तक वे उसका संपादन करती रहीं। सन् 1921 में लॉर्ड बेडेन-पावेल (वर्ल्ड चीफ स्काउट) द्वारा वे 'आल इंडिया ब्वॉय स्काउट एसोसिएशन' की प्रथम महिला ऑनरेरी कमिश्नर नियुक्त की गईं। सन् 1921 में ही उन्होंने भारतीय स्वतंत्रता के लिए 'नेशनल कन्वेंशन' नामक एक दूसरा आंदोलन छेड़ दिया। इसके परिणामस्वरूप ही सन् 1925 में 'कॉमनवेल्थ ऑफ इंडिया बिल' ब्रिटिश पार्लियामेंट में रखा गया था। उन्होंने ही बनारस में 'सेंट्रल हिंदू कॉलेज' की स्थापना की थी। बाद में पं. मदनमोहन मालवीय ने इसी कॉलेज को हिंदू विश्वविद्यालय का ऐतिहासिक स्वरूप प्रदान किया।

भारतीय संस्कृति एवं हिंदू धर्म में अगाध श्रद्धा रखनेवाली तथा भारतीयों को अपनी महान् सांस्कृतिक विरासत का निरंतर भान करानेवाली भी शायद वे ही पहली विदेशी महिला थीं, जो भारत में पदार्पण के साथ ही भारतवासियों के लिए विदेशी नहीं, अपनी हो गई थीं। उन्होंने एक 'महिला प्रिंटिंग प्रेस' भी चलाया तथा 'डेली हेरॉल्ड' जैसे पत्र को निकालने का श्रेय भी प्राप्त किया। भारत में 'स्काउट' और 'गर्ल्स गाइड' आंदोलन चलाने में भी उनका प्रमुख स्थान है। सन् 1932 में इसकी विश्व संस्था की ओर से उन्हें सर्वाधिक सम्मानित उपाधि 'बुल्फ' प्रदान की गई थी।

एनी बेसेंट का जन्म 1 अक्तूबर, 1847 को लंदन में हुआ। एक आयरिश परिवार से संबंधित कुमारी एनी बचपन से ही विलक्षण प्रतिभा की धनी थीं। इस बालिका की अद्‍भुत चिंतन-शक्ति और ईश्वर-भक्ति देखकर लोग चकित हो जाते थे। उनके ही जीवन की एक दुर्भाग्यपूर्ण घटना से इस दैवी प्रेरणा को आगे जाकर राह मिली। उनका विवाहित जीवन बहुत कष्टप्रद था। एक बार पति के दुर्व्यवहार से अत्यधिक खिन्न होकर वह विष पीने के लिए तैयार हो गई थीं कि तभी उन्हें अपनी आत्मा की आवाज सुनाई दी—'कायर, कष्टों से डरकर अपनी हत्या करने पर तुली है! समर्पण का पाठ सीख और सत्य का अन्वेषण कर! क्या तू सत्य की खोज के लिए अपनी तुच्छ वासनाओं का दमन न कर सकेगी?' और श्रीमती एनी बेसेंट ने विष की शीशी तुरंत खिड़की से बाहर फेंक दी। फिर एक दिन चुपचाप अपने पति एवं दो

सुकुमार बच्चों को छोड़कर सत्य की खोज में घर से निकल पड़ीं। शिकायत पति से थी, बच्चों से नहीं। माँ का हृदय एक बार उमड़ा, पर इस तपस्विनी ने उसे सँभाल लिया।

और फौलाद के हृदय में माँ की कोमल ममता छिपाए-समेटे एनी बेसेंट लाखों-करोड़ों की माँ बन गईं। विश्व को अपना देश एवं परोपकार को अपना धर्म मानकर श्रीमती बेसेंट ने पहले समस्त यूरोप का भ्रमण किया। अमेरिका, न्यूजीलैंड और ऑस्ट्रेलिया गईं, फिर थियोसोफिकल सोसाइटी से खिंचकर छियालीस वर्ष की अवस्था में भारत आ गईं। भारत से अधिक उपयुक्त कर्म क्षेत्र उन्हें दूसरा कौन सा मिलता? यहाँ उनकी सत्य एवं ज्ञान की पिपासा भी शांत हो सकती थी। सेवा के लिए भी एक विशाल क्षेत्र खुला पड़ा था। बस, वे यहीं बस गईं। भारत की राष्ट्रीयता ग्रहण कर उन्होंने जीवन का शेष दो-तिहाई भाग यहीं बिता दिया।

सन् 1893 का भारत! लोगों को आश्चर्य होता था कि एक अंग्रेज महिला भी अपने देशवासियों के दुर्व्यवहार के विरुद्ध भारतीय जनता की ओर से बड़ी बहादुरी के साथ अपनी आवाज उठा सकती है। उनकी नजरों में गोरे-काले, धनी-निर्धन, अपने-पराए का कोई भेदभाव नहीं! वह केवल भारतीयों को स्वतंत्रता दिलाने में विश्वास नहीं रखती थीं, उनके हृदय में अपने राष्ट्र, संस्कृति, धर्म, साहित्य की महानता का मंत्र फूँककर उन्हें जाग्रत् भी करना चाहती थीं। वह लोगों को बताती थीं कि ब्रिटिश शासन ने इस देश का शोषण कर इसे खोखला बना दिया है और इस बात पर दुःख प्रकट करती थीं कि पाश्चात्य जीवन और विचार-प्रणाली को अंधाधुंध अपनाकर भारतीय अपने गौरव को विस्मृत करते जा रहे हैं। वह भारत के प्राचीन साहित्य, सभ्यता, संस्कृति का कितना ज्ञान रखती हैं, अपने भाषणों में संस्कृत श्लोकों का कैसे धारा-प्रवाह पाठ करती हैं—यह सब देखकर लोग मंत्रमुग्ध से रह जाते थे।

श्रीमती बेसेंट भारत की गरिमा को पुनर्जीवित करने के लिए पूरी शक्ति से जुट गईं। बनारस में सेंट्रल हिंदू कॉलेज की स्थापना के पीछे उनका यही उद्देश्य था। इस महाविद्यालय के छात्र आधुनिक विज्ञान, पाश्चात्य साहित्य के साथ धर्म, नीतिशास्त्र, दर्शनशास्त्र और भारतीय भाषाओं का भी गंभीरतापूर्वक अध्ययन करते थे। मालवीयजी को हिंदू विश्वविद्यालय के निर्माण में प्रोत्साहित करने में एनी बेसेंट का ही सर्वाधिक योग था।

भारतीयों में शिक्षा का मंत्र फूँकने के अतिरिक्त उन्हें जाति-पाँत के बंधनों एवं अंधविश्वासों से ऊपर उठाने के लिए भी उन्होंने जीवन भर प्रयत्न किया। उनके महाविद्यालय के छात्रावास में छात्र साथ बैठकर भोजन करते थे। बाल-विवाह का विरोध करने के लिए उन्होंने विवाहित छात्रों को प्रवेश देने से इनकार कर दिया।

कॉलेज के संचालन के लिए ब्रिटेन और अमेरिका से डॉ. ए. रिचर्डसन और डॉ. जी.एस. अरुंडेल जैसे भारतीय दर्शन के विद्वानों को आमंत्रित किया गया था। श्री अरुंडेल के साथ प्रख्यात भारतीय शास्त्रीय नृत्य-विशारदा रुक्मणि का विवाह संपन्न होने पर भयंकर विरोध उठ खड़ा हुआ था। पर उसे जाति-बंधन तोड़ने की दिशा में एक क्रांतिकारी कदम कहकर एनी बेसेंट ने उसका प्रबल समर्थन किया। छुआछूत और भेदभाव मिटाने के प्रयत्नों में कई बार उन्हें कड़े विरोधों का सामना करना पड़ा; पर वे न तो थकीं और न ही हारीं।

सन् 1914 में उन्होंने सक्रिय राजनीति में प्रवेश किया। प्रथम महायुद्ध के आरंभ होते ही 'न्यू इंडिया' एवं 'कामनवील' पत्रों के माध्यम से उन्होंने कहना शुरू किया कि जब इंग्लैंड संकटग्रस्त है तो भारत को इस अवसर का लाभ उठाकर अपनी माँगें सामने रखनी चाहिए। 'होम रूल लीग' की स्थापना इसी आंदोलन के लिए की गई। मुहम्मद अली जिन्ना, लोकमान्य तिलक एवं सर सी.पी. रामास्वामी अय्यर जैसे नेता इस आंदोलन के प्रबल समर्थकों में से थे। सन् 1915 में भारतीय राष्ट्रीय कांग्रेस के कलकत्ता अधिवेशन की वह अध्यक्षा चुन ली गईं। इस पद पर आसीन 'प्रथम महिला' के रूप में उन्होंने कांग्रेस की गतिविधियों को तो नया मोड़ दिया ही, भारतीय महिलाओं के राजनीतिक जागरण का भी पथ प्रशस्त किया। भारतीय स्वतंत्रता आंदोलन में वे जेल भी गईं। उनके साहस का परिचय इससे अधिक क्या मिलेगा कि इंग्लैंड जाकर भी उन्होंने भारतीयों के पक्ष में अनेक मार्मिक भाषण दिए और वहाँ कई संगठन स्थापित किए। श्रीमती मार्गरेट कजिंस तथा श्रीमती सरोजिनी नायडू के साथ उन्होंने भारत में महिला मताधिकार आंदोलन में भी भाग लिया और महिला-शिक्षा के लिए तो निरंतर कार्यरत रहीं। उपाधि बॉयकाट आंदोलन में भी उनकी प्रेरणा ही मुख्य थी।

श्रीमती बेसेंट को एक अच्छी वक्ता, योग्य नेत्री, कुशल संस्थापिका-संचालिका, विनम्र लोक-सेविका, अग्रणी संपादिका, सुधारक, राजनीतिज्ञ, लेखिका, अंतरराष्ट्रीय विषयों की ज्ञाता, धार्मिक संत महिला—इन सभी रूपों में देखा जा सकता है। उनका जीवन सरल तथा आध्यात्मिक था। साधारण मनुष्य, पशु, कीड़े, पौधे सभी में विराट् का दर्शन कर वे उनसे तादात्म्य स्थापित कर लेती थीं। वह शाकाहारी थीं। किसी भी प्रकार की निर्दयता उन्हें असह्य थी, इसलिए पशु-संरक्षण के लिए भी उन्हें आंदोलन चलाने पड़े। फिर जैसे-जैसे वह वृद्ध होती गईं, उनका साध्वी रूप अधिक निखरकर आने लगा। आध्यात्मिक शक्तियों से दीप्त उनका मुखमंडल न जाने कितनों की प्रेरणा बन गया।

डॉ. एनी बेसेंट ने 300 पुस्तकें, बहुत सी टिप्पणियाँ और लेख लिखे। अनेक दैनिक, साप्ताहिक एवं मासिक पत्रों का संपादन किया। अपने पत्रों के अग्रलेख भी

वे स्वयं ही लिखती थीं और उनके प्रकाशन आदि का प्रबंध भी स्वयं देखती थीं। कट्टर स्वतंत्रतावादी एवं सुधारवादी होने से विचार-स्वतंत्रता और मुद्रण-स्वतंत्रता के लिए भी उन्होंने डटकर संघर्ष किया। भारतीय कांग्रेस के इतिहास पर लिखा गया उनका एक तथ्यपूर्ण ग्रंथ विशेष रूप से पठनीय है।

20 सितंबर, 1933 को मद्रास में छियासी वर्ष की अवस्था में यह कर्मठ महिला इस संसार से विदा हो गईं। पर अपनी महान् सेवा, तपस्या और विश्व मानवीयता के बल पर श्रीमती एनी बेसेंट ने भारतीय स्वतंत्रता संग्राम के इतिहास में ही नहीं, भारत की आत्मा के अणु-अणु में सदैव के लिए अपना स्थान सुरक्षित कर लिया।

□

प्रथम राज्यपाल

सरोजिनी नायडू

'13 फरवरी का दिन भारत में 'महिला दिवस' के रूप में मनाया जाता है। 'भारतीय विश्वविद्यालय महिला संघ' और 'अखिल भारतीय महिला सम्मेलन' की कार्यकर्त्रियों के सम्मुख जब यह प्रस्ताव आया कि जैसे भारत में बाल-दिवस अंतरराष्ट्रीय बाल दिवस की तिथि पर ही न रखकर देश के लोकप्रिय नेता और बच्चों के प्यारे चाचा नेहरू के जन्म-दिवस के साथ मनाया जाता है, इसी प्रकार महिला दिवस भी अंतरराष्ट्रीय तिथि 8 मार्च से अलग करके किसी सर्वप्रिय नेत्री के जीवन से मिलाया जाए। श्रीमती लक्ष्मी मेनन दोनों संस्थाओं की प्रमुख सक्रिय सदस्या थीं। उन्होंने प्रस्ताव रखा—बीसवीं सदी की महिलाओं में श्रीमती सरोजिनी नायडू से बढ़कर लोकप्रिय और प्रेरक व्यक्तित्व दूसरा कौन सा होगा। बात सभी को जँच गई। प्रस्ताव पारित हुए और दोनों प्रमुख महिला संस्थाओं ने श्रीमती नायडू की जन्मतिथि 13 फरवरी को 'महिला दिवस' के रूप में स्वीकार कर लिया।

स्थान-स्थान पर महिला सभाओं में यद्यपि अब 13 फरवरी को महिला दिवस के आयोजन किए जाते हैं, परंतु राष्ट्रीय स्तर पर यह भावना अभी व्यापक रूप नहीं ले पाई है। इसका कारण यह है कि भारतीय नेत्रियों द्वारा महिला दिवस का यह निर्णय घोषित किए अभी कुछ ही वर्ष हुए हैं। समय बीतने के साथ बाल दिवस की तरह महिला दिवस की भावना भी व्यापक होती जाएगी और तब 'भारत कोकिला' की याद समारोहों का कोकिल-स्वर बनकर पूरे देश में गूँजने लगेगा, गूँजता रहेगा। याद तो अमिट है, केवल उसमें गुंजार का स्वर भरना ही शेष है।

श्रीमती सरोजिनी नायडू एक जन्मजात कवयित्री, देशभक्त, राजनीतिज्ञ और कुशल वक्ता थीं। वे भारत की 'पहली महिला राज्यपाल' और 'प्रथम भारतीय महिला कांग्रेस अध्यक्ष' थीं। उनकी प्रतिभा बहुमुखी थी और व्यक्तित्व विलक्षण, जिसमें वीर नारी का ओज, गृहिणी का आदर्श, कवयित्री की कोमलता और सरसता, नेत्री की संगठन क्षमता, वक्ता की प्रभावशीलता, सैनिक की तत्परता और प्रशासक की कुशलता—एक साथ न जाने कितने गुणों का समावेश था। इतना कर्मठ और संघर्षमय रूखा राजनीतिक जीवन, पर उनके भीतर की हरीतिमा कभी नहीं सूखी। भाषण की वाणी : कविता की निर्झरिणी-सी। कठोर श्रम के क्षण : सरसता में डूबे से। चिंताओं का बोझ : हास्य की हलकी-फुलकी तराजू पर। बड़े-बड़ों से परिहास करने से न चूकतीं। नेहरू, पटेल, बापू सभी उनके परिहास के शिकार बनते। नेहरूजी को 'सुंदर राजकुमार', बापू को 'आदमियों में मिकी माउस', सरदार पटेल को 'बारदोली के बैल' और श्री कृपलानी को 'नर-कंकाल' कहा करतीं।

श्री नेहरू से उनके परिहास का एक प्रसंग काफी प्रसिद्ध है। नेहरू का सिर गंजा था, पर टोपी पहनने पर वह अपनी उम्र से कम और अधिक खूबसूरत लगते थे। एक चाय पार्टी में जब नेहरूजी नवयुवतियों के एक दल से घिरे हुए थे और लड़कियाँ बड़ी दिलचस्पी से उनकी बातें सुन रही थीं, श्रीमती नायडू अकस्मात् ही बोल पड़ीं, "जवाहर, जरा अपनी टोपी उतारो तो। इन लड़कियों का भ्रम निवारण करो कि तुम जवान हो।" कई अवसरों पर किए गए उनके ऐसे मजाक प्रसिद्ध हैं। राजनीति के शुष्क वातावरण में अपनी सरस काव्यमय सूक्तियों और हास-परिहास से वे इसी तरह माधुर्य बिखेरती जाती थीं।

सरोजिनी नायडू का जन्म 13 फरवरी, 1879 को हैदराबाद में हुआ। पिता डॉ. अघोरनाथ चट्टोपाध्याय एक वैज्ञानिक थे और कई विषयों के विद्वान्। माता वरदसुंदरी धार्मिक भावना, सात्त्विक वृत्ति और साहित्यिक रुचि की महिला थीं। सरोजिनी में माता-पिता दोनों के ही गुणों का समावेश था। बालिका सरोजिनी बचपन से ही कुशाग्र बुद्धि थीं और अत्यंत स्वाभिमानिनी। एक बार अंग्रेजी में कुछ कमजोरी दिखने पर पिता से डाँट पड़ी। तो वे उस पर अधिकार पाने के लिए हाथ धोकर उसके पीछे पड़ गईं। कुछ समय बाद जो भी उनकी अंग्रेजी में बातचीत सुनता, चकित रह जाता।

पिता चाहते थे, सरोजिनी गणितज्ञ या वैज्ञानिक बनें, पर उनकी काव्य-प्रतिभा अधिक शक्तिशाली रूप में प्रस्फुटित होकर सामने आई। उनके कवि-जीवन की शुरुआत भी एक दिलचस्प घटना है। ग्यारह वर्ष की आयु में एक दिन वे बीजगणित का कोई सवाल हल कर रही थीं। अनेक प्रयत्नों के बावजूद जब वह प्रश्न उनकी समझ में नहीं आया तो उन्होंने बीजगणित की पुस्तक एक तरफ रख दी और बैठे-बैठे कॉपी पर

कविता लिखना शुरू कर दिया। इस तरह बीजगणित की कॉपी पर उनकी पहली कविता अपने सहज आकस्मिक रूप में प्रकट हुई। इससे प्रोत्साहन पा उन्होंने 'द लेडी ऑफ द लेक' नामक 1300 पंक्तियों की एक लंबी कविता लिख डाली।

उस जमाने में लड़कियों के लिए पग-पग पर बाधाएँ थीं। भारतीय समाज बहुत सी संकीर्णताओं से ग्रस्त था। धार्मिक आडंबरों और अंधविश्वासों की भरमार थी। पर डॉ. अघोरनाथ चट्टोपाध्याय ने अपनी बेटी को किन्हीं सीमाओं में बाँधना स्वीकार नहीं किया। उन्होंने अपने प्रत्येक बालक को अभिव्यक्ति और विकास की पूरी स्वतंत्रता दे रखी थी। इसीलिए जब बालिका सरोजिनी ने गणित और विज्ञान के बजाय कविता में अपना रुझान प्रदर्शित किया तो उन्होंने कोई बाधा नहीं दी। उलटे एक अलग कमरा देकर उसे अपने जन्मजात गुणों के विकास की ओर प्रोत्साहित करने के लिए सुविधाएँ प्रदान करने लगे।

अंग्रेजी और फ्रेंच पढ़ाने के लिए घर पर ही शिक्षिकाएँ आती थीं। बारह साल की छोटी उम्र में सरोजिनी ने मद्रास यूनिवर्सिटी से मैट्रिक पास कर लिया। इस बीच उन्होंने पर्याप्त साहित्यिक ज्ञान भी अर्जित कर लिया था। वे शेली, ब्राउनिंग, टेनिसन की कविताएँ पढ़ते-पढ़ते इतनी भाव-विभोर हो उठतीं कि उनका नन्हा दिमाग स्वयं कवयित्री बनने के सपने देखने लगता। एक महान् कवयित्री की कल्पना से उनके सारे शरीर में फुरहरी-सी दौड़ जाती और वह सोचतीं, 'मैं भी ऐसी ही दिल को छूनेवाली कविताएँ लिखूँगी। अवश्य लिखूँगी और कवयित्री बनकर रहूँगी।' इसका परिणाम था—तेरह वर्ष की आयु में 1,300 पंक्तियों की वह लंबी कविता, जिसके रस-सौंदर्य ने सभी को चकित कर दिया।

इतने श्रम के बीच किशोरी सरोजिनी का स्वास्थ्य खराब रहने लगा। डॉक्टरों ने उसे आराम करने की सलाह दी। पर सरोजिनी को चैन कहाँ! डॉक्टर को यह विश्वास दिलाने के लिए कि वह स्वस्थ है, उसने 2,000 पंक्तियों का एक पूरा नाटक लिख डाला। इसके शीघ्र बाद एक फारसी नाटक 'मेहर मुनीर' लिखा। पिता ने बेटी को प्रोत्साहित करने के लिए नाटक की कुछ प्रतियाँ छपवाकर मित्रों में वितरित कीं और एक प्रति हैदराबाद के निजाम को भी भेंट की। निजाम एक नन्ही लड़की के इतने सुंदर नाटक से बेहद प्रभावित हुए और खुश होकर उन्होंने सरोजिनी को विदेश में साहित्य-अध्ययन के लिए छात्रवृत्ति दे दी। इस प्रकार सरोजिनी को विदेश जाकर अध्ययन करने का अवसर मिल गया।

कैंब्रिज में उन्हें प्रवेश नहीं मिल सका, क्योंकि उनकी उम्र अठारह वर्ष से कम थी। अत: वे लंदन के किंग्स कॉलेज में दाखिल हो गईं। सौभाग्य से उनकी संरक्षिका का घर साहित्यकारों का अड्डा था। यहीं सरोजिनी की मुलाकात एडमंड गोसे, विलियम

आर्थर जैसे साहित्यकारों से हुई, जो बहुत उपयोगी सिद्ध हुई। एक बार उन्होंने अपनी कुछ रचनाएँ प्रसिद्ध आलोचक गोसे को दिखाई, जिनकी प्रतिक्रिया ने उनके काव्य-जीवन की धारा ही बदल दी। बिना किसी हिचक के गोसे ने सरोजिनी से कहा, "मेरी राय में इन सारी कविताओं को रद्दी की टोकरी में डाल देना चाहिए।" सरोजिनी ने रुआँसे होकर उनकी तरफ़ देखा तो गोसे ने बड़े प्यार से समझाया, "मेरा मतलब यह नहीं कि रचनाएँ अच्छी नहीं हैं। मैं केवल तुम जैसी प्रतिभावान् हिंदुस्तानी लड़की से यह अपेक्षा करता हूँ कि पश्चिमी भाषा और काव्य में दक्षता प्राप्त करके भी तुम यूरोपीय वातावरण और सभ्यता को अपने काव्य में न उड़ेलो। हम यूरोपीय समीक्षक तुम्हारे काव्य में भारत की आत्मा के ही दर्शन करना चाहेंगे।" बात उन्हें लग गई। उन्होने गोसे को अपना साहित्यिक गुरु मान लिया और अपने काव्य को वह मोड़ देना शुरू किया, जिसमें भारत ही नहीं, पूरे पूरब की आत्मा झलक उठे।

अपने इंग्लैंड के इसी प्रवास में उनका एक दक्षिण भारतीय डॉ. गोविंद राजुलू नायडू से प्रेम हो गया। तीन वर्ष तक लंदन में मनोयोगपूर्ण शिक्षा ग्रहण कर सन् 1898 में जब वे भारत लौटीं, तब भी उनकी आयु केवल उन्नीस वर्ष थी। इसके तीन महीने पश्चात् उन्होंने डॉ. नायडू से विवाह कर लिया। इस अंतरजातीय विवाह को लेकर एक बवंडर उठ खड़ा हुआ। पर श्रीमती नायडू विचारों से क्रांतिकारी थीं और पिता का रूढ़ि-भंजक वरदहस्त उनके सिर पर था। धीरे-धीरे विरोध घटता गया और श्रीमती नायडू के इस साहसिक कदम की सर्वत्र प्रशंसा होने लगी। उनका वैवाहिक जीवन भी बहुत सफल रहा।

विवाह के बाद भी काव्य-साधना जारी रही। वे सौंदर्य की कवयित्री थीं। सौंदर्यप्रियता ने ही उन्हें कवि बनाया। उनके गीतों में कहीं पर्वतीय निर्झर का संगीत बहता है तो कहीं बल खाती नदी की निर्मल लहरों का। ऊँची उड़ान, भावुकता और माधुर्य उनकी कविता के सहज गुण हैं। काव्य के माध्यम से उन्होंने सत्य, प्रेम और शांति के अपने जीवन-आदर्शों को निखारा, नारीत्व के आदर्श की महिमा गाई। प्रेम और सौंदर्य के मार्ग से सत्य की खोज की ओर जागृति का मंत्र फूँक देशवासियों की तंद्रा भंग की। अंग्रेजी छंद-विन्यास पर उनका पूरा अधिकार था। गति, गेयता और सौंदर्य में उनकी कविताओं को कई अंग्रेज कवियों के समकक्ष माना गया। श्री रवींद्रनाथ टैगोर ने एक बार उन्हें लिखा—"आपकी रचनाओं की गेयता और सौजन्यता देखकर मुझमें आपके प्रति ईर्ष्या जागती है।" श्री नेहरू की उनके बारे में राय थी—"उन्होंने हमारे राष्ट्रीय संघर्ष में कला और कविता का समावेश कर उसे नैतिक महानता प्रदान की है।" पर कुछ समीक्षकों के अनुसार, सरोजिनी नायडू के काव्य में राष्ट्रीय मोड़ से उनका साहित्य-जगत् कमजोर पड़ गया। फिर भी, उनके गीतों के स्वर ने जिस प्रकार विराट्

संख्या में देशवासियों को झिंझोड़ा, उससे ही उन्हें 'भारत कोकिला' की उपाधि से विभूषित किया गया। सरोजिनी नायडू की चार प्रसिद्ध काव्य पुस्तकें हैं—'स्वर्ण देहली', 'जीवन और मृत्यु की कविताएँ', 'काल पक्षी' और 'टूटा हुआ डैना'।

यद्यपि सरोजिनी नायडू एक जन्मजात कवयित्री थीं, पर देश की पुकार पर उन्होंने कर्तव्य और कविता के बीच एक समझौता कर लिया। कवि जीवन की शुरुआत की तरह उनके राष्ट्रीय जीवन की शुरुआत भी एक आकस्मिक घटना से हुई। एक बार श्री गोपालकृष्ण गोखले ने उन्हें इन शब्दों से प्रेरित किया—"यहाँ मेरे साथ खड़ी हो जाओ और इन तारों व पर्वतमालाओं को साक्षी बनाकर अपने स्वप्न, गीत, विचार और जीवन-आदर्श सभी कुछ भारत माता को समर्पित कर दो। इस पहाड़ की चोटी से अडिग रहने की प्रेरणा ग्रहण करो और भारत के हजारों गाँवों में फैले सुप्त मानस को जगाओ, उनमें निराशा के अंधकार को दूर कर आशा का संदेश भर दो, तुम्हारी कविता सार्थक हो जाएगी।" और तब सौंदर्य की कवयित्री राष्ट्र-जागरण का मंत्र लेकर स्वतंत्रता-संग्राम में कूद पड़ी।

फिर गांधीजी से भेंट के बाद तो पूरी तरह राजनीति में भाग लेने लगीं। उनके भाषणों की काव्य-सिक्त वाणी जनता को मंत्रमुग्ध कर देती थी। साधारण जन और विद्वान् दोनों ही उनसे प्रभावित थे। कांग्रेस में सम्मिलित होकर उन्होंने देश भर का दौरा किया। देशभक्ति और नवचेतना का संदेश प्रसारित करती वे जन-जन को जगाने लगीं और जनता से ही शक्ति ग्रहण करने लगीं। सन् 1917 में उन्होंने दो महत्त्वपूर्ण कार्य किए—संपूर्ण देश का भ्रमण और महिला मताधिकार आंदोलन का सूत्रपात। 18 दिसंबर, 1917 को श्रीमती मार्गरेट कजिंस की प्रेरणा से महिला मताधिकार की माँग लेकर अठारह महिलाओं का जो शिष्टमंडल लॉर्ड चेम्सफोर्ड और मि. मांटेग्यू से मिला था, उसका नेतृत्व श्रीमती नायडू ने ही किया था। प्रतिनिधिमंडल ने माँग की कि महिलाओं को भी पुरुषों के समान मत देने का अधिकार प्रदान किया जाए। यह माँग पाँच वर्ष बाद ही फलीभूत हो गई।

सन् 1917 से 1947 तक के भारतीय राष्ट्रीय कांग्रेस के इतिहास में ऐसी कोई भी महत्त्वपूर्ण घटना न थी, जिसमें श्रीमती नायडू ने आगे बढ़कर भाग न लिया हो। सन् 1917 में श्रीमती एनी बेसेंट की अध्यक्षता में हुए कांग्रेस अधिवेशन में दिया गया उनका भाषण देश को सदा याद रहेगा। उन्होंने कहा, "मैं एक महिला हूँ। इस नाते आपसे कहना चाहती हूँ कि जब कभी भी आप संकट में होंगे या अँधेरे में रास्ता टटोलते होंगे, जब कभी भी आप अपने लक्ष्य की महानता बनाए रखने के लिए सच्चे नेताओं की जरूरत महसूस करेंगे और जब कभी अपने भीतर आत्मविश्वास की कमी पाएँगे, हम भारतीय स्त्रियाँ आपकी शक्ति को अक्षुण्ण रखने के लिए और आपको अपने महान्

उद्देश्य से विचलित न होने देने के लिए आपके साथ होंगी।'' इसी प्रकार अपने स्वतंत्रता-संग्राम में कूदने के बारे में वे कहती थीं, ''अकसर लोग पूछते हैं, मैं काव्य के स्वप्नलोक को छोड़ राजनीति के शुष्क धरातल पर क्यों उतरी? मेरे पास यही उत्तर है कि कवि समाज से अलग नहीं है। उसका भाग्य भी राष्ट्र की जनता, उसकी कठिनाइयों और परेशानियों से जुड़ा है। वह इनसे मुँह नहीं मोड़ सकता।'' आज भी उनके ये शब्द कितने अर्थवान् और प्रेरक हैं!

सन् 1918 में श्रीमती नायडू यूरोप गईं और जिनेवा में महिला मताधिकार परिषद् के सम्मुख हृदयग्राही भाषण देकर भारतीय महिलाओं का पक्ष रखा। सन् 1919 में उन्होंने बंबई में प्रतिबंधित पैंफलेट बाँटकर असहयोग आंदोलन में योग दिया। नृशंस जलियाँवाला कांड से तो वे इतनी क्षुब्ध हो उठी थीं कि अपने भाषण में बड़ी निर्भीकता से उसकी निंदा करने लगीं। उसी वर्ष जुलाई में उन्हें 'होम रूल लीग' प्रतिनिधिमंडल की सदस्या बनाकर लंदन भेजा गया। लंदन के किंग्सवे हॉल में जलियाँवाला कांड पर उन्होंने जो निर्भीक तथ्यपूर्ण भाषण दिया, उससे लंदनवासी इस महिला की शक्ति और अद्भुत वक्तृत्व-कला से सिहर उठे। जब-जब भी उन्हें विदेश जाने का मौका मिलता, उसका भरपूर लाभ उठातीं और भारत में अंग्रेज शासकों की निरंकुशता की कहानी सुनाने से न चूकतीं।

सन् 1925 के कानपुर अधिवेशन में वे भारतीय राष्ट्रीय कांग्रेस की अध्यक्षा चुनी गईं। यद्यपि इसके पूर्व श्रीमती एनी बेसेंट इस पद को सुशोभित कर चुकी थीं, पर एक भारतीय के नाते वे इस पद पर प्रथम महिला थीं। कानपुर अधिवेशन में दिया उनका अध्यक्षीय भाषण सभी पूर्व भाषणों से लंबा और सुनियोजित था। उसका एक प्रेरक सूत्र है—'स्वतंत्रता-संग्राम में निराशा एक बड़ा अपराध है।' सन् 1926 में वे इस पद पर दूसरी बार निर्वाचित हुईं। सन् 1928 में अमेरिका का दौरा कर गांधीजी के संदेश को वहाँ प्रचारित किया। फिर लौटकर नमक-सत्याग्रह में सम्मिलित हुईं। गांधीजी की गिरफ्तारी के बाद 23 मई, 1930 को उनका अनुगमन करते हुए बंदी बना ली गईं। सन् 1931 में गांधी-इरविन समझौते के फलस्वरूप द्वितीय गोलमेज कॉन्फ्रेंस में भाग लेने गांधीजी और मालवीयजी के साथ लंदन गईं। वहाँ उन्होंने पूरी ताकत से गांधीजी का पक्ष प्रबल किया। सन् 1945 में 'भारत छोड़ो आंदोलन' में कूद पड़ीं और फिर जेल गईं। सन् 1943 में जब बापू ने आगा खाँ महल में उपवास किया तो श्रीमती नायडू ने उनकी सेवा में दिन-रात एक कर दिया। फिर बीमार पड़ जाने पर उन्हें गांधीजी से पहले जेल से रिहा कर दिया गया।

फिर आया 15 अगस्त, 1947 का ऐतिहासिक दिन—श्रीमती नायडू के सपनों का सूर्योदय। भारत की स्वतंत्रता पर उनका कवि हृदय नाच उठा। दिल्ली रेडियो पर राष्ट्र

के नाम संदेश में उन्होंने स्वदेशवासियों का अभिवादन करते हुए अन्य पराधीन देशों की मुक्ति की कामना की। इसके बाद उन्हें स्वतंत्र भारत में 'पहली महिला राज्यपाल' के पद का दायित्व सँभालना पड़ा। कवयित्री के बाद सेनानी और फिर शासक। अपने शासनकाल में भी, अनुभवहीनता के बावजूद उन्होंने जिस बुद्धिमानी और प्रशासनिक योग्यता का परिचय दिया, वह भारतीय नारी के लिए गौरव की बात है।

भारतीय स्त्रियों के लिए उन्होंने क्या नहीं किया? शिक्षा, जागृति, मताधिकार, स्वतंत्रता, समानाधिकार—सभी कुछ। परदा-प्रथा, अशिक्षा, दहेज, धार्मिक बंधन आदि सभी बाधाओं व कुरीतियों के खिलाफ जीवन-पर्यंत लड़ती रहीं। डॉ. एनी बेसेंट द्वारा स्थापित 'होम रूल लीग', श्रीमती मार्गरेट कजिंस द्वारा स्थापित 'इंडियन वीमेंस एसोसिएशन' तथा 'अखिल भारतीय महिला सम्मेलन' से उनका घनिष्ठ संबंध रहा। सभी महिला-गतिविधियों में उन्हें प्रमुख स्थान दिया जाता था। सभी महत्त्वपूर्ण विषयों पर उनसे सलाह ली जाती थी। वे अखिल भारतीय महिला सम्मेलन की अध्यक्षा भी रहीं। उन्हें भारतीय नारी होने का गर्व था। वे कहा करती थीं, "मैं उस जाति की वंशज हूँ, जिसमें सीता की पवित्रता, सावित्री के साहस, द्रौपदी की निष्ठा और दमयंती के आत्मविश्वास का आदर्श है।" एक आदर्श भारतीय नारी के सभी गुण तो उनमें समाहित थे—हँसमुख व मिलनसार प्रकृति, सादा-कर्मठ जीवन, उच्च विचार, सेवा और त्याग की भावना, ममतामयी मिठास, वीरता और कोमलता का समन्वय।

बहुमुखी व्यक्तित्व की धनी यह लोकप्रिय नारी 2 मार्च, 1949 को इस संसार से विदा हो गईं, पर अपने पीछे सुकीर्ति का ऐसा दीप जला गईं, जो सदियों तक देशवासियों को प्रकाश देता रहेगा। श्रीमती सरोजिनी नायडू पर भारतीय स्त्रियों को ही नहीं, विश्व के समूचे महिला समाज को भी गर्व है।

□

सामाजिक क्रांति की प्रथम अग्रदूत

कमलादेवी चट्टोपाध्याय

भारत का स्वाधीनता संग्राम। नमक सत्याग्रह के दिन। एक युवती ने कुछ स्वयंसेवकों को साथ लिया और बेधड़क बंबई स्टॉक एक्सचेंज की सीमा में घुस गई। हाथों में गैर-कानूनी नमक की छोटी-छोटी पुड़ियाँ थीं। देश की आजादी के नाम पर पुड़ियाँ बेची गईं और एक घंटे में लगभग 40,000 रुपए एकत्रित कर लिये गए। परिणाम जो होना था, वही हुआ। दल की नेत्री गिरफ्तार करके अदालत में पेश की गई। पर यह क्या ? उसने तो मैजिस्ट्रेट की उपस्थिति में वहाँ भी पुड़िया बेचना शुरू कर दिया—एक, दो, तीन, चार। मैजिस्ट्रेट भौंचक्का-सा उस निर्भीक युवती को देखता रहा। फिर जब उसने प्रश्न किया तो उत्तर के बदले कड़कड़ाता हुआ प्रतिप्रश्न गूँजा, ''आप क्यों इस पाप-कर्म में डूबे हैं ? क्यों नहीं त्याग-पत्र देकर जन-आंदोलन का साथ देते ?'' और निर्णय सुनाया गया—नौ महीने का कठिन कारावास।

उन दिनों स्त्रियों के लिए जेल जाना कोई विशेष क्रांतिकारी घटना न थी। पर कमलादेवी तो जैसे जेल की अतिथि ही थीं। छूटकर आतीं और फिर कुछ कर बैठतीं और फिर जेल-यात्रा। अंग्रेज शासकों के नियम तोड़ने में उन्हें आनंद आता, ठीक उसी तरह जैसे भारतीय समाज की गली-सड़ी रूढ़ियाँ तोड़ने में आता था। राष्ट्रीय कांग्रेस में उन्हें महिला स्वयंसेविकाओं को प्रशिक्षण देकर तैयार करने का काम सौंपा गया था। इसलिए हर धरने में, हर आंदोलन में उन्हें स्वयंसेविकाओं की पंक्ति में आगे देखा गया।

बर्लिन का अंतरराष्ट्रीय महिला सम्मेलन। कमलादेवी भारतीय महिला प्रतिनिधि दल की नेत्री थीं। उस सम्मेलन में हर देश का अपना राष्ट्रीय ध्वज फहरा रहा था। चूँकि भारत

पराधीन था, इसलिए उसके लिए यूनियन जैक चुना गया था। कमलाजी को यह कैसे सहन होता। उन्होंने सम्मेलन में खड़े होकर गर्जना की, "जब तक भारत को अपना तिरंगा राष्ट्रीय ध्वज लगाने की अनुमति नहीं मिलती, भारतीय प्रतिनिधिमंडल इस सम्मेलन का बहिष्कार करेगा।" सम्मेलन की अध्यक्षा को स्थिति का पहले पता न था कि भारत का अपना कोई राष्ट्रीय ध्वज भी है। उन्होंने कह दिया, "भारतीय प्रतिनिधिमंडल अपना राष्ट्रीय ध्वज ले आए, हमें उसे यहाँ लगाने में कोई एतराज न होगा।" अब समस्या सामने आई कि तिरंगा कहाँ से लाया जाए? बर्लिन में वह उपलब्ध नहीं था और अगले दिन सुबह सम्मेलन में झंडा न लगाया गया तो प्रतिष्ठा को बट्टा लगेगा। कमलाजी ने अपनी साड़ी फाड़कर रातोरात उससे तिरंगा तैयार कर लिया। अगले दिन अपने ध्वज के साथ जब उन्होंने सभा मंडल में प्रवेश किया तो सभी विदेशी महिलाएँ उन्हें देखकर दंग रह गईं।

ऐसी साहसिक घटनाओं और कहानियों का एक लंबा सिलसिला है कमलाजी का पूरा जीवन। शायद ही कोई सार्वजनिक क्षेत्र बचा हो, जहाँ कमलाजी ने प्रवेश करके उसमें अग्रिम पार्ट न लिया हो। हर क्षेत्र को उन्होंने अपनी प्रतिभा के संस्पर्श से सँवारा। अनेक क्षेत्रों में पहल की और कई संस्थाओं से उनका नाता संस्थापिका का रहा। राजनीति का क्षेत्र हो या समाज-सेवा का, शिक्षा का हो या कला का, महिला-अधिकारों का प्रश्न हो या महिला-कल्याण का, कमलाजी सभी में क्रांति का झंडा लिये आगे चलती दिखाई दीं। वह कभी अनुगामिनी बनकर नहीं चलीं। अपने लिए नए-नए काम स्वयं खोजती गईं और नए रास्तों का निर्माण करती हुई आगे बढ़ती गईं।

सन् 1924 में कांग्रेस की सदस्यता प्राप्त करते ही उन्होंने स्वयंसेविकाओं के प्रशिक्षण का काम सँभाल लिया। सन् 1926 में जब प्रथम बार किसी महिला के चुनाव लड़ने का प्रश्न आया तो महिला संस्थाओं ने सर्वसम्मति से कमलाजी का नाम चुना। उस जमाने में प्रथम बार किसी भारतीय महिला के चुनाव लड़ने की बात से यह निश्चित था कि इतने विरोध के बीच हार अवश्य होगी। पर कमलाजी बड़ी निर्भीकता से यह कहकर कि 'जीत मिले न मिले, स्त्रियों के लिए रास्ता तो खुलेगा', साउथ कनारा से चुनाव लड़ने के लिए तैयार हो गईं। कमलादेवी उस चुनाव में जीतीं नहीं, पर अल्प मतों से विपक्षी से हारकर यह सिद्ध करने में सफल हुईं कि अब स्त्रियों को अधिक दिन तक अधिकारों से वंचित नहीं रखा जा सकेगा। शायद यह बात बहुत कम लोग जानते हैं कि भारत में प्रथम बार चुनाव लड़नेवाली महिला श्रीमती कमलादेवी चट्टोपाध्याय ही थीं। सन् 1927 में उन्होंने अन्य नेत्रियों के साथ 'अखिल भारतीय महिला सम्मेलन' की स्थापना में योग दिया और 1927 से 1929 तक उसकी संगठन मंत्री रहीं, फिर आगे चलकर अध्यक्षा बनीं। इस प्रकार जहाँ भी प्रारंभिक कठिनाइयों से जूझने का प्रश्न आया, कमलादेवी का नाम प्रस्तावित किया गया और उन्होंने उस जिम्मेदारी को सहर्ष स्वीकार भी कर लिया। स्वतंत्रता के बाद राजनीति

से अलग होकर भी उन्होंने कई क्षेत्रों में पहल की है, जिनमें से नाट्य कला, हस्तशिल्प और सहकारिता के साथ उनका नाम हमेशा के लिए जुड़ा है।

कमलादेवी का जन्म 3 अप्रैल, 1903 को एक उच्च-मध्य वर्ग के परिवार में बंगलौर में हुआ। बालिका कमला एक गंभीर प्रकृति की खामोश और भावुक लड़की थी। समाज-सेवा की लगन उसे अपनी माँ से मिली, जो अपनी जाति की स्त्रियों की समस्याओं के समाधान के लिए आयोजित सभाओं में अकसर जाती थीं। तत्कालीन रिवाज के अनुसार कमलाजी का विवाह बाल्यावस्था में ही कर दिया गया था, पर उसके कुछ समय बाद ही वे विधवा हो गई थीं। उनकी माँ को इस घटना से बड़ा सदमा पहुँचा और वे इन रूढ़ियों के विरुद्ध खड़ी हो गईं। फिर भी, स्त्री की स्वतंत्र सत्ता उन दिनों स्वीकार नहीं की जाती थी, इसलिए कमलाजी पर आजीवन यही स्थिति स्वीकार करने के लिए अनेक दबाव डाले गए। पर उस खामोश लड़की में भीतर-ही-भीतर एक विद्रोह पल रहा था। वैधव्य के दुःख को उन्होंने दैवी अभिशाप मानने से इनकार कर दिया और मन-ही-मन एक निश्चय कर आगे अध्ययन के लिए मद्रास चली गईं।

मद्रास जाकर उन्होंने श्रीमती सरोजिनी नायडू के भाई श्री हरींद्र चट्टोपाध्याय से विवाह कर लिया। किसी बाल-विधवा द्वारा स्वयं विवाह और वह भी एक गैर-जातीय व्यक्ति के साथ! यह तत्कालीन समाज के लिए एक गहरा धक्का था, पर कमलाजी तो बनी ही इसीलिए थीं। उनके क्रांतिकारी जीवन की शुरुआत हो गई। आगे चलकर तो उन्होंने इन अंधविश्वासों और रूढ़ियों को वो-वो धक्के लगाए कि खोखले समाज की नींव हिल उठी। उनके अगले पूरे जीवन की कहानी ऐसे धक्कों और धक्के देकर आगे निकलने की ही कहानी है।

विवाह के पश्चात् पति-पत्नी विदेश चले गए। हरींद्रनाथ चट्टोपाध्याय स्वयं एक अच्छे कवि, लेखक, कलाकार और राजनीतिज्ञ थे। उनके संपर्क में कमलाजी की ज्ञान-पिपासा और बढ़ी। इंग्लैंड के बेडफोर्ड कॉलेज और लंदन स्कूल ऑफ इकोनॉमिक्स में उन्होंने अपनी शिक्षा को आगे बढ़ाया। कॉलेज में शिक्षण के दौरान भी वे समाज-कार्य में रुचि लेती रहीं। वहाँ के अनाथालय और निराश्रित महिला सदन घूम-घूमकर देखतीं और भारतीय स्थितियों की वहाँ की स्थितियों से तुलना करते-करते मन-ही-मन कुछ गुनती रहतीं। ऐसी ऊहापोह में जमकर पढ़ाई कर पाना सहज नहीं था। भारत में महात्मा गांधी का असहयोग आंदोलन शुरू होते ही यह सुंदर नवयुवती अपनी पढ़ाई और विदेश का सुविधापूर्ण जीवन छोड़कर भारत वापस आ गईं। पति-पत्नी दोनों का मन विद्रोह की आग से भड़क रहा था। देश-सेवा के लिए अवसर की तलाश थी। बापू ने आजादी के लिए आह्वान किया तो इससे बढ़कर अच्छा अवसर कौन सा हो सकता था।

स्वदेश लौटकर तो कमलादेवी यों कार्यक्षेत्र में उतरीं कि फिर उतरती ही चली गईं। एक पुत्रोत्पत्ति के बाद जब तक पति ने साथ दिया तब तक उनके साथ मिलकर तथा बाद

में उन्हें भी छोड़कर अकेली ही जूझती चली गईं। बस कार्य था और कमलादेवी। कोई व्यवधान नहीं, कोई समझौता नहीं। उन जैसी विद्रोहिणी और क्रांतिकारी नारी रूढ़ियों व कमजोरियों से समझौता कर भी कैसे सकती थी! स्वतंत्रता-प्राप्ति तक राष्ट्रीय कांग्रेस की एक सक्रिय सदस्या रहीं। उसके बाद उन्होंने उसे भी छोड़ दिया। सत्ता उनका लक्ष्य न था। उन्हें तो नई राहों की तलाश करनी थी। आजादी के प्रसाद मात्र से चुप कैसे बैठ जातीं। दरअसल राजनीति से हटकर उनका रचनात्मक कार्य यहीं से शुरू होता है। कमलाजी केवल कांग्रेस से अलग हुईं, महिला संस्थाओं से नहीं। उनके लिए तो अभी बहुत कुछ करना शेष था। कई ऐसे क्षेत्र अछूते पड़े थे, जिनका पुनरुद्धार करना जरूरी था। और कमलाजी राजनीति से हटकर रचनात्मक कार्यों में जुट गईं। उनके अनुसार, आजादी के बाद यदि कांग्रेस भी यही करती तो उसका यह हश्र न होता, जो आज है। बापू ने भी तो यही कहा था।

पहला काम उन्होंने सँभाला—विभाजन के पश्चात् शरणार्थी पुनः स्थापना में योगदान। हजारों बेघर-बार परिवारों की करुण कहानियों ने उनके हृदय को मथ डाला और वे 'इनके लिए कुछ करना ही होगा' कहकर कार्य में जुट गईं। कमलादेवी नियमित रूप से शरणार्थी कैंपों के चक्कर लगाकर स्थिति का निरीक्षण करतीं, उन उखड़े लोगों की बातें और समस्याएँ सुनतीं, उन्हें सांत्वना देतीं, उनका उत्साह बढ़ातीं और प्राथमिक आवश्यकताओं को नोट कर यथासंभव सहायता जुटाने का प्रयत्न करतीं। इस प्रकार अपनी सहृदयता और श्रम-निष्ठा से उन्होंने अनेक शरणार्थियों के हृदय जीत लिये। फिर जब यह कार्य लगभग संपन्न होने को आया तो उसे छोड़कर नए क्षेत्र की तलाश में निकल पड़ीं। सदा यही करती आई थीं। नए क्षेत्रों के संस्थापन और उसके बाद कार्य की प्रारंभिक कठिनाइयों-जटिलताओं में ही उन्हें आनंद आता रहा, इसलिए एक के बाद एक कार्य को उठातीं, उसका पुनरुद्धार-संस्कार करतीं और फिर जमे-जमाए को दूसरों के लिए छोड़ कुछ और 'नए' की तलाश में चल पड़तीं।

कमलादेवीजी के अगले महत्त्वपूर्ण कार्यों में से प्रमुख हैं—नाट्य मंच, हस्तशिल्प और सहकारिता। तीनों ही क्षेत्रों में उनका कार्य अग्रणी रहा। फिर तीनों को साथ-साथ सँभालने में उनका जो रूप उभरकर सामने आया, वह उनके पूर्व विद्रोहिणी स्वयंसेविका और राजनीतिज्ञ के रूप से भिन्न था। उनके इस नए रूप में एक कलाकार, समाज-सेविका, कुशल संगठनकर्त्री, प्रशासिका, आविष्कर्त्री, प्राचीन भारतीय कलाओं की पुनरुद्धारिका के सभी रूप एकाकार हो गए।

सन् 1948 में राजनीति से अलग हो जब उन्होंने शरणार्थी पुनःस्थापन कार्य में हाथ बँटाया तो उन्हें लगा कि कैंप-व्यवस्था और सरकारी सहायता तो समस्या के अस्थायी हल हैं। स्थायी हल के लिए किसी ऐसी ठोस आर्थिक योजना की आवश्यकता है, जो सरकार-मुखापेक्षी होने के बजाय परस्पर सहयोग पर निर्भर हो। उन्होंने प्राचीन सहकारियों का अध्ययन

किया और आधुनिक भारतीय मन को भी सर्वथा उनके अनुकूल पाया। तब उन्होंने 'भारतीय सहकारी संघ' की स्थापना की। भारत में सहकारी खेती तथा अन्य क्षेत्रों में सहकारिता के प्रारंभिक प्रयोग इसी संस्था के माध्यम से हुए। राजधानी के समीप फरीदाबाद की औद्योगिक बस्ती की स्थापना में भी कमलाजी का ही प्रमुख योगदान है। यह प्रयोग शरणार्थी परिवारों के सहकारी प्रयत्नों के आधार पर ही किया गया था, जो नितांत सफल रहा। इसमें शरणार्थी पुन: स्थापना में तो सहायता मिली ही, सहकारिता के इस सफल प्रयोग ने नई संभावनाओं के द्वार भी खोल दिए।

कमलादेवी मन से कलाकार थीं और कार्य से एक कर्मठ कार्यकर्त्री। प्राचीन भारतीय संस्कृति और कलाओं में उनकी गहरी रुचि थी, इसलिए उनके पुनरुद्धार की चिंता उन्हें सदा सताती रही। इसी चिंता ने उन्हें एक साथ कई क्षेत्रों में सक्रिय रखा। हस्त-शिल्प ऐसा ही एक दूसरा क्षेत्र है, जिसमें कमलाजी की सेवाएँ देश कभी नहीं भुला पाएगा। भारत में अंग्रेजी राज्य के दौरान हमारी परंपरागत उच्चतम और सूक्ष्म कलाओं के ह्रास से उनका अंतर्मन इतना दु:खी था कि उन्होंने हस्त कलाओं के पुनरुद्धार का बीड़ा उठा लिया। सन् 1952 में उनके प्रयत्नों से 'अखिल भारतीय हस्त-शिल्प बोर्ड' की स्थापना हुई, जिसकी अभी हाल तक चेयरमैन भी वही थीं।

बोर्ड के माध्यम से देश के कोने-कोने में बिखरी व उपेक्षित पड़ी दस्तकारियों की खोज शुरू हुई। उनके पुनरुद्धार और पुनरुत्थान का कार्य प्रारंभ हुआ। परंपरागत कलाओं को आधुनिक आवश्यकताओं के अनुरूप ढाला गया। उनके स्वरूप को सुरक्षित रखने के लिए 'ओरिएंटल फैशन' के नाम से रुचि-परिवर्तन और परिष्कार का अभियान भी साथ-साथ चलाया गया। इस प्रकार भारतीय दस्तकारों की दयनीय आर्थिक स्थिति में सुधार, उनका राष्ट्रीय सम्मान, परंपरागत दस्तकारियों के नमूनों में सुधार और उनकी देश-विदेश में बढ़ती हुई लोकप्रियता, निर्यात को प्रोत्साहन—इन सभी बातों का जितना श्रेय अखिल भारतीय हस्तशिल्प बोर्ड को है, उससे अधिक संस्थापिका-संचालिका श्रीमती कमलादेवी चट्टोपाध्याय को है, जिन्होंने देश के कोने-कोने का दौरा कर कुशल दस्तकारों व दस्तकारियों की खोज की और छोटी-से-छोटी बात में व्यक्तिगत रुचि लेकर इस महत्त्वपूर्ण कार्य को लोकप्रियता के शिखर पर पहुँचाया।

'विश्व हस्त-शिल्प परिषद्' की उपाध्यक्षा के नाते कमलाजी ने भारत में भी उक्त परिषद् की शाखा स्थापित की। प्रतिवर्ष गणतंत्र दिवस पर प्रतियोगिता के आधार पर चुने हुए दस्तकारों का राष्ट्रीय सम्मान भी उन्हीं के दिमाग की उपज था। देशव्यापी प्रशिक्षण केंद्रों के अतिरिक्त उन्होंने शोध कार्य के लिए कुछ नमूना शोध केंद्रों की स्थापना भी की। राजधानी में एक 'हस्त-शिल्प संग्रहालय' की उनकी कल्पना भी साकार हुई, जो राष्ट्र को उनकी एक अनुपम देन है।

अभिनय कमलाजी का एक प्रिय शौक रहा। सन् 1920 से वे नाटकों में भाग लेती और उनका निर्देशन करती रहीं तो नाट्य-मंच के पुनरुद्धार की ओर उनका ध्यान न जाता, यह कैसे संभव था। सन् 1951 में उन्होंने 'भारतीय नाट्य संघ' नामक संस्था की स्थापना कर भारतीय रंगमंच को भी एक नया मोड़ दिया। यह संस्था देश की सभी नाट्य-संस्थाओं को एक मंच पर लाकर उनकी समस्याओं को सुलझाती है और उन्हें विकास की नई दिशा देती है। भारतीय नाट्य संघ की अध्यक्षा के साथ वह 'संगीत नाटक अकादमी' की उपाध्यक्षा भी रहीं।

अपनी इन्हीं व्यापक सेवाओं के लिए कमलादेवी एक अंतरराष्ट्रीय ख्याति का व्यक्तित्व बन गई थीं। विभिन्न कार्यों एवं उद्देश्यों को लेकर उन्होंने अनेक बार विदेश-यात्राएँ की थीं, जिनमें से हस्तकला प्रदर्शनियों द्वारा परंपरागत भारतीय हस्तकलाओं के लिए विदेशी बाजार ढूँढ़ना प्रमुख है। विदेशी बाजार में भारतीय दस्तकारियों की लोकप्रियता को देखकर ही स्वदेश में भी इनका काफी फैशन चल निकला है और इस लोकप्रियता एवं फैशन से कमलाजी बेहद संतुष्ट थीं।

अपनी इन्हीं विविध सेवाओं के बल पर कमलाजी कई बार पुरस्कृत और सम्मानित हुईं। भारत सरकार द्वारा उन्हें 'पद्म-भूषण' की उपाधि से तथा कुछ वर्षों बाद फिर 'पद्म विभूषण' की उपाधि से अलंकृत किया गया, 'विश्व भारती' शांति निकेतन द्वारा 'देशिकोत्तम' उपाधि से। सन् 1966 में उन्हें 10,000 डॉलर के अंतरराष्ट्रीय 'रैमन मैगसेसे' पुरस्कार से पुरस्कृत किया गया था। इनके अलावा भी अन्य अनेक सम्मान व पुरस्कार उन्हें मिले। वे 'इंडिया इंटरनेशनल सेंटर' की संस्थापक सदस्या व आजीवन सदस्या के नाते सेंटर की गतिविधियों में सक्रिय रहीं और लगभग दैनिक रूप में उसका काम-काज देखती रहीं। अंत तक उनकी लोकप्रियता और कर्मठता में भी कोई कमी नहीं आई थी। वे लोक कलाओं के एक राष्ट्रीय संग्रहालय की स्थापना का सपना मन में सँजोए रहीं, जिसे अवश्य कार्यान्वित किया जाना चाहिए।

किशोरावस्था से वृद्धावस्था तक निरंतर सक्रिय रहनेवाली कमलाजी अपने आस-पास के लोगों के लिए हमेशा आकर्षण का केंद्र रहीं। उनके संपर्क में आनेवाला कोई भी व्यक्ति उनके फूल-सज्जित जूड़े और रोबीले व प्रभावशाली व्यक्तित्व से प्रभावित हुए बिना नहीं रहा। वह हमेशा एक रंगीन क्रांतिकारी महिला के नाम से जानी जाती रहीं। रंगीन मिजाज की वह कलाप्रिय नारी अपने जीवन में प्रायः उदास ही रही, पर दूसरों की उदासी को दूर करने के लिए हमेशा खुशियाँ लुटाती रही। उनका जीवन साहसी, गौरवपूर्ण घटनाओं का एक ऐसा सिलसिला है, जिस पर प्रत्येक भारतीय नारी को गर्व है।

□

राजनीति

भारत की प्रथम राष्ट्रपति

प्रतिभा पाटिल

श्रीमती प्रतिभा देवीसिंह पाटिल का जन्म 19 दिसंबर, 1934 को महाराष्ट्र के नंदगाँव जिले में हुआ था। उन्होंने अपनी प्रारंभिक शिक्षा आर.आर. विद्यालय, जलगाँव एवं स्नातकोत्तर की डिग्री राजनीति विज्ञान एवं अर्थशास्त्र विषयों में मूलजी जेठ कॉलेज से प्राप्त की। तत्पश्चात् उन्होंने राजकीय कॉलेज, बंबई से विधि स्नातक की डिग्री प्राप्त की। श्रीमती पाटिल कॉलेज जीवन में खेलकूद प्रतियोगिताओं में सक्रिय भागीदारी निभाती थीं। स्नातकोत्तर एवं विधि स्नातक अध्ययन के दौरान भी उन्होंने अनेक सम्मानजनक पदक प्राप्त किए।

श्रीमती पाटिल ने अपना व्यावसायिक जीवन जलगाँव कोर्ट से एक अधिवक्ता के रूप में प्रारंभ किया। वकालत के पेशे में उन्हें खूब सफलता एवं लोकप्रियता हासिल हुई। इस दौरान वे समाजसेवा से भी जुड़ी रहीं और अनेक जनकल्याणकारी कार्यों को निष्पादित किया—विशेषकर महिलाओं की स्थिति, समस्या एवं निदान से संबंधित मामलों में उनकी विशेष रुचि रही। प्रतिभाजी का विवाह डॉ. देवीसिंह रामसिंह शेखावत के साथ हुआ। डॉ. शेखावत ने मुंबई के हॉथकिन इंस्टीट्यूट में रसायन विज्ञान एवं अनुशासन पर शोध किया है। अपनी शिक्षा एवं प्रतिष्ठा के बल पर वे अमरावती शहर के प्रथम मेयर बने।

श्रीमती पाटिल ने अपना राजनीतिक जीवन बहुत ही कम उम्र, मात्र 27 वर्ष में शुरू किया। सर्वप्रथम उन्होंने जलगाँव विधानसभा क्षेत्र से विधानसभा के चुनाव में

सफलता प्राप्त की। इसके बाद लगातार चार बार इदलाबाद (मुकताई नगर) क्षेत्र से विधानसभा के लिए चुनी गईं। तत्पश्चात् सन् 1985-1990 तक राज्यसभा सदस्य के रूप में संसद् में अपनी सेवा प्रदान की। 1991 में अमरावती संसदीय क्षेत्र से चुनाव लड़ा, लेकिन उन्हें पराजय का मुँह देखना पड़ा था। प्रतिभाजी ने अपना अधिकांश राजनीतिक जीवन महाराष्ट्र में ही, महाराष्ट्र की जनता के बीच एवं महाराष्ट्र सरकार में अपनी सेवाएँ प्रदान करके बिताया। उन्होंने सन् 1967 से 1972 तक महाराष्ट्र सरकार में राज्यमंत्री के रूप में लोक स्वास्थ्य विभाग, मद्य-निषेध मंत्री, पर्यटन मंत्री, संसदीय एवं आवास मंत्री के पद पर कार्य किया।

सन् 1972 में ही वे महाराष्ट्र सरकार में समाज कल्याण विभाग में कैबिनेट मंत्री बनाई गईं। 1974-1975 में समाज कल्याण और लोक स्वास्थ्य विभाग में कैबिनेट मंत्री रहीं। 1975-1976 में मद्य-निषेध, पुनर्वास, सांस्कृतिक कार्य विभाग की कैबिनेट मंत्री बनीं। 1977 में श्रीमती पाटिल शिक्षा मंत्री, 1982-83 में आवास एवं शहरी विकास मंत्री तथा 1983-1985 में असैनिक आपूर्ति एवं समाज कल्याण मंत्री रहीं।

विपक्ष के नेता के रूप में भी इन्होंने जुलाई 1979 से फरवरी 1980 तक महाराष्ट्र विधानसभा में उत्कृष्ट भूमिका निभाई।

जब वे राज्यसभा में आई थीं तब राज्यसभा की उपाध्यक्ष बनीं तत्पश्चात् सन् 1988 में इन्होंने राज्यसभा के अध्यक्ष पद को सुशोभित किया।

श्रीमती प्रतिभा पाटिल ने लोकहित हेतु बहुत लंबे समय तक कार्य किया, जो अभी भी जारी है। पाटिल एसोसिएट व अन्य संस्थानों के उत्थान में इन्होंने काफी सक्रिय भूमिका निभाई है।

सन् 1985 में प्रतिभाजी बुल्गारिया की (ए.आई.सी.सी.) सभा में तथा 1988 में लंदन के कमेटी ऑफ ऑफिसर्स कॉन्फ्रेंस में प्रतिनिधि बनकर गई थीं। इन्होंने ऑस्ट्रेलिया में आयोजित स्टेट्स ऑफ वूमेंस तथा सितंबर, 1995 में चीन में 'वर्ल्ड वूमेंस कोऑपरेटिव' के तत्त्वावधान में आयोजित सेमिनार का प्रतिनिधित्व भी किया।

श्रीमती पाटिल 25 जुलाई, 2007 को भारत गणराज्य की बारहवीं राष्ट्रपति बनीं। राष्ट्रपति बनने से पहले वे राजस्थान की राज्यपाल थीं। इन्हें भारत की प्रथम महिला राष्ट्रपति होने का गौरव प्राप्त हुआ है।

□

प्रथम लोकसभा अध्यक्ष

मीरा कुमार

भारतीय संसद् के निचले सदन लोकसभा का देश की शासन प्रणाली में महत्त्वपूर्ण स्थान है। पूरे देश से 545 सांसद चुनकर इसी लोकसभा में अपने-अपने क्षेत्रों का प्रतिनिधित्व करते हैं। हर पाँच साल में एक बार लोकसभा के चुनाव होते हैं। जिस दल को बहुमत मिलता है, उसके सदस्य मिलकर लोकसभा में अपने नेता का चुनाव करते हैं। आमतौर पर वही देश का प्रधानमंत्री बनता है।

लोकसभा के इसी महत्त्व के कारण देश की आम जनता इसे ही ससंद् और सरकार मानते हैं। स्पष्ट है, इतने बड़े सदन की कार्यवाही चलाना बड़ा ही चुनौतीपूर्ण कार्य है। लोकसभा अध्यक्ष पद पर अभी तक केवल पुरुष नेता ही विराजते आए हैं। परंतु 2009 के आम चुनावों के बाद एक नया इतिहास रचा गया। देश के इतिहास में पहली बार कोई महिला लोकसभा अध्यक्ष पद पर विराजमान हुई, और वह भी निर्विरोध।

इस महिला नेता का नाम है श्रीमती मीरा कुमार, जो कांग्रेस के वरिष्ठ नेता स्व.बाबू जगजीवन राम की सुपुत्री हैं। 1945 जो भारतीय राजनैतिक आकाश में दैदीप्तमान 31 मार्च, 1945 को बिहार के भोजपुर जिले में आरा के निकट चंदवा गाँव में जनमी मीरा कुमार स्वयं भी पाँच बार संसद् सदस्य चुनी जा चुकी हैं। उन्होंने दिल्ली के इंद्रप्रस्थ व मिरांडा हाउस कॉलेजों से एम.ए. व एल-एल.बी तक शिक्षा प्राप्त की है।

शिक्षा समाप्ति के पश्चात् 1973 में उनका भारतीय विदेश सेवा में चयन हो गया। उन्होंने कूटनीतिज्ञ के रूप में स्पेन, ब्रिटेन तथा मॉरीशस स्थित भारतीय दूतावास व उच्चायोगों में देश की सेवा की। भारत-मॉरीशस संयुक्त आयोग की वह सदस्य रहीं। इस दौरान

उन्होंने अपने दायित्वों का बड़ी कुशलतापूर्वक निर्वाह किया।

लगभग 12 साल तक विदेश सेवा में रहकर देश की सेवा करने के पश्चात् श्रीमती मीरा कुमार को राजनीति में उतरना पड़ा। पिताजी श्री जगजीवन राम की मृत्यु के पश्चात् वह कांग्रेस में शामिल हो गईं। उस वक्त सन् 1984 के आम चुनाव में कांग्रेस भारी बहुमत से जीतकर आई थी और प्रधानमंत्री श्री राजीव गांधी के नेतृत्व में अपेक्षाकृत युवा मंत्रियों की सरकार केंद्र में चल रही थी। उच्च शिक्षा प्राप्त व उच्च पदों पर आसीन युवा भी राजनीति में संभावना तलाश रहे थे। मीरा कुमार ने भी कांग्रेस व प्रधानमंत्री राजीव गांधी का हाथ मजबूत करने के लिए उत्तर प्रदेश के बिजनौर क्षेत्र से लोकसभा का उप चुनाव लड़ने का निश्चय किया।

चुनाव में उनका मुकाबला बसपा उम्मीदवार व उत्तर प्रदेश की वर्तमान मुख्यमंत्री सुश्री मायावती व कद्दावर दलित नेता रामविलास पासवान से था। अटकलों तथा अफवाहों का बाजार गरम था। लेकिन अंततः श्रीमती मीरा कुमार भारी बहुमत से विजयी घोषित की गईं। उसके बाद आठवीं, ग्यारहवीं व बारहवीं लोकसभा में उन्होंने दिल्ली के करोलबाग क्षेत्र से चुनाव लड़ा और भारी बहुमत से विजयी रहीं। केवल 1999 के लोकसभा चुनाव में उन्हें करोलबाग क्षेत्र में भारतीय जनता पार्टी की उम्मीदवार अनीता आर्य के हाथों पराजय का सामना करना पड़ा।

2004 के आम चुनावों में अपने पिता जगजीवन राम के निर्वाचन क्षेत्र सासाराम, बिहार से रिकॉर्ड बहुमत से जीतकर सांसद बनीं। सन् 2009 का आम चुनाव भी उन्होंने वहीं से लड़ा और भारी बहुमत से जीतकर आईं।

सन् 2004 से 2009 तक वह कांग्रेसनीत गठबंधन सरकार में सामाजिक न्याय व अधिकारिता मंत्री रहीं। इस पद पर रहते हुए उन्होंने दलित व पिछड़े वर्ग को न्याय व समानता के अधिकार दिलाने के अलावा महिलाओं की स्थिति सुधारने में सराहनीय कार्य किया। सन् 2009 में गठित केंद्र सरकार में उन्हें कैबिनेट स्तर पर जल संसाधन मंत्री बनाया गया। लेकिन तभी उन्हें लोकसभा अध्यक्ष पद के लिए दल की ओर से नामित कर दिया गया। उनके मुकाबले किसी भी विपक्षी दल ने कोई प्रत्याशी घोषित नहीं किया। इस प्रकार 4 जून, 2009 को वह निर्विरोध लोकसभा अध्यक्ष निर्वाचित हो गईं।

श्रीमती मीरा कुमार वकील भी हैं, उनके पति श्री मंजुल कुमार भी सर्वोच्च न्यायालय में अधिवक्ता हैं। मीरा कुमार ने राइफल शूटिंग में अनेक पदक भी जीते हैं। इसके अलावा वह कविताएँ भी लिखती हैं।

□

प्रथम प्रधानमंत्री

इंदिरा गांधी

"मेरे जन्मदिन (19 नवंबर, 1984) पर इस बार कोई समारोह नहीं होगा। देश में कई महत्त्वपूर्ण चीजें चल रही हैं और मुझे नहीं मालूम कि उस दिन मैं कहाँ रहूँगी।" मृत्यु से कुछ दिन पूर्व श्रीमती इंदिरा गांधी का एक अयाचित आदेश।

"अगर मैं देश की सेवा करते-करते मर भी जाती हूँ तो मुझे इस पर नाज होगा। मुझे विश्वास है कि मेरे खून का हर कतरा इस राष्ट्र के विकास में योगदान करेगा और उसे मजबूत बनाएगा।" बलिदान से एक दिन पूर्व उड़ीसा की एक सभा में दिए गए उनके भाषण का एक अंश।

क्या श्रीमती गांधी को आसन्न मृत्यु का पूर्वाभास हो गया था? या उनका अचेतन मन आस-पास हो रहे षड्यंत्र को अदृश्य ध्वनि-तरंगों से ग्रहण कर स्वीकार कर रहा था?

उनका पूरा जीवन तो अथक श्रम और गतिशीलता से भरा एक कर्मयोगिनी का-सा जीवन था, अपने अंतिम वर्षों में विशेष रूप से एक बार चुनाव में हार के बाद सत्ता में दोबारा आने और पुत्र संजय की मृत्यु के बाद उनका झुकाव आध्यात्मिक साधना की ओर भी खासा बढ़ गया था। अत: उनके जैसे साधक व्यक्तित्व और भविष्यद्रष्टा के लिए उपर्युक्त दोनों ही बातें असंभव नहीं रही होंगी।

उनकी एक समकालीन के नाते आज जब मैं उनकी स्मृति में कुछ लिखने के लिए कलम उठा रही हूँ तो न जाने कितने दृश्य साकार होकर मेरे मन-मस्तिष्क में इस कदर धमा-चौकड़ी मचाने लगे हैं कि उन्हें पंक्तिबद्ध रूप में एक-एक करके सामने

लाना दुष्कर हो रहा है। प्रारंभ करती हूँ अपनी स्मृति में गहरे अंकित एक विशिष्ट घटना से—

राजधानी के इतिहास में किसी महिला का सम्मान करने के लिए इतनी अधिक महिला-संस्थाएँ कभी नहीं जुटी थीं। दिसंबर 1965। नई दिल्ली स्थित सरदार पटेल भवन के प्रांगण में अखिल भारतीय स्तर की और स्थानीय तीन दर्जन से अधिक महिला-संस्थाओं की लगभग सभी प्रमुख नेत्रियों द्वारा अभिनंदन किया जा रहा था एक ऐसी आकर्षक और अपेक्षाकृत कम उम्र महिला का, जिसकी राजनीतिक व कूटनीतिक क्षमता को भारत से पहले विदेशों में पहचान लिया गया था।

रोमन अकादमी द्वारा सन् 1965 में ही प्रारंभ किए गए 'इजाबेला-द-एस्ते' पुरस्कार की प्रथम सूची में कुल चौदह महिलाओं का नाम था, जिन्हें कला, साहित्य, व्यवसाय, पत्रकारिता, समाज-सेवा, अभिनय आदि के विभिन्न क्षेत्रों में विश्व की प्रथम महिला मानकर पुरस्कृत किया गया था। श्रीमती इंदिरा गांधी को यही पुरस्कार 'सर्वाधिक कुशल कूटनीतिज्ञ महिला' होने के नाते प्रदान किया गया। यह सभी के लिए एक सुखद आश्चर्य की बात थी। तत्कालीन प्रधानमंत्री श्री लालबहादुर शास्त्री ने हँसकर अपनी प्रतिक्रिया व्यक्त की, "इससे यह सिद्ध होता है कि कूटनीति के क्षेत्र में महिलाएँ पुरुषों से आगे हैं।" तत्कालीन राज्यसभा उपाध्यक्ष श्रीमती वॉयलेट अल्वा ने भी अभिनंदन समारोह में बोलते हुए कहा, "हमारे देश का यह दुर्भाग्य है कि हमारी प्रतिभाओं को विदेशी हमसे पहले पहचानते हैं। यह काम रोमन अकादमी से पहले भारत में संपन्न होना चाहिए था। पर हमें आशा है, श्रीमती गांधी के महान् कार्यों और सफलताओं को यहाँ भी शीघ्र सम्मानित किया जाएगा।"

और श्रीमती वॉयलेट अल्वा की यह भविष्यवाणी इस घटना के केवल एक महीने बाद ही फलीभूत हो गई। श्री शास्त्री के आकस्मिक निधन से रिक्त स्थान पर उनके उत्तराधिकारी के रूप में कांग्रेस संसदीय बोर्ड ने 19 जनवरी, 1966 को भारी बहुमत से श्रीमती गांधी को अपना नया नेता चुन लिया। 24 जनवरी, 1966 से उनके प्रधानमंत्री बनते ही कांग्रेस, युवा पीढ़ी, महिला वर्ग और सामान्य जन में खुशी की लहर छा गई। नई आशाएँ, नए सपने जगे और उनके फलितार्थ होने की प्रतीक्षा की जाने लगी।

विश्व की 'पहली महिला प्रधानमंत्री' होने का गौरव यद्यपि इसके पूर्व श्रीलंका की प्रधानमंत्री श्रीमती सिरिमावो भंडारनायके को प्राप्त हो चुका था, फिर भी संसार के 'सबसे बड़े लोकतांत्रिक देश की प्रथम महिला प्रधानमंत्री' के नाते श्रीमती गांधी ने अपने गौरव और दायित्व से संसार भर का ध्यान अपनी ओर आकर्षित कर लिया। जितना बड़ा सम्मान उतना बड़ा दायित्व और उतनी बड़ी कठिन परीक्षा। ब्रिटेन, अमेरिका,

रूस जैसे उन्नत देशों की महिलाओं ने इस पदीय सम्मान को ईर्ष्या की दृष्टि से देखा और उन्हें लगा, जैसे विश्व भर की महिलाओं की प्रतिष्ठा ही एक परीक्षा में डाल दी गई हो। राज्याध्यक्षों के अलावा स्थान-स्थान से प्रमुख महिलाओं एवं महिला संगठनों के बधाई संदेश और साथ में इस परीक्षा में सफलता के लिए शुभकामनाएँ इसका प्रमाण थीं।

यदि नारी की क्षमताओं पर विश्वास किया जाए तो वह कठिन-से-कठिन परीक्षाकाल को भी बड़ी कुशलता से पार कर सफल हो सकती है। श्रीमती इंदिरा गांधी इसकी एक मिसाल थीं। इस परीक्षा में उनकी सफलता और विजय भारतीय नारी की सफलता और विजय होगी, इसका अहसास उन्हें प्रारंभ से था। लेकिन श्रीमती गांधी को इस बात से चिढ़ थी कि उनकी राजनीतिक सफलता को नारी के दृष्टिकोण से आँका जाए। वे स्वयं को 'नारी' बाद में और देश की समान स्वतंत्र 'नागरिक' पहले मानती थीं, 'समानाधिकार के इस युग में नारी-पुरुष का प्रश्न उठाया ही क्यों जाए?'

फिर भी, इस प्रश्न को इसलिए उठाना आवश्यक लगा कि उनके चुनाव में स्वयं बहुमत का प्रतिनिधित्व करनेवाले पुरुष वर्ग की ओर से प्रकट की गई प्रारंभिक प्रतिक्रिया में हर्ष ध्वनि के साथ एक ध्वनि और भी जुड़ी हुई थी। यह थी—आपसी चर्चाओं, पत्रों के व्यंग्य कॉलमों में, घरों में पति-पत्नी के निजी वार्त्तालापों में 'औरतों का राज' वाली शंका और हास्य-व्यंग्य की मिली-जुली ध्वनि। परंपरा में ढले रूढ़िवादी पुरुष के गले यदि प्रारंभ में यह बात सहज ही नहीं उतर पाई थी तो इसे कुछ अस्वाभाविक भी नहीं कहा जा सकता। यहीं हम महिलाओं की दबी शंका भी सिर उठाती थी कि देश की उस उथल-पुथल से भरी अनिश्चयात्मक स्थिति में राजनीतिक व कूटनीतिक स्वार्थों के साथ कहीं पुरुष के इस मनोविज्ञान का भी गठबंधन अवश्य था। पर श्रीमती गांधी का स्त्रियोचित नहीं, नागरिकोचित आत्मविश्वास न केवल उसे नकारता चला गया, धीरे-धीरे ऐसी सभी शंकाओं-बाधाओं को निर्मूल भी करता चला गया।

एक महिला के नाते प्रधानमंत्री बनने पर वे क्या अनुभव करती हैं, इस प्रश्न को वे बड़ी झुँझलाहट के साथ सुनती थीं, "जहाँ तक काम का सवाल है, मैं स्वयं को नारी नहीं समझती।" एक प्रधानमंत्री में क्या गुण होने चाहिए, इसके उत्तर में वे कहती थीं, "संजीदगी, काम के प्रति ईमानदारी व समर्पण की भावना—ये गुण पुरुष और नारी में कोई भेद नहीं करते।" पर इसका यह अर्थ नहीं कि उनमें स्त्रियोचित सहज गुणों का अभाव था। अपनी सुंदरता, कमनीयता, सुरुचि, आवाज और मुसकान में वे पूर्णरूपेण नारी थीं। एक बार जब उनसे पूछा गया कि चुनाव की स्वतंत्रता होने पर वे क्या बनना चाहेंगी? तो उनका उत्तर था, "मैं इतिहास और मानवशास्त्र में अनुसंधान करना चाहूँगी तथा निजी तौर पर साज-सज्जा का काम पसंद करूँगी।" प्रथम पसंद में पिता श्री नेहरू

द्वारा प्रशिक्षित उनका व्यक्तित्व बोल रहा था, द्वितीय में उनका अपना नारीत्व।

श्रीमती गांधी शरीर से दुबली थीं, व्यक्तित्व से कमनीय। उन्हें देखकर किसी के लिए भी यह अनुमान लगाना कठिन हो जाता था कि अपने कार्यकारी जीवन में वे पुरुषों से भी अधिक कर्मठ और समर्थ हो सकती हैं। पर यह सत्य उनके लोकप्रिय व्यक्तित्व का एक सहज अंग था। अपने दुबले-पतले व कमजोर शरीर के बावजूद प्रतिदिन सोलह से अठारह घंटे कार्य, सदा तत्परता और राजनीतिक जीवन के तमाम दबावों-तनावों को मुसकराते हुए झेलते जाना उनके लिए कुछ मुश्किल न था। उनकी एक निकट सहयोगिनी के अनुसार, "अपनी सुरुचिपूर्ण पसंद के बावजूद काम के वक्त इंदिराजी पाँच मिनट में तैयार होकर बाहर निकल आती थीं।" प्रधानमंत्री पद के पूर्व ही व्यस्त पिता की देखभाल, प्रधानमंत्री निवास पर हर समय अतिथियों के स्वागत तथा अनेक संस्थाओं में सक्रियता के साथ माँ और पत्नी के निभाव में कर्मठता की ट्रेनिंग उन्हें पर्याप्त मिल चुकी थी। चुपचाप काम करना और निरंतर काम करना उनका स्वभाव बन चुका था। व्यक्तिगत प्रचार से वे बड़ी परेशान हो उठती थीं। यही कारण है कि अनेक भव्य कामों को, जो उन्होंने चुपचाप किए, लोग नहीं जानते।"

उनके राजनीतिक जीवन की सफलता के बारे में यही कि कांग्रेस बनाम गैर-कांग्रेसवाद का प्रश्न हो, केंद्र-राज्य संबंधों का प्रश्न हो, पार्टी बनाम सरकार का हो, विदेश नीति का हो या प्रशासनिक दृढ़ता का, श्रीमती गांधी के पास राष्ट्रीय व अंतरराष्ट्रीय महत्त्व के लगभग सभी प्रश्नों के सुनिर्धारित और संतुलित उत्तर होते थे। कठिन-से-कठिन परिस्थिति में उनका अविचलित भाव बड़े-से-बड़े विरोध का कूटनीतिक मुकाबला, किसी भी विवादास्पद प्रश्न पर स्वतंत्र आत्म-विश्वासपूर्ण निर्णय की क्षमता और हर स्थिति-प्रवृत्ति से समयानुसार अनुकूल या तटस्थ भाव से पार होने की उनकी सामर्थ्य देखकर बड़े-बड़े दिग्गज राजनीतिज्ञ भी उनका लोहा मान गए थे।

जुलाई-अगस्त 1969 में तेजी से घटित घटनाओं और उनके परिणामों ने तो उनकी लोकप्रियता में इतनी वृद्धि की कि वे आधुनिक इतिहास की एक चिर स्मरणीय नारी बन गईं।

प्रधानमंत्री बनने के बाद श्रीमती गांधी शासन-तंत्र में परिवर्तन के साथ देशहित में बैंक राष्ट्रीयकरण जैसे कुछ ठोस कदम उठाना चाहती थीं। विशेष रूप से कांग्रेस द्वारा स्वीकृत समाजवादी ढंग की समाज रचना कार्यक्रम के कार्यान्वयन को लेकर वे निरंतर सचेष्ट रहीं। किंतु कथित सिंडीकेट के प्रभावी तत्त्व उनके मार्ग में शिलाखंड के समान अवरोधक बनकर खड़े हो जाते। इस दिशा में आगे बढ़ने की असफलता से वे वैसे ही खिन्न थीं, उस पर बंगलौर के कांग्रेस अधिवेशन में विरोधी तत्त्वों द्वारा जिस तरह उनकी सरकार पलटने की योजना का श्रीगणेश किया गया था, उसने इस खिन्नता को और

बढ़ावा दिया। पर श्रीमती गांधी उस मिट्टी की नहीं बनी थीं कि निराश होकर या हारकर बैठ जातीं। शीघ्र ही निराशा के इस भँवर से निकलकर उन्होंने विरोधी तत्त्वों से निबटने के लिए कमर कस ली। प्रत्याक्रमण का पहला राजनीतिक मोहरा बने सिंडीकेट-प्रभावित उप-प्रधानमंत्री श्री मोरारजी देसाई। उन्हें अपदस्थ कर उनके हाथ से वित्त मंत्रालय वापस लेकर दूसरे कदम में उन्होंने 20 जुलाई, 1969 को प्रमुख बैंकों के राष्ट्रीयकरण की घोषणा कर दी। अकस्मात् घटी इन दोनों घटनाओं और उनकी सफलता ने उनके सशक्त प्रशासकीय तथा लोकहितकारी रूप को एकदम जनता के सामने ला दिया। निम्न व मध्य वर्ग की दबी-पिसी कोटि-कोटि जनता ने उनका साधुवाद किया तथा वे उनकी प्रिय पात्र बन गईं।

उनकी इस सफलता से क्षुब्ध हो सिंडीकेट ने कई तरह से उन्हें नीचा दिखाना चाहा। पर अगले मोरचे—20 अगस्त को राष्ट्रपति पद के चुनाव में पार्टी के नामजद श्री नीलम संजीव रेड्डी की हार और श्रीमती गांधी समर्थित श्री वी.वी. गिरि की जीत ने जनमत का फैसला पूरी तरह उनके पक्ष में कर दिया। राष्ट्रपति के चुनाव के बाद भी कांग्रेस अध्यक्ष श्री निजलिंगप्पा तथा सिंडीकेट के प्रभावी तत्त्वों द्वारा अनुशासनात्मक कार्यवाही कर उनकी सरकार को पलटने की योजना बनाई गई। किंतु तब तक जनमत उन लोगों के हाथ से निकल चुका था। 25 अगस्त को कांग्रेस कार्यकारिणी ने कांग्रेस अध्यक्ष तथा प्रधानमंत्री को राष्ट्रपति चुनाव के अंतर्विरोधी प्रकरणों से बरी करते हुए जो प्रस्ताव स्वीकार किया, उससे सिंडीकेट लगभग टूट गया और श्रीमती गांधी अपनी रणनीति में पूरी तरह विजयी होकर विजेता सैनिक की तरह जन-जन की जय ग्रहण करने लगीं। कार्यकारिणी समिति की बैठक के ठीक एक दिन पहले उन्होंने कहा, ''मैं पार्टी की एकता की कायल हूँ, पर नीतियों और कार्यक्रमों की कीमत पर नहीं।'' दरअसल वे संस्था को सत्ता आधारित नहीं, नीति और कार्यक्रम आधारित रखना चाहती थीं। उनका उद्देश्य नीतियों और कार्यक्रमों को इस तरह संगठित कर देना था कि अवांछित तत्त्व पार्टी से निकल जाएँ और कांग्रेस पार्टी को फिर से एक अर्थ मिल जाए। 2 सितंबर, 1970 को पूर्व राजाओं को दी जानेवाले प्रिवीपर्सों और अन्य सुविधाओं की समाप्ति संबंधी कदम उठाकर उन्होंने अपनी प्रतिष्ठा में एक चमकीला सितारा और जोड़ लिया।

सन् 1971 का मध्यावधि चुनाव। अपनी प्रगतिशील नीतियों को कार्यान्वित करने के लिए श्रीमती गांधी जनता का स्पष्ट आदेश प्राप्त करना चाहती थीं। संविधान के बुनियादी अधिकार संबंधी परिच्छेद-3 में संशोधन करने के लिए दो-तिहाई बहुमत की आवश्यकता होती है। जनता के पूरे समर्थन के बिना ऐसा स्पष्ट बहुमत प्राप्त करना कठिन होता है। सन् 1969 के पिछले चुनाव परिणाम और उसके बाद समाजवाद की

दिशा में उठाए गए उनके कदमों की कानूनी व्याख्याओं के बाद मध्यावधि चुनाव का निर्णय उनके लिए खतरे से खाली नहीं था, उनकी लोकप्रियता व राजनीतिक अस्तित्व के लिए वह एक चुनौती थी। पर नेता और जनता के बीच आ खड़े हुए सारे राजनीतिक तंत्र को चुनौती देती इंदिरा गांधी चुनाव मैदान में उतर आईं। इस चुनाव में दो मुख्य नारे थे—एक ओर 'इंदिरा हटाओ' तथा दूसरी ओर 'गरीबी हटाओ'। और 'गरीबी हटाओ' नारे ने 'इंदिरा हटाओ' नारे को दबा दिया। दो-तिहाई बहुमत देकर जनता ने उन्हें अपना विश्वास दिया, साथ ही 'गरीबी हटाओ' की अपनी आकांक्षाएँ भी उनकी ओर केंद्रित कर दीं।

सन् 1971 में ही उन्हें एक दूसरी, अपेक्षाकृत अधिक कठिन चुनौती का सामना करना पड़ा। बँगलादेश के मसले में उलझना हँसी-खेल न था। पर उसे नजरअंदाज करना भी कठिन था। श्रीमती गांधी के लिए फिर एक परीक्षा की घड़ी उपस्थित थी। उन्होंने संसद् को वचन दे दिया कि भारत संकटग्रस्त शरणार्थियों को आने से रोकेगा नहीं, पर वह उन्हें वापस भी जरूर भेजेगा—बँगलादेश के मुक्ति-संग्राम का समर्थन करके तथा उसके लिए राजनीतिक समाधान खोजकर मामले के निबटान में देरी के लिए उन्हें चारों ओर से विरोध सहन करना पड़ा। पर श्रीमती गांधी एक ओर विश्व जनमत को जगाने में, दूसरी ओर खतरे का सामना करने के लिए योजनाबद्ध तैयारी में लगी रहीं और समय आने तक इस मामले में मौन रहीं। अमेरिका जैसे शक्तिशाली राष्ट्र के विरोध की भी परवाह न कर उन्होंने 9 अगस्त को राष्ट्र-हित में रूस से बीस वर्षीय संधि कर अपनी स्थिति सुदृढ़ कर ली। फिर जब शांति और राजनीतिक समाधान के सारे प्रयत्न व्यर्थ हो गए और भारत द्वारा बँगलादेश मुक्तिवाहिनी के समर्थन से चिढ़कर पाकिस्तान ने आक्रमण कर दिया तो सन् 1971 के अंत में भारत-पाक का 14 दिवसीय ऐतिहासिक युद्ध श्रीमती गांधी की शक्ति और दूरदर्शिता की एक अद्‌भुत मिसाल छोड़ गया। सांप्रदायिकता के आधार पर दो टुकड़ों में अप्राकृतिक ढंग से बना पाकिस्तान खंडित हो गया और कष्ट व बलिदान पर आधारित बँगलादेश के रूप में विश्व के नक्शे पर एक नई लोकतांत्रिक शक्ति का उदय हुआ।

श्रीमती इंदिरा गांधी के नेतृत्व में भारत की यह एक बड़ी उपलब्धि तो थी ही, उससे भी बड़ी उपलब्धि थी 'राष्ट्र की हीनता-बोध से मुक्ति और उसमें नए साहस, नए उत्साह, नए आत्मविश्वास का उदय'। इसकी अगली परिणति भारत की विदेश नीति की सफलताओं, सिक्किम को सहराज्य का दर्जा दिए जाने और 18 मई, 1974 को भारत द्वारा पोखरण की मरुभूमि में शांति कार्यों के लिए प्रथम परमाणु-विस्फोट के बाद भारत की बड़ी शक्तियों के रूप में गणना देखी जा सकती है।

भारत-पाक युद्ध में भारत की शानदार विजय—विश्व के इतिहास में कभी भी,

कहीं भी विपक्षी सेना ने इतनी जल्दी इतनी बड़ी संख्या में आत्मसमर्पण नहीं किया था। कुछ राजनीतिक समीक्षकों के मत में, यदि बंदी सैनिकों को छोड़ने के एवज में श्रीमती गांधी पाकिस्तान से कश्मीर पर अपना दावा छोड़ने की शर्त लगा देतीं तो तभी कश्मीर समस्या का स्थायी समाधान हो गया होता। पर यह मौका उनके हाथ से चूक गया—क्या पता कोई मजबूरी रही हो या अंतरराष्ट्रीय दबाव? उसके बाद भारत की शांतिप्रियता व परंपरागत उदारता का शानदार ढंग से परिचय दे, विजेता राष्ट्र द्वारा युद्ध-विराम की घोषणा, युद्धबंदियों की रिहाई, शेख मुजीब की सकुशल स्वदेश वापसी में श्रीमती गांधी के प्रयत्नों की सफलता, एक नारी की यह गजब की दृढ़ता और सफलता देख संसार हैरत में पड़ गया। पर अपनी मान्यतानुसार इंदिराजी ने दरशा दिया कि दृढ़ता या कमजोरी को पुरुष-नारी के साथ जोड़कर देखना बेमानी है। युद्ध के बाद युद्धकाल में नारी-संगठनों की सेवा-योजनाओं की संचालिकाओं, कार्यक्रमों व अन्य सहयोगी महिलाओं को अपनी कोठी पर आमंत्रित कर 'महिला मंगल मिलन' के रूप में उनका स्वागत करते, उनसे अनौपचारिक रूप से मिलते और उनके बीच नारी सुलभ भावनाओं का प्रदर्शन करते इंदिराजी को देख मैं इस वीर नारी के विविध रूपों में सामंजस्य बिठाने में जैसे खो-सी गई थी।

इस शानदार सफलता के बाद भारत के राष्ट्रपति की ओर से उन्हें राष्ट्र की सर्वोच्च उपाधि 'भारत रत्न' से अलंकृत किया गया। इसी क्रम में उनकी अगली सफलताएँ थीं 'आर्यभट्ट उपग्रह' और दूरदर्शन के उपग्रह कार्यक्रमों को देश के ग्रामीण क्षेत्रों में पहुँचाना। निश्चय ही यह पिता के साथ उनके लंबे राजनीतिक प्रशिक्षण का फल था। पर कई मामलों में जैसे—नई पीढ़ी को सक्रिय समर्थन देने में विरोधियों का डटकर मुकाबला करने में तथा भावुकता से बचकर व्यावहारिक निर्णय लेने में वे उनसे आगे थीं, ऐसा कहना भी कुछ गलत न होगा। साहस और निर्भयता में भी वे श्री नेहरू से कम नहीं थीं। सांप्रदायिक दंगों या भाषाई उपद्रवों से ग्रस्त इलाका हो अथवा तेजपुर, हाजीपुर की आक्रमणग्रस्त सीमाएँ हों या पंजाब का जलता हुआ माहौल, श्रीमती गांधी ने सदा खतरनाक स्थितियों और जगहों पर सबसे पहले पहुँचकर लोगों को राहत पहुँचाई। अंत में इसी एकता व अखंडता के लिए उन्होंने अपनी जान की बाजी लगा दी; पर न किसी वर्ग विशेष पर अविश्वास किया, न अपने कर्तव्य से पीछे हटीं।

श्रीमती इंदिरा गांधी भारत के लोकप्रिय नेता व पहले प्रधानमंत्री पं. जवाहरलाल नेहरू की इकलौती पुत्री थीं। इंदिरा के जन्म के समय श्रीमती सरोजिनी नायडू ने श्री नेहरू को बधाई का तार भेजकर नवजात कन्या को 'नए भारत की आत्मा' बताया था। इंदिराजी जन्म 19 नवंबर, 1917 को इलाहाबाद में हुआ था। प्रारंभिक शिक्षा स्विट्जरलैंड में हुई, फिर शांति निकेतन में और उसके बाद ऑक्सफोर्ड के सोमरविले कॉलेज में।

बचपन का नाम 'इंदिरा प्रियदर्शिनी' था। घर पर माता-पिता की राजनीतिक सरगर्मियों और उनकी गिरफ्तारियों को देखती हुई बालिका इंदिरा बचपन से ही राजनीति का पाठ पढ़ने लगी थी। बारह वर्ष की किशोरावस्था में उन्होंने बालकों के एक दल 'वानर सेना' का नेतृत्व किया। बाद में इस संगठन में 60,000 सदस्य हो गए थे। इस वानर सेना का काम स्वतंत्रता सेनानियों के काम में सहायता पहुँचाना था, जिसमें गुप्त खबरों का लाना-ले जाना जैसा दुष्कर कार्य भी था। और बालिका इंदिरा ने इस कार्य को बखूबी निभाया। इलाहाबाद स्थित उनका घर 'आनंद भवन' उन दिनों देश की राजनीतिक गतिविधियों का मुख्य केंद्र था। इसलिए राजनीति की शिक्षा इंदिराजी को बचपन से ही मिलने लगी थी और वे उसमें रुचि भी लेने लगी थीं।

श्री नेहरू और श्री टैगोर के प्रभाव से अध्ययन, कला, साहित्य, समाज-सेवा आदि की ओर भी उनका झुकाव प्रारंभ से ही था। घर के वातावरण और राजनीतिक-सामाजिक गतिविधियों में भाग लेने के कारण इंदिराजी की शिक्षा में निरंतर बाधा पड़ती रही। माँ का साया शीघ्र ही उठ जाने और पिता के बहुधा जेल में रहने के कारण इंदिरा ने अल्पायु में ही संघर्षों से लड़ना, स्वयं निर्णय लेना और अपने पैरों पर खड़ा होना सीख लिया था। ऑक्सफोर्ड में पढ़ते समय वहाँ ब्रिटिश लेबर पार्टी में शामिल होकर उन्होंने राजनीति का दूसरा पाठ पढ़ा।

सन् 1938 में इक्कीस वर्ष की आयु में इंदिराजी कांग्रेस की सदस्य बनीं। सन् 1942 में 'भारत छोड़ो आंदोलन' में भाग लेने पर उन्हें तेरह महीने के लिए जेल जाना पड़ा। तब उनका विवाह श्री फीरोज गांधी—राष्ट्रीय कांग्रेस के एक तपे हुए कार्यकर्ता (बाद में संसद् सदस्य)—के साथ हुआ ही था कि फौरन पति-पत्नी दोनों को कैद कर लिया गया। सन् 1947 में उन्होंने महात्मा गांधी के निर्देशन में सांप्रदायिक दंगों की शांति और हिंदू-मुसलिम एकता के लिए कार्य किया। तब से अंत तक वे इस उद्देश्य के लिए प्रयत्नशील रही थीं। चीनी व पाकिस्तानी हमले से उत्पन्न देश की संकटमय स्थिति में उन्होंने इस एकता के लिए अपनी संपूर्ण शक्तियों को लगा दिया था। सन् 1959 में भारती राष्ट्रीय कांग्रेस के नागपुर अधिवेशन में सत्तारूढ़ दल कांग्रेस की अध्यक्षा निर्वाचित होकर उन्होंने जनता को अपने स्थान व योग्यता का परिचय दिया। उनके अध्यक्षता-काल में कांग्रेस ने अनेक सफलताएँ प्राप्त कीं। सन् 1964 में पं.नेहरू के निधन के बाद श्री लालबहादुर शास्त्री के मंत्रिमंडल में शामिल हुईं और 1966 के प्रारंभ में ही प्रधानमंत्री के पद पर पहुँच गईं।

अनेक वर्षों तक वे बाल कल्याण, महिला कल्याण और सांस्कृतिक संगठनों की ट्रस्टी, चेयरमैन या सक्रिय सदस्या रहीं। भारतीय बाल कल्याण परिषद् की उपाध्यक्षा के नाते भारत में बाल कल्याण सेवाओं के प्रसार में उनका महत्त्वपूर्ण योगदान रहा है।

यूनेस्को की कार्यकारिणी सदस्या, भारतीय राष्ट्रीय कांग्रेस के महिला विभाग की अध्यक्षा तथा इलाहाबाद की तीन प्रमुख संस्थाओं—स्वराज्य भवन ट्रस्ट, कमला नेहरू अस्पताल व बाल राष्ट्रीय संस्थान—की निरीक्षिका के नाते भी उनकी सेवाएँ उल्लेखनीय थीं, पर पाकिस्तानी आक्रमण के समय उनकी यह अद्भुत संगठन क्षमता देखकर तथा सांप्रदायिक एकता और मूल्य-स्थिरता के लिए जनता व व्यापारियों के नाम उनकी मार्मिक अपीलें सुनकर भारतीय जनमानस ने तभी उन्हें अपने भावी नेता के रूप में अपना लिया था।

प्रधानमंत्री पद ग्रहण करते ही राष्ट्र के नाम एक रेडियो संदेश में उन्होंने कहा था, "हम शांति चाहते हैं, क्योंकि हमें दूसरी लड़ाई लड़नी है। यह लड़ाई है गरीबी से, बीमारी से, अज्ञान से।...मैं प्रण करती हूँ कि हमारे राष्ट्र-निर्माताओं ने धर्मनिरपेक्षता, लोकतंत्र, समाजवाद और विश्व-शांति के जिन आदर्शों पर इस राष्ट्र की बुनियाद रखी है, उनका मैं पूरी तरह पालन करूँगी। आइए, हम सब किसान और कामगार, अध्यापक और विद्यार्थी, वैज्ञानिक और शिल्पी, औद्योगिक और व्यापारी, राजनीतिक कार्यकर्ता और सरकारी कर्मचारी—सब मिलकर परिश्रम से काम करें और देश को आगे बढ़ाएँ।" और अनेकानेक समस्याओं से घिरे इतने बड़े देश में वे सब वर्गों को अपने साथ लेकर चल रही थीं, वह कोई कम महत्त्व की बात नहीं थी।

बाद में कुछ अंतरराष्ट्रीय दबावों से और कुछ भीतरी कारणों से देश में महँगाई, भ्रष्टाचार, तस्करी व अनुशासनहीनता अनियंत्रित रूप से बढ़ गई थी, जिससे आम वातावरण इतना तनावपूर्ण हो उठा था कि उसमें श्रीमती गांधी की लोकप्रियता की तसवीर भी कुछ धुँधली पड़ने लगी थी। तभी 12 जून, 1975 को इलाहाबाद उच्च न्यायालय ने उनके चुनाव को अवैध घोषित करते हुए जो निर्णय दिया, उससे एकबारगी लगा, जैसे पूरे देश में एक तूफान आ गया हो। पर श्रीमती गांधी इससे भी विचलित नहीं हुईं। अपने पक्ष में जुटता व्यापक जन-समर्थन देख उन्होंने 25 जून को देश में आपातकालीन स्थिति की घोषणा कर दी और अधिक शक्ति हाथ में लेकर देश में व्याप्त बुराइयों पर चारों ओर से आक्रमण आरंभ कर दिया। यह उनके जीवन की सबसे बड़ी गलती थी, जिसका देश के सभी बुद्धिजीवियों ने डटकर विरोध किया। लेकिन 'अंतरराष्ट्रीय महिला वर्ष' में एक बार फिर वे शक्ति की प्रतीक दुर्गा-समान नेत्री के रूप में प्रकट हुईं और विश्व भर में चर्चित हो गईं। स्वाभाविक था कि ऐसे समय समर्थन के ऊँचे स्वर के बीच आपातकालीन सख्तियों के कारण विरोध का दबा, किंतु सशक्त स्वर भी घुल-मिल जाए। पर चुनौतियों का सामना करनेवाली यह शक्तिशाली नारी अपने जीवन की सबसे इस बड़ी चुनौती का सामना भी उसी दृढ़ता से करती रही फिर उसी साहस से नया चुनाव कराने के लिए सामने आ गई थी—अपनी सत्ता को जोखिम में डालकर भी। चुनाव परिणाम उनके विरुद्ध गया। फिर भी उन्होंने हार नहीं मानी और अपनी कूटनीति

से नई जनता सरकार को अल्पजीवी बना दो वर्ष बाद ही फिर से सत्तारूढ़ हो गई थीं। पर इस बार उनके 'दुर्गा' रूप के साथ 'काली' रूप भी जुड़ गया था, जिससे जयप्रकाश जैसे नीतिवान् नेताओं का भी मान-मर्दन हुआ और उनके तानाशाही शिकंजे में असंख्य लोगों को अन्याय-अत्याचार सहना पड़ा। उस पर पुलिस व नौकरशाही की ज्यादतियों की कहीं कोई फरियाद नहीं। प्रेस का मुँह बंद। इसलिए यह घटना उनके शासनकाल पर एक काला धब्बा बनकर अंकित हो गई, जिसने उनकी बड़ी उपलब्धियों को भी धूमिल किया।

7 अप्रैल, 1967 की एक पुरानी घटना है। अमेरिका के यूनाइटेड प्रेस इंटरनेशनल के एक सर्वे-निष्कर्ष में भारत की प्रधानमंत्री श्रीमती इंदिरा गांधी को 'विश्व की सर्वाधिक महत्त्वपूर्ण महिला' घोषित किया गया था। महत्त्वपूर्ण की दृष्टि से दूसरा नंबर महारानी एलिजाबेथ व श्रीमती जेकलिन कैनेडी दोनों को दिया गया था। चुनाव के आधारभूत कारणों में प्रमुख था—'नारीत्व की कमियों पर विजय प्राप्त करना'।

पर नारीत्व की कमियों पर विजय प्राप्त करके भी, सौ शूर पुरुषों के मुकाबले अकेली ठहरकर भी वह देश को, संसार को, मानवता को उस क्रूर हिंसा, पैशाचिकता और सांप्रदायिकता के भयावह जहर से नहीं बचा पाईं, जिसके अंधकार ने छत्तीस वर्षों पूर्व सारे विश्व को राह दिखानेवाले इस देश के सत्य, अहिंसा के प्रकाश-स्तंभ महात्मा गांधी को भी इसी प्रकार गोलियों से ढहा दिया था। श्रीमती गांधी की मृत्यु पर प्रतिक्रिया-स्वरूप कुछ दिन तक सिखों पर भयानक हिंसा हुई, क्योंकि उन्हें गोली मारनेवाला एक सिख था, जिसने अमृतसर में हुए ऑपरेशन 'ब्लू स्टार' का बदला लिया था।...आखिर वे भी मानव थीं और हो सकता है, उनकी कोई मानवीय कमजोरी इस राह में आड़े आई हो और उनसे कुछ गलतियाँ भी हुई हों! पर देश के सामने आज यही सबसे बड़ा खतरा है कि जिस एकता व अखंडता के लिए उन्हें अपने जीवन की बलि देनी पड़ी, वह और गुल न खिलाए, विशेष रूप से ऐसे समय, जबकि अपने नापाक इरादों के साथ कुछ बाहरी गिद्ध आँखें इस देश के उठान पर गड़ी हैं। भगवान् करे, ऐसा न हो और श्रीमती गांधी का बलिदान व्यर्थ न जाए—इस देश की जिस मिट्टी में उनका रक्त गिरा है, वह इस खाद से और भी उर्वर होकर निकले तथा नई व सशक्त विभूतियों को जन्म दे।

□

संसद्-पीठिका पर प्रथम

वॉयलेट अल्वा

विश्व के संसदीय इतिहास में कोई भी महिला अब तक अध्यक्ष-पीठ पर आसीन नहीं हुई थी। यह एक बड़ा ही गौरवपूर्ण और उत्तरदायित्वपूर्ण पद है, विशेष रूप से नवोदित, किंतु विश्व के सबसे बड़े गणतंत्र भारत में। श्रीमती वायलेट अल्वा ने राज्यसभा के उपसभापति पद को सुशोभित कर इस पद पर विश्व की 'प्रथम महिला' होने का सम्मान प्राप्त किया।

श्रीमती वॉयलेट अल्वा ने इसके साथ अन्य कई क्षेत्रों में पहल की। भारत विभाजन से पूर्व सन् 1944 में वे भारत की प्रथम महिला वकील थीं, जिन्होंने उच्च न्यायालय की पूरी बेंच के समक्ष अपने पति के मुकदमे की सफल पैरवी की और जीतीं।

वह प्रथम भारतीय नारी थीं, जिन्होंने सन् 1950 में विदेश जानेवाले भारतीय पत्रकार-प्रतिनिधिमंडल में अपने देश की महिलाओं का प्रतिनिधित्व किया। फिर सन् 1952 में अखिल भारतीय समाचार-पत्र संपादक सम्मेलन की स्थायी समिति की प्रथम महिला सदस्या बनीं।

सन् 1954 में सोवियत संघ जानेवाले प्रथम भारतीय महिला प्रतिनिधि-मंडल की सदस्या और वे प्रथम भारतीय मंत्री बनीं, जिन्होंने अंडमान निकोबार की यात्रा की।

इन पहलवाले क्षेत्रों को छोड़कर देखें तो भी श्रीमती अल्वा ने जीवन भर भारतीय समाज, शासन और महिला समाज की जो सेवा की है, वह भारतीय नारी के लिए गौरव की बात है। सन् 1944 में उन्होंने 'बेगम' नामक महिला पत्रिका का संपादन-संचालन किया, जो बाद में 'भारतीय नारी' के नाम से प्रकाशित हुई। सन् 1942 के 'भारत छोड़ो

आंदोलन' में वे अपने पाँच मास के शिशु को गोद में लेकर जेल गई थीं। सन् 1945 से 1953 तक बंबई में एग्रीपाड़ा रेहावासी सेवा मंडल की अध्यक्षा रहीं और 1946-47 में बंबई म्यूनिसिपल कॉरपोरेशन की उपाध्यक्षा। सन् 1947 में ही बंबई में ऑनरेरी प्रेसीडेंसी मैजिस्ट्रेट का पद सँभाला। सन् 1947 से 1952 तक बंबई विधानसभा की सदस्या रहीं और 1948 से 1954 तक 'जुविनाइल कोर्ट्स' बंबई की अध्यक्षा।

इसके साथ अनेक महिला और समाज कल्याण संस्थाओं से भी उनका निकट संपर्क रहा। कई संस्थाओं के अध्यक्ष व उपाध्यक्ष पद को सुशोभित कर उनके संचालन में जीवन-पर्यंत तक सक्रिय रहीं, यद्यपि संसदीय कार्य की व्यस्तता के कारण बाद में कुछ संस्थाओं से स्वयं को अलग कर लिया था। भारतीय महिला वकील संघ की अध्यक्षा-उपाध्यक्षा रहने के साथ सन् 1962-64 में अंतरराष्ट्रीय महिला वकील संघ के अध्यक्ष पद पर भी निर्वाचित हुईं। वाई.डब्ल्यू.सी.ए. (यंग वीमे क्रिश्चियन एसोसिएशन) और भारतीय व्यावसायिक महिला संघ (बिजनेस एंड प्रोफेशनल वीमेंस एसोसिएशन, इंडिया) की भी अध्यक्षा रहीं।

श्रीमती अल्वा और श्री जोकिम अल्वा भारत की प्रथम संसद् (सन् 1952) में निर्वाचित होनेवाले प्रथम दंपती थे। इसके बाद दूसरी व तीसरी संसद् में भी दोनों चुने गए। श्रीमती अल्वा सन् 1952 में राज्यसभा के लिए चुनी गईं, फिर 1960 और 1966 में भी। सन् 1962 में जब उन्हें राज्यसभा के उपसभापति पद के लिए चुना गया तो देश-विदेश की महिलाओं में हर्ष की लहर दौड़ गई। जगह-जगह से बधाई संदेश मिले। इसके पूर्व सन् 1953-54 में वह राज्यसभा के उपाध्यक्ष पैनल में रह चुकी थीं और 1957 से 1962 तक गृह मंत्रालय में उपमंत्री के रूप में कार्य कर चुकी थीं। श्रीमती वॉयलेट अल्वा ने सामाजिक, प्रशासनिक, संसदीय—तीनों क्षेत्रों में अपनी अद्भुत प्रतिभा से समान कौशल का परिचय दिया था, यद्यपि इसके पूर्व एक शिक्षिका, पत्रकार और वकील के रूप में भी वे कम सफल नहीं रहीं।

अपना प्रारंभिक कैरियर अल्वाजी ने अध्यापन से शुरू किया। सन् 1936 में वे भारतीय महिला विश्वविद्यालय में अंग्रेजी की प्रोफेसर थीं; पर उनकी बहुमुखी प्रतिभा किसी एक क्षेत्र में सिमट जाने लायक न थी। प्रतिभा की धनी, कार्य की धुनी और आगे बढ़ने के लिए महत्त्वाकांक्षी इस महिला ने स्वयं को सभी ओर बढ़ाया और हर ओर सफलता ही उनके हाथ लगी। देखनेवाले को यह भाग्य का चमत्कार लग सकता है, पर इसका श्रेय वास्तव में उनकी कार्यक्षमता और अध्यवसाय को ही है। स्वयं श्रीमती अल्वा के शब्दों में, "मेरी सफलताओं का रहस्य है मेरा सुखी परिवार और मेरे प्रेरणा-प्रदाता मेरे पति, जो प्रेरणा ही नहीं देते, निरंतर सहयोग भी देते हैं।" उनके इस कथन में सच्चाई भी है। सचमुच पति-पत्नी में सहयोग हो, एक-दूसरे के व्यक्तित्व की कद्र हो

तो मनुष्य के लिए बड़ी-से-बड़ी सफलता पाना भी कठिन नहीं।

इस दृष्टि से श्रीमती अल्वा अध्यापन, पत्रकारिता, वकालत, समाज-सेवा, राजनीति, प्रशासन और संसदीय कार्यक्षेत्रों में समान कुशलता दिखानेवाली सफल नेत्री ही नहीं, इसके साथ अपने गृह जीवन में सफल आदर्श नारी भी थीं। वे एक सफल पत्नी, ममतामयी माँ और कुशल गृहिणी थीं। किसी एक नारी में इन सारे गुणों का समन्वय बहुत कम मिलता है। इसे श्रीमती अल्वा का सौभाग्य और भारतीय नारी का गौरव ही कहना चाहिए या शायद यह हँसी-खुशी से भरे घर का ही चमत्कार था कि श्रीमती अल्वा विविध क्षेत्रों में सफलतापूर्वक आगे बढ़ती हुई एक नियामक का कार्य भी उसी कुशलता और सफलता से संपादित करती रहीं।

श्रीमती वॉयलेट अल्वा का जन्म 24 अप्रैल, 1908 को हुआ। शिक्षा सेंट जेवियर कॉलेज और गवर्नमेंट लॉ कॉलेज, बंबई में हुई। फिर विवाह के बाद अपने पति श्री जोकिम अल्वा के साथ उन्होंने सामाजिक कार्य, पत्रकारिता, स्वतंत्रता संग्राम सभी में भाग लेना शुरू कर दिया। पति-पत्नी ने मिलकर पत्रकारिता में काम किया। स्वतंत्रता आंदोलन में सहभागी रहे और जेल गए। प्रथम आम चुनाव में साथ-साथ चुनकर संसद् में आए। पति-पत्नी के साथ वे प्रेमी थे, सहकर्मी थे, सहयोगी थे और एक-दूसरे के पथ-प्रदर्शक थे, पूरक थे। श्रीमती अल्वा एक आधुनिक जाग्रत् नारी होने के साथ प्राचीन भारतीय संस्कृति की भी दृढ़ समर्थक रहीं। उनके मत में, जब तक हमारी सारी उन्नति का आधार हमारी अपनी संस्कृति नहीं होगी तब तक भारतीय समाज की प्रगति को दिशा नहीं मिल सकती।

विवाह और संतान पर अपना मत व्यक्त करते हुए एक बार उन्होंने कहा था, ''विवाह को भविष्य पर न टालें और विवाह हो जाने पर संतान को भविष्य पर न छोड़ें।'' यानी एक निश्चित आयु में हर युवक-युवती को विवाह करना चाहिए और उसके बाद एक, दो या तीन संतानें भी ठीक समय पर हो जानी चाहिए। अधिक देर से बच्चे पैदा होने पर कई समस्याएँ उठ खड़ी होती हैं। विवाह को श्रीमती अल्वा भारतीय आदर्शों के अनुसार पवित्र कर्तव्य मानती थीं और सद्गृहिणी को परिवार का सुदृढ़ स्तंभ। इसी तरह सुखी परिवार को सुखी समाज की आधारशिला।

श्रीमती अल्वा स्वयं तीन बच्चों—दो पुत्र व एक पुत्री—की माँ थीं। भारतीय संस्कृति की विविधता और उसके समन्वय की बात उन्हें इतनी पसंद थी कि अपने बच्चों के नाम में ही यह संगम उपस्थित कर उन्होंने एक सांस्कृतिक उदारता का परिचय दिया था। उनकी पुत्री का नाम है—माया फरीदा फिदेल और बड़े पुत्र का चित्तरंजन फ्रांसिस अल्वा।

सिद्धांतों की धनी श्रीमती वॉयलेट अल्वा ने राजनीतिक दाँव-पेंचों से दुःखी

होकर 17 नवंबर, 1969 को राज्यसभा के अपसभापति पद से त्यागपत्र दे दिया था। इसके चौथे दिन ही 20 नवंबर, 1969 को हृदय गति रुकने से उनका देहांत हो गया।

श्रीमती अल्वा के व्यक्तित्व में एक अद्‌भुत संगम विद्यमान था। भारतीय नारी को ठेठ भारतीय नारी रखकर वह उसके अधिकारों के लिए भी निरंतर संघर्षरत रहीं। उनका कहना था कि अभी तक जो कुछ भी भारतीय स्त्रियों ने प्राप्त किया है, वह पुरुषों का दिया हुआ है। अपने अधिकार रूप में अभी उन्होंने न कुछ विशेष पाया है, न स्वयं को इस योग्य बनाया है कि अधिकार खुद-ब-खुद उनके पास चले आएँ। सही मायने में वैधानिक अधिकारों के बाद सामाजिक अधिकारों की समस्या सामने आती है। वैधानिक अधिकार-प्राप्त नारी अब योग्य, आत्मविश्वासी, साहसी और दृढ़ चरित्र बनकर ही सामाजिक अधिकार प्राप्त कर सकती है।

उनकी राय में, परिवार और राजनीति में कोई विरोध नहीं, न ही राजनीति से नारी-गुणों के ह्रास की आशंका उठनी चाहिए। स्त्रियों को शिक्षित होकर पूरी तैयारी के साथ विधानसभाओं, संसद् और सरकारी क्षेत्र में प्रवेश करना चाहिए। इस तरह अधिकारों को हस्तगत करने और उनका उपयोग करने से ही उनमें आत्मविश्वास जागेगा और तभी समाज का सर्वांगीण विकास होगा।

□

प्रथम केंद्रीय मंत्री

राजकुमारी अमृत कौर

राजकुमारी अमृत कौर उन नेताओं में से हैं, जिनका संबंध संपन्न राजघरानों से रहा, लेकिन देश व नागरिकों, विशेषत: महिलाओं व बच्चों की दुर्दशा उन्हें राजनीति में ले आई। राजकुमारी अमृत कौर का जन्म 2 फरवरी, 1889 को लखनऊ में हुआ था। लखनऊ उस समय भी उत्तर प्रदेश की राजधानी थी, जो तब संयुक्त प्रांत के नाम से जाना जाता था। राजकुमारी सात भाइयों की इकलौती बहन थीं। उनके पिता राजा हरनाम सिंह पंजाब के कपूरथला राजघराने से ताल्लुक रखते थे और उनकी माता रानी हरनाम कौर का संबंध एक बंगाली ईसाई परिवार से था।

राजकुमारी की प्रारंभिक शिक्षा-दीक्षा इंग्लैंड के शेरबोर्न गर्ल्स स्कूल में हुई। वहीं ऑक्सफोर्ड विश्वविद्यालय में उन्होंने उच्च शिक्षा प्राप्त की। उच्च शिक्षा पूर्ण कर वह भारत लौट आईं। उनके पिता राजा हरनाम सिंह की कांग्रेस के तत्कालीन नेताओं के साथ गहरी मित्रता थी, विशेषकर गोपालकृष्ण गोखले के साथ। इन नेताओं का उनके घर नियमित रूप से आना-जाना लगा रहता था। स्वदेश वापसी पर इन राष्ट्रीय नेताओं के संपर्क में आने पर राजकुमारी का गुलाम भारत की दुर्दशा से परिचय हुआ। सन् 1919 में बंबई में महात्मा गांधी से भेंट होने के बाद तो उनके जीवन की दिशा ही बदल गई। उनके विचारों व देश के प्रति उनकी दृष्टि का उन पर गहरा प्रभाव पड़ा। उसी साल जलियाँवाला बाग का नरसंहार भी हुआ। अंग्रेज सिपाहियों की गोलियों से हजारों निर्दोष नौजवान, महिलाएँ व बच्चे मारे गए। उनके मन में यह बात गहराई से पैठ गई कि देश की पूर्ण

स्वतंत्रता के बगैर यहाँ के नागरिकों का उत्थान संभव नहीं है। इन्हीं सब भावनाओं से प्रेरित होकर वह कांग्रेस में शामिल हो गईं और स्वतंत्रता संग्राम में बढ़-चढ़कर भाग लेने लगीं।

उन्होंने सन् 1927 में अखिल भारतीय महिला सम्मेलन की स्थापना की। 1930 में इसकी सचिव बनीं तथा 1930 में ही उन्होंने महात्मा गांधी के साथ 240 मील लंबे दांडी मार्च में भाग लिया। उनके इस 'अपराध' के लिए अंग्रेजों ने उन्हें जेल में डाल दिया। सन् 1934 में राजकुमारी गांधीजी के आश्रम में रहने लगीं और संन्यासिनों जैसा जीवन व्यतीत करने लगीं। उन्होंने सोलह साल तक गांधीजी के सचिव के रूप में कार्य किया। 1937 में कांग्रेस ने अपने सद्‌भावना मिशन में उन्हें पश्चिमोत्तर प्रांत स्थित बन्नू भेजा, जहाँ जातीय उन्माद फैल रहा था। परंतु अंग्रेज अधिकारियों ने उन पर राजद्रोह का आरोप लगाकर उन्हें जेल भेज दिया; लेकिन वे उनकी देशप्रेम की भावना का दमन नहीं कर सके। सन् 1942 में भारत छोड़ो आंदोलन में उन्होंने बढ़-चढ़कर हिस्सा लिया, जिसके लिए उन्हें पुन: जेल में डाल दिया गया।

स्वतंत्रता संग्राम के दौरान ही राजकुमारी आम जनता को मताधिकार देने की पक्षधर थीं। लोथियन समिति के समक्ष उन्होंने इस बारे में प्रतिनिधित्व भी किया था। ब्रिटिश संसद् की जॉन सलेक्ट समिति के समक्ष भारतीय संवैधानिक सुधारों के बारे में भी प्रतिनिधित्व किया। यही नहीं, उन्होंने महिला-शिक्षा के क्षेत्र में भी अतुलनीय योगदान दिया। वह अखिल भारतीय महिला शिक्षा एसोसिएशन की अध्यक्ष रहीं। लेडी इरविन महिला महाविद्यालय, नई दिल्ली की कार्यकारी समिति की सदस्य भी थीं। ब्रिटिश सरकार ने उन्हें शिक्षा सलाहकार बोर्ड की सदस्य भी नियुक्त किया। लेकिन भारत छोड़ो आंदोलन में शामिल होने पर उन्होंने उस पद से त्याग-पत्र दे दिया। सन् 1945 व 1946 में क्रमश: लंदन व पेरिस में यूनेस्को सम्मेलनों में भारत के प्रतिनिधिमंडल में भी वह शामिल थीं। उन्होंने भारत में अशिक्षा, बाल विवाह तथा महिलाओं में प्रचलित परदा प्रथा के उन्मूलन में भी भारी योगदान दिया।

स्वतंत्रता-प्राप्ति के पश्चात् राजकुमारी अमृत कौर जवाहरलाल नेहरू के प्रथम मंत्रिमंडल में कैबिनेट मंत्री बनीं। उन्हें स्वास्थ्य मंत्री बनाया गया। 1950 में वह विश्व स्वास्थ्य संगठन की अध्यक्ष चुनी गईं। यह पद सँभालने वाली भी वह पहली महिला थीं और प्रथम एशियाई भी। स्वास्थ्य मंत्री रहते हुए उन्होंने भारत में स्वास्थ्य सेवाओं के विस्तार के लिए अथक प्रयास किए। नई दिल्ली में अखिल भारतीय आयुर्विज्ञान संस्थान उन्हीं के प्रयासों का फल है। इस संस्थान की स्थापना के लिए उन्होंने न्यूजीलैंड,

ऑस्ट्रेलिया, पश्चिम जर्मनी, स्वीडन और अमेरिका से आर्थिक सहायता प्राप्त की। यही नहीं, उन्होंने अपने भाइयों के साथ मिलकर हिमाचल प्रदेश में शिमला के निकट अपनी पुश्तैनी जायदाद व घर (मैनोरविले) को दान कर दिया। इस घर में आयुर्विज्ञान संस्थान के डॉक्टरों व नर्सों के लिए अवकाश गृह बनाया गया।

देश सेवा के क्षेत्र में राजकुमारी अमृत कौर के योगदानों की सूची अंतहीन है। भारत के सुदूर ग्रामीण अंचलों में अच्छी चिकित्सा सेवाएँ पहुँचाने में भी महत्त्वपूर्ण भूमिका निभाई थी। सन् 1957 से 1964 तक वह राज्यसभा की सदस्य रहीं। 1964 में 2 अक्तूबर को उनका निधन हो गया। अंतिम क्षण तक वह अखिल भारतीय आयुर्विज्ञान संस्थान, ट्यूबरकुलोसिस एसोसिएशन ऑफ इंडिया और सेंट जॉन्स एंबुलेंस कोर की अध्यक्ष थीं। उनकी इन सेवाओं के लिए उन्हें 'रेने सैंड मेमोरियल अवार्ड' से सम्मानित किया गया।

□

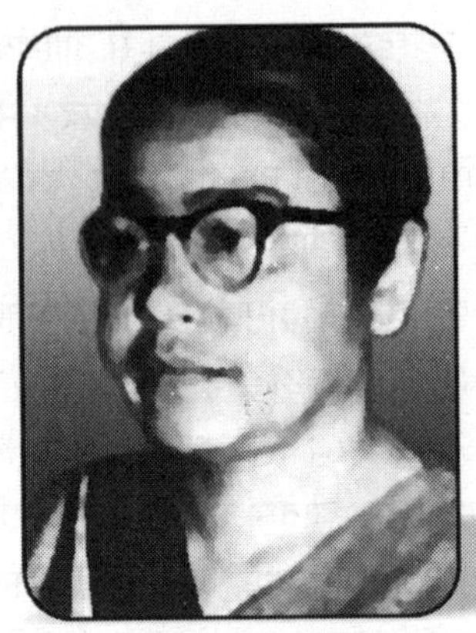

प्रथम मुख्यमंत्री

सुचेता कृपलानी

"सामाजिक वास्तविकता को आज भी सही रूप में नहीं, पक्षपात की दृष्टि से देखा जा रहा है; पर आज का स्वीकृत ध्येयवाद परिवर्तन की माँग कर रहा है। भारतीय स्त्री में निहित सहनशीलता और सहानुभूति की शक्ति के बल पर वह सामाजिक क्रांति की अग्रणी बन सकती है। अत: स्त्री के नवीन नेतृत्व को, उसके भविष्य को आशामय रूप में देखकर सामाजिक प्रतिगामी शक्तियों से हमें अर्थपूर्ण चर्चा कर लेनी है।'' ये विचार थे श्रीमती सुचेता कृपलानी के, जो सामाजिक और राजनीतिक दोनों क्षेत्रों में सफल नेतृत्व की क्षमता रखती थीं।

भारतीय राज्यों में उत्तर प्रदेश ने विजयलक्ष्मी पंडित को प्रथम कांग्रेस मंत्रिमंडल में मंत्री पद देकर और सरोजिनी नायडू को राज्यपाल बनाकर इस दिशा में पहल कर ही ली थी। श्रीमती सुचेता कृपलानी भी इसी राज्य की मुख्यमंत्री बनकर भारत की 'पहली महिला मुख्यमंत्री' कहलाईं। उत्तर प्रदेश का यह गौरव समस्त भारतीय महिलाओं का गौरव रहा।

सुचेताजी को एक ऐसी महत्त्वाकांक्षिणी महिला माना जाता था, जिनकी आकांक्षाएँ देश की ओर अभिमुख थीं और उसकी उन्नति के साथ जुड़ी थीं। सामाजिक व रचनात्मक क्षेत्रों में काम करती हुई एक-एक पग वे आगे बढ़ती गईं। महिलाएँ, शरणार्थी, श्रम-संगठन, सेवा समितियाँ, कांग्रेस संगठन, विदेशों में भारतीय प्रतिनिधित्व, रचनात्मक कार्यक्षेत्र और राजनीतिक दाँव-पेंच—सभी उनकी रुचि के विषय रहे। वे जन्म से बंगाली थीं। उनकी शिक्षा हुई लाहौर और दिल्ली में तथा वे मुख्यमंत्री बनीं उत्तर प्रदेश

की। जब गुप्त मंत्रिमंडल में उन्हें श्रम मंत्री का पद दिया गया तो कइयों को यह अच्छा नहीं लगा, क्योंकि उत्तर प्रदेश से उनका कोई सीधा संबंध पहले नहीं रहा था। यद्यपि बनारस हिंदू विश्वविद्यालय में वे नौकरी कर चुकी थीं। यों सन् 1948-50 में दो वर्ष तक उत्तर प्रदेश विधानसभा की सदस्या भी रही थीं, पर इस अवधि में कांग्रेस दल की और संविधान सभा की सदस्या के नाते वे उसी कार्य में अधिक व्यस्त रही थीं।

श्रम मंत्री बनने के तीन वर्ष बाद 2 सितंबर, 1963 को उन्हें विधानसभा का नेता चुन लिया गया और 2 अक्तूबर को वे मुख्यमंत्री बन गईं। यह एक ऐसा काँटों का ताज था, जिसे पहनने में गरिमा भी थी, चुभन भी। प्रदेश की गुटबंदी, दलबंदी, सत्ता-लिप्सा और षड्यंत्रों भरी राजनीति उन्हें विरासत में मिली थी। एक तो उत्तर प्रदेश जैसा विस्तृत और पिछड़ा हुआ राज्य, जो पूरे देश के 17 प्रतिशत और देश की पिछड़ी जनता के 35 प्रतिशत का प्रतिनिधित्व करता है तथा जिसकी 87 प्रतिशत जनता गाँवों में बसती है, दूसरे विरासत में मिली बाधाओं-कठिनाइयों से अँटा वातावरण, श्रीमती कृपलानी के लिए यह एक बड़ी चुनौती थी। पर उन्होंने चुनौती को स्वीकार ही नहीं किया, मंत्रिमंडल बनाते समय अपनी दृढ़ता का परिचय भी दिया। एक ओर आंतरिक दलबंदी, दूसरी ओर असंतुष्ट वर्ग को मंत्रिमंडल में शामिल करने के हाई कमांड के आदेश—बड़ी कठिन स्थिति थी। मंत्रिमंडल गठन के प्रश्न पर तथा कुछ सभा सचिवों की नियुक्ति को लेकर उन्हें दो बार हाई कमांड से उलझना पड़ा। विधानसभा में विरोधी दलों द्वारा सरकार की आलोचना के समय मंत्रिमंडल के अपने सहयोगियों के उदासीन रवैए के कारण कई बार निराश भी होना पड़ा; पर श्रीमती कृपलानी कभी विचलित नहीं हुईं। वे जानती थीं कि दलगत राजनीति में कभी भी शतरंज के मोहरे पर उनके नेतृत्व की बलि दी जा सकती है, पर जब तक (अक्तूबर 1963 से मार्च 1967 तक) मुख्यमंत्री रहीं, उन्होंने सभी विरोधों-बाधाओं का डटकर मुकाबला किया।

एक बार जब मैंने उनसे पूछा कि महिला मुख्यमंत्री के नाते पुरुष सहयोगियों से ही नहीं, उनके परंपरागत संस्कारों-मनोविज्ञान से भी निबटने के उनके अनुभव क्या हैं? तो उत्तर में उन्होंने बड़े मार्मिक और अर्थपूर्ण ढंग से कहा, "आपका प्रश्न सार्थक है। पुरुष मन से नारी की श्रेष्ठता या सत्ता को कभी स्वीकार नहीं करता। प्रारंभ में वह इस भ्रम का भी शिकार होता है कि अब कुछ मनमानी करने की छूट है और हस्तक्षेप की संभावना कम है। फिर भी, जैसे ही नेत्री या प्रशासक नारी अपनी बुद्धिमत्ता, सूझ-बूझ, सूक्ष्म दृष्टि और दृढ़ता का परिचय देती है, उसके भ्रम का निवारण हो जाता है। लेकिन भ्रम-निवारण के बाद भी कुंठाएँ तो रहती ही हैं, जिनसे निबटना होता है। मुझे इसका खासा अनुभव है।"

सुचेता कृपलानी का जन्म जून 1908 में अंबाला में हुआ। प्रारंभिक शिक्षा लाहौर

में हुई, फिर एम.ए. दिल्ली विश्वविद्यालय से किया। राष्ट्रीयता और खादी के पारिवारिक परिवेश में पलकर स्वाधीन भारत के सपने वे बचपन में ही देखने लगी थीं। बनारस हिंदू विश्वविद्यालय में प्राध्यापिका के रूप में काम करते हुए भी उनकी भावनाएँ देश-सेवा के लिए उद्वेलित हो रही थीं। फिर सन् 1932 से सार्वजनिक क्षेत्र में और सन् 1939 से राजनीति में कूद पड़ीं। बाढ़-पीड़ितों की सेवा, भूकंप-पीड़ितों के लिए राहत कार्य, फिर विभाजन के बाद शरणार्थी पुनर्वास, महिला संस्थाएँ, कांग्रेस संगठन, श्रमिक संघ—सभी उनके कार्यक्षेत्र बनते गए। सन् 1939 तक उन्होंने सामने न आकर गुप्त रूप से कार्य किया, फिर कांग्रेस में शामिल हो स्वतंत्रता संग्राम में भाग लेने लगीं। सन् 1940 व 1944 में दो बार जेल भी गईं। सन् 1942 में 'भारत छोड़ो आंदोलन' के समय अग्रणी युवा उत्साही कार्यकर्ताओं में उनका नाम लिया जाता था। कुछ समय भूमिगत रहकर उन्होंने कांग्रेस सेवा दल और महिला कार्यकर्ता टोलियों के प्रशिक्षण का भार सँभाला, फिर गिरफ्तार कर जेल भेज दी गईं। जेल से छूटने के बाद तो वे कभी जनता की आँखों से ओझल हुईं ही नहीं।

सन् 1941-42 में अखिल भारतीय कांग्रेस कमेटी के महिला विभाग में, विदेश विभाग में, मंत्री पद पर, 1945 में कस्तूरबा ट्रस्ट के संगठन मंत्री पद पर उनकी नियुक्ति हुई। सन् 1949 में संयुक्त राष्ट्र संघ महासभा अधिवेशन में भारतीय प्रतिनिधिमंडल की सदस्या थीं तो 1954 में टर्की भेजे गए संसदीय प्रतिनिधिमंडल की तथा 1961 में अंतरराष्ट्रीय श्रम संगठन के सम्मेलन में भारतीय प्रतिनिधिमंडल की नेत्री। इसी तरह सन् 1956 में राष्ट्र संघ द्वारा आयोजित 'एशियाई महिलाओं की नागरिक जिम्मेदारियाँ' सम्मेलन में भारतीय महिलाओं का प्रतिनिधित्व भी उन्होंने ही किया था, क्योंकि तब तक महिलाओं के रचनात्मक क्षेत्र में वे काफी काम कर चुकी थीं। सन् 1946 में केंद्रीय संविधान सभा की सदस्या रहने के बाद 1950-52 में संसद् की अस्थायी सदस्या रहीं। कांग्रेस कार्यकारिणी में उन्होंने सन् 1948-51 में सदस्या के नाते तथा 1958-60 में महामंत्री के नाते काम किया। बीच में सन् 1951 में कांग्रेस से त्यागपत्र देकर वे किसान-मजदूर प्रजा पार्टी में शामिल हो गई थीं और 1952 व 1957 के चुनावों में लोकसभा के लिए प्रजा समाजवादी पार्टी से ही निर्वाचित हुई थीं। इसके बाद पुनः कांग्रेस में शामिल हो सन् 1962 व 1967 में कांग्रेस के टिकट पर चुनाव जीतकर लोकसभा में आईं।

आचार्य जे.बी.कृपलानी जैसे असहिष्णु जन-नेता से विवाह करने के कारण तथा आपसी राजनीतिक मतभेदों के कारण अकसर लोगों को भ्रम होता था कि सुचेताजी का वैवाहिक जीवन सुखी नहीं होगा; लेकिन यह उनका भ्रम था। सुचेता आचार्यजी के स्वभाव को झेलने के साथ उनकी सुख-सुविधा का पूरा ध्यान रखती थीं तथा आचार्य

कृपलानी सुचेता के व्यक्तित्व को स्वतः विकसित होने देने के लिए पूरे अवसर प्रदान करते थे। उनका पारिवारिक और दांपत्य जीवन अत्यंत आनंदी किस्म का रहा, जो उन्हें अलग-अलग क्षेत्रों में कार्य करने के लिए प्रेरणा व शक्ति प्रदान करता था। सुचेताजी ने एक बार कहा था, ''राजनीति में मैं अपने पति की वजह से हूँ, वरना मेरी रुचि तो मुख्यतः संगीत और सामाजिक कार्यों में ही है।'' मुख्यमंत्री पद छोड़ने के कुछ समय बाद उन्होंने मुझसे एक भेंट में कहा था, ''राजनीति में मेरी रुचि नहीं है; पर जो काम लेती हूँ उसे पूरी रुचि व दृढ़ता के साथ निभाने का प्रयत्न करती हूँ। वैसे मेरा असली कार्यक्षेत्र समाज है। अब मैं सामाजिक कार्यों में ही अपना अधिकांश समय व्यतीत करना चाहती हूँ।''

एक पुरानी तपोनिष्ठ कार्यकर्त्री के नाते ही उनके मुख्यमंत्रित्व काल में अपनी शिकायतें लेकर उनसे भेंट करनेवाले नागरिकों में 60 प्रतिशत संख्या महिलाओं की होती थी। वे अधिकतर अपनी निजी समस्याएँ लेकर उनके पास फरियाद करने पहुँच जाती थीं। कई बार सुचेताजी उन्हें समझा-बुझाकर भेज देतीं तो कई बार अपने अधिकार का प्रयोग कर उनकी सहायता भी करतीं। एक मामले में एक पत्नी की शिकायत थी कि उसके पति ने कोशिश करके अपना तबादला वहाँ करवा लिया है, जहाँ उसकी प्रेमिका रहती है। उन्होंने उसके पति का तबादला रद्द करवा दिया। इसी तरह एक दूसरी महिला ने फरियाद करके अपनी पत्र-मित्र लड़की के पास जानेवाले अपने पति का पासपोर्ट रद्द करवा दिया था। यदि सुचेताजी मुख्यमंत्री बनने से पूर्व एक लोकप्रिय सामाजिक कार्यकर्त्री के रूप में विख्यात न होतीं तो ऐसी नितांत व्यक्तिगत समस्याएँ लेकर नागरिक महिलाएँ उनके पास नहीं जा सकती थीं।

दिसंबर 1974 में सड़सठ वर्ष की आयु में श्रीमती सुचेता कृपलानी का निधन हो गया। अपने अंतिम काल में वह कांग्रेस से निराश हो जनता पार्टी में शामिल हो गई थीं। पर राजनीति अब उन्हें विशेष रास नहीं आती थी। मुख्यमंत्री पद के दायित्व से मुक्त होने के बाद वे अपना ध्यान सामाजिक संस्थाओं में ही अधिक लगा रही थीं। राजधानी में 'लोक कल्याण समिति' जैसी उपयोगी संस्थाएँ उन्हीं की देन हैं।

□

प्रथम मंत्री, राजदूत, राष्ट्र संघ अध्यक्षा

विजयलक्ष्मी पंडित

श्रीमती विजयलक्ष्मी पंडित भारत की अग्रिम पंक्ति की ऐसी महिला थीं, जिन्होंने एक साथ कई क्षेत्रों में पहल की। वह 'प्रथम महिला मंत्री', 'प्रथम महिला राजदूत' और भारत की प्रथम नारी थीं, जिन्हें संयुक्त राष्ट्र संघ जैसी संस्था की अध्यक्षा बनने का सौभाग्य प्राप्त हुआ।

स्वतंत्रता संग्राम में निरंतर भाग लेने के बाद सन् 1937 में जब पहली बार राज्यों में कांग्रेसी मंत्रिमंडल बने तो श्रीमती पंडित स्थानीय प्रशासन और जन स्वास्थ्य मंत्री के नाते संयुक्त प्रांत (आज के उत्तर प्रदेश) के मंत्रिमंडल में सम्मिलित हुईं। तब मंत्री के रूप में वे देश की प्रथम महिला थीं। भारत के इतिहास में यह सर्वथा नवीन घटना थी, जिसने भविष्य के लिए भी मार्ग खोल दिया। श्रीमती पंडित सन् 1946 में भी उत्तर प्रदेश के मंत्रिमंडल की सदस्या रहीं।

सन् 1947 में भारत स्वतंत्र हुआ तो राजदूत बनाकर रूस भेजी गईं। इस पद पर वे भारत की ही नहीं, विश्व की भी प्रथम महिला थीं। डेढ़-दो वर्ष वहाँ रहने के बाद वापस आकर सन् 1949 से 1952 तक फिर अमेरिका में भारतीय राजदूत रहीं। समय-समय पर संयुक्त राष्ट्र संघ में भारत का योग्य प्रतिनिधित्व भी करती रहीं। वहाँ अपने प्रभावशाली व्यक्तित्व से श्रीमती पंडित ने प्रतिनिधियों को इतना प्रभावित किया कि वे भारत और नेहरू की विदेश नीति के प्रशंसक हो गए। फलस्वरूप सन् 1953 में संयुक्त राष्ट्र संघ महासभा की अध्यक्षा चुन ली गईं। इस पद पर आने के बाद यह तीसरा अवसर था, जब उन्हें भारत ही नहीं, विश्व की 'प्रथम महिला' कहलाने का गौरव प्राप्त

हुआ। एक वर्ष के अपने कार्यकाल में विश्व की इस सर्वोच्च संस्था के अध्यक्ष पद को कुशलता से सँभालकर उन्होंने अपने देश और देशवासियों का मस्तक ऊँचा किया। अमेरिका के बाद इंग्लैंड में राजदूत के रूप में रहीं।

विश्व के तीन बड़े देशों में भारत का कूटनीतिक प्रतिनिधित्व कोई कम गौरव की बात नहीं। श्रीमती विजयलक्ष्मी पंडित और भी अनेक कार्यों में अग्रणी रहीं। देश के स्वतंत्रता संग्राम में गांधीजी की जिन-जिन प्रिय शिष्याओं ने आगे बढ़कर सक्रिय भाग लिया था, उनमें श्रीमती सरोजिनी नायडू और विजयलक्ष्मी पंडित के नाम ही सर्वाधिक ख्याति प्राप्त हैं।

पंचायत राज बिल प्रस्तुत करने का श्रेय भी उन्हें प्राप्त है। भारतीय और विदेशी विश्वविद्यालयों से जितनी (पंद्रह) ऑनरेरी डिग्रियाँ उन्हें प्रदान की गईं, उतनी शायद ही किसी अन्य महिला को प्राप्त हुई हों। एक रोचक तथ्य और भी कि सन् 1966 में ब्रिटेन के एक प्रमुख समाचार-पत्र ने संसार के हर कोने में फैले अपने पाठकों के वोट से जब विश्व की सर्वाधिक आकर्षक महिला का चुनाव किया तो कलात्मक और सुरुचिपूर्ण वेशभूषावाले नारी व्यक्तित्व में भी इन्हीं का नाम सर्वप्रथम रहा।

श्रीमती विजयलक्ष्मी पंडित का व्यक्तित्व था ही ऐसा प्रभावी। उनका बचपन का नाम स्वरूप कुमारी था। कृष्णा हठीसिंह (छोटी बहन) अपनी आत्मकथा में लिखती हैं—"मेरी बहन स्वरूप बहुत ही सुंदर थीं। उन्हें सब प्यार करते थे। मैंने भी यह मान लिया था कि जो इतना सुंदर हो, उसे सबका लाड़-प्यार मिलना चाहिए। इसलिए मुझे उनसे कभी ईर्ष्या नहीं हुई थी। मैं भी उन्हें बहुत ज्यादा चाहती थी।" सन् 1900 में जब उनका जन्म हुआ तो जवाहरलालजी ग्यारह वर्ष के थे। श्री नेहरू ने भी अपनी आत्मकथा में लिखा है—"स्वरूप के पैदा होने से मुझे बड़ी खुशी हुई कि मुझे भैया कहनेवाली एक प्यारी सी बहन आ गई।" स्वरूप सुंदर भी थीं, चपल भी। चार-पाँच वर्ष की उम्र में ही फर्राटे से अंग्रेजी में बात करती हुई भाई के साथ घुड़सवारी करने लगी थीं। इसी उम्र में सन् 1904 में पिता के साथ यूरोप घूम आई थीं। फिर दोबारा सन् 1926 में पति और भाई के साथ गईं। इसके बाद तो विजयलक्ष्मी का जीवन एक अंतरराष्ट्रीय जीवन ही कहा जा सकता है।

श्री नेहरू की तरह स्वरूप कुमारी का पालन-पोषण, शिक्षण और रहन-सहन भी पाश्चात्य ढंग से हुआ। सन् 1919 में उनका विवाह एक गुजराती विद्वान् श्री रणजीत पंडित से हुआ। विवाह के बाद वे स्वरूप कुमारी नेहरू से विजयलक्ष्मी पंडित कहलाईं। श्री पंडित आजादी की लड़ाई में उनके साथ थे। सन् '42 के 'भारत छोड़ो आंदोलन' के कुछ समय बाद उनका निधन हो गया। तीन लड़कियों के पालन-पोषण का भार विजयलक्ष्मी पंडित पर आ पड़ा। ससुरालवालों ने पुत्रहीना विधवा और उसकी पुत्रियों

को संपत्ति में कोई हिस्सा देने से इनकार कर दिया, क्योंकि भारतीय उत्तराधिकार कानून में नारी के लिए इस तरह की कोई व्यवस्था न थी। एक तो पति-वियोग का दुःख, दूसरे रूढ़िवादी नारी-विरोधी भारतीय कानूनों के प्रति आक्रोश। विजयलक्ष्मी क्षोभ से भर उठीं। फिर तो उनके भीतर की देशभक्त और विद्रोहिणी नारी देश की आजादी के साथ भारतीय नारी को इन क्रूर व निकम्मे कानूनों के चंगुल से बचाने के लिए भी कमर कसकर तैयार हो गईं। कांग्रेस के अलावा अनेक महिला संस्थाओं और समाज कल्याण संस्थाओं से संबद्ध रहकर भारतीय नारी की स्थिति और सामाजिक नीतियों में क्रांतिकारी परिवर्तन लाने के लिए निरंतर काम करती रहीं। 'अखिल भारतीय महिला सम्मेलन' के साथ तो वे प्रारंभ से ही थीं और सन् 1940-42 में दो वर्ष तक इस सर्वोच्च महिला संस्था की अध्यक्षा भी रह चुकी थीं।

गांधीजी से उनकी पहली भेंट सन् 1919 में हुई थी। गांधीजी के जीवन-पर्यंत उनके निकट रहीं। उनसे वे इतनी अधिक प्रभावित थीं कि कई बातों में मतभेद के बावजूद उनके निर्देश के बिना कोई कदम नहीं उठाती थीं। पुलिस जब आनंद भवन पर छापे मारती थी, जबरन जुरमाने वसूलती थी या सम्मानित व्यक्तियों का अपमान करती थी तो स्वभावानुसार विजयलक्ष्मी क्रोध से भर उठती थीं; पर गांधीजी के निर्देश का ध्यान कर सबकुछ धैर्य व शांति से सहन कर लेती थीं। असहयोग आंदोलन के दिनों पिता व भाई के जेल जाने पर आनंद भवन, जो कि कांग्रेस का गढ़ था, के संचालन का भार उनके कंधों पर ही आ पड़ा था। नमक सत्याग्रह के दिनों में उन्होंने अपनी छोटी बहन और पुत्रियों को साथ लेकर विदेशी माल की दुकानों पर धरने दिए, जुलूसों का नेतृत्व किया। इसी तरह सन् 1932, 1941 व 1942 में तीन बार जेल गई थीं। सन् 1942-44 में जेल से रिहाई के शीघ्र बाद की एक घटना से तो उन्होंने सारे संसार का ध्यान अपनी ओर आकर्षित कर लिया।

द्वितीय विश्व युद्ध समाप्त हो चुका था। जापान एटम बम के प्रहार से आत्म-समर्पण कर चुका था और हिटलर व मुसोलिनी का भी पतन हो गया था। मित्र राष्ट्रों की विजयिनी सेनाएँ जर्मनी और इटली में प्रवेश कर चुकी थीं। अंग्रेज विजय की खुशियाँ मना रहे थे, तभी सैनफ्रांसिस्को (अमेरिका) में 'संयुक्त राष्ट्र संघ' की स्थापना पर विचार करने के लिए स्वतंत्र राष्ट्रों की एक सभा बुलाई गई। देश के प्रमुख नेता—महात्मा गांधी, जवाहरलाल नेहरू, सरदार पटेल, डॉ. राजेंद्र प्रसाद जेलों में बंद थे। भारत प्रतिनिधि के रूप में अंग्रेजों द्वारा मनोनीत तीन व्यक्ति—सर फीरोज खाँ नून, सर रामास्वामी अय्यर और सर गिरिजाशंकर वाजपेयी सभा में भाग लेने गए।

विजयलक्ष्मी पंडित का खून खौल उठा। 'ये कथित प्रतिनिधि', जो ब्रिटिश शासकों द्वारा नामजद हैं, स्वतंत्र राष्ट्रों की सभा में भारत की स्वाधीनता के लिए आवाज उठा

सकेंगे? क्या किया जाए? पति रणजीत पंडित की हाल ही में मृत्यु हुई थी। श्रीमती पंडित का हृदय उनके वियोग और ससुरालवालों के व्यवहार से संतप्त था। पर देश का प्रश्न सामने था। स्वाधीनता की माँग प्रस्तुत करने का इससे अधिक अच्छा अवसर और कौन सा हो सकता था? क्या करें वे? कैसे वहाँ पहुँचें? ब्रिटिश अधिकारी पासपोर्ट नहीं देंगे।

आखिर उन्होंने तरकीब ढूँढ़ निकाली। उनकी दो पुत्रियाँ उस समय अमेरिका में पढ़ रही थीं। उन्हें देखने के बहाने जल्दी में पासपोर्ट प्राप्त किया और बिना विशेष तैयारी के उड़कर वहाँ पहुँच गईं। शीघ्रता में पूरे कपड़े भी नहीं ले जा सकीं। तब साड़ी वहाँ सुलभ न थी। गाउनों को काट-जोड़कर, किनारी लगाकर उन्हें ही साड़ी के रूप में पहनकर काम चला लिया गया। एक तो आकर्षक प्रभावशाली महिला, ओजस्वी वक्ता, उस पर जवाहरलाल नेहरू की बहन—जहाँ भी सभा में उनका भाषण होता, भीड़ उमड़ पड़ती। अमेरिका की स्वतंत्र भूमि में उन पर कोई प्रतिबंध नहीं लगा सकता था। सभा भवन के बाहर जगह-जगह सभाएँ करके उन्होंने घोषित किया कि भारत का प्रतिनिधित्व स्वतंत्र भारत के लोग ही कर सकते हैं, अंग्रेजों के नामजद प्रतिनिधि नहीं। सभी समाचार-पत्रों में श्रीमती पंडित के चित्र और भाषण बड़े-बड़े शीर्षकों में छपे। एक तहलका मच गया, पर चर्चिल सरकार चाहकर भी वहाँ उन्हें गिरफ्तार नहीं कर सकती थी। कॉन्फ्रेंस वाले दिन अंग्रेजों के दमनकारी कारनामों और भारत की माँगों की एक विस्तृत तालिका छपवाकर वहाँ पधारे सभी देशों के प्रतिनिधियों को दी गई। फिर एक परिवर्तन आया। वह अभी अमेरिका में ही थीं कि इंग्लैंड में टोरी सरकार का पतन हो गया और लॉर्ड एटली के नेतृत्व में मजदूर दलीय सरकार सत्तारूढ़ हुई। इसके बाद भारत में सारे नेता जेल से रिहा कर दिए गए। भारत लौटकर सन् 1946 में श्रीमती पंडित एक बार फिर चुनी जाकर उत्तर प्रदेश के मंत्रिमंडल में शामिल हुईं। फिर स्वाधीनता के बाद सन् 1947 से 1952 तक रूस व अमेरिका के लिए राजदूत नियुक्त कर दी गईं।

सन् 1952 के प्रथम आम चुनाव में लखनऊ लोकसभा के लिए निर्वाचित हुईं। सन् 1954 तक संसद् सदस्य के रूप में काम करने के बाद फिर इंग्लैंड में उच्चायुक्त बनीं तथा वहाँ से लौटकर महाराष्ट्र की राज्यपाल नियुक्त हुईं। महाराष्ट्र की राज्यपाल रहते हुए एक बार फिर भारतीय प्रतिनिधिमंडल की नेत्री बनाकर उन्हें संयुक्त राष्ट्र संघ में भेजा गया। देशवासियों के मन में उनके ओजस्वी भाषणों की याद आज भी ताजा है।

श्रीमती विजयलक्ष्मी पंडित की चुस्ती, जागरूकता, बौद्धिक क्षमता अंत तक हर किसी के लिए ईर्ष्या का कारण बनी रही। प्रधानमंत्री नेहरू के बाद सक्रिय राजनीति में आने के लिए वे महाराष्ट्र के राज्यपाल का पद त्याग नेहरूजी के रिक्त चुनाव क्षेत्र (फूलपुर) से चुनकर पुनः संसद् में आ गईं। पर बाद के वर्षों में देश की स्थितियों-

प्रवृत्तियों में आया परिवर्तन देख उनके मन को गहरी ठेस लगी। उन्हें बार-बार लगा कि इस आजादी के लिए तो उनके पूरे परिवार और हजारों-लाखों देशवासियों ने अपने जीवन न्योछावर नहीं किए थे। अत: एक लंबे मानसिक संघर्ष के पश्चात् उन्होंने लोकसभा की सदस्यता से त्यागपत्र दे दिया। इसके बाद उम्र के तकाजे को लेकर वे विश्राम कर रही थीं, पर उम्र से हार माननेवाली नहीं थीं। ब्रिटेन के उच्चायुक्त पद से अवकाश ग्रहण करने पर बी.बी.सी. एक के इंटरव्यू में एक प्रश्न के उत्तर में उन्होंने कहा था, ''मैं शांतिपूर्ण जीवन बिताना चाहती हूँ, 'रिटायर्ड' जीवन नहीं।''

अब वे हमारे बीच नहीं हैं। 1 दिसंबर, 1990 को उनका निधन हो गया। अपने अंतिम समय में वे प्रचार से दूर देहरादून के अपने घर में कुछ आत्मीय मित्रों व लड़कियों के साथ शांत जीवन जी रही थीं—उस सुंदर घर में, जिसे उनकी सुरुचि अनुसार ला कारबूजिए ने डिजाइन किया था। पर उन्होंने सार्वजनिक जीवन पूरी तरह छोड़ा नहीं था। कभी-कभी महत्त्वपूर्ण समारोहों में शामिल होती रहीं। कभी वक्तव्य भी देतीं, पर अकसर चुप रहतीं। पूछने-कुरेदने पर कहतीं, ''एक राजनीतिज्ञ के लिए चुप्पी क्या साधारण बात है? वह भी चोटी पर पहुँचने के बाद?'' देहरादून में उनसे भेंट करनेवाले उनके व्यक्तित्व से चमत्कृत होकर लौटते थे—खूब जानकारियों से लैस, प्रबुद्ध बातचीत, वैसी ही मजाकिया 'टोन', गहरी आँखों से देखना, भीतरी जीवंतता से चमकता धवल बालोंवाला उजला चेहरा, जो सामनेवाले पर अपनी अमिट छाप छोड़ता था। ''पत्रों के उत्तर क्यों नहीं देतीं?'' उपालंभ पर उनका उत्तर होता, ''क्या होगा देकर? मित्रों के लिए वह जरूरी नहीं होता, शत्रुओं के लिए विश्वसनीय नहीं होता।'' और इस व्यंग्य के साथ भी खुलकर हँसीं। इतने बुढ़ापे में भी ऐसी ही रही यह सदाबहार नारी। दु:ख के क्षणों में भी हँसनेवाली और गहरे मानवीय स्पर्शवाली, जो हर स्थिति में अपने आस-पास के वातावरण को जीवंत रखती थीं। □

प्रथम विधायक

डॉ. मुत्तुलक्ष्मी रेड्डी

"जब बीसवीं सदी का इतिहास लिखा जाएगा और आनेवाली पीढ़ी भारत के पुनर्जागरण-काल (सन् 1915-30) पर निगाह डालेगी तो एक नाम पूरी तेजी से चमक उठेगा। वह नाम है—डॉ. मुत्तुलक्ष्मी रेड्डी।" यह है उस स्वागत भाषण का एक अंश, जो मद्रास में उनके नागरिक अभिनंदन के समय दिया गया था।

मुत्तुलक्ष्मी रेड्डी मद्रास यूनिवर्सिटी से भारत की प्रथम महिला मेडिकल ग्रेजुएट, भारत की 'प्रथम महिला विधायक' और संसार की प्रथम महिला विधानसभा उपाध्यक्षा हैं। यही नहीं, पहले अखिल भारतीय महिला संगठन (वीमेंस इंडियन एसोसिएशन) की स्थापना और संचालन में भी उनका प्रमुख योगदान रहा है।

पहली महिला विधायक बनने से पूर्व वह एक सफल डॉक्टर एवं लोकप्रिय समाज-सेविका के रूप में प्रसिद्ध हो चुकी थीं। अपने उच्च अध्ययन के सिलसिले में तथा अंतरराष्ट्रीय महिला सम्मेलनों में भारतीय प्रतिनिधि के रूप में विदेश भ्रमण कर चुकी थीं, इसलिए जब उनका नाम मद्रास विधानसभा के लिए प्रस्तावित हुआ तो सर्वसम्मति से चुन ली गईं। उनके चुनाव की कहानी भी दिलचस्प है। सन् 1917 में 'वीमेंस इंडियन एसोसिएशन' की स्थापना हुई और श्रीमती सरोजिनी नायडू के नेतृत्व में एक शिष्टमंडल सेक्रेटरी ऑफ स्टेट एवं वायसराय से महिला मताधिकार की माँग को लेकर मिला। यद्यपि मांटेग्यू-चेम्सफोर्ड सुधारों में महिला मताधिकार की व्यवस्था नहीं थी, पर उनके प्रबल विरोध को देखते हुए प्रांतीय सरकारों को इस प्रश्न पर विचार करने का अधिकार दे दिया गया। मद्रास सरकार पर दबाव डाला गया और सन् 1921 में

सबसे पहले मद्रास में स्त्रियों को सीमित मताधिकार मिल गया। सन् 1926 तक शेष प्रांतों में भी ऐसे कानून बन गए। सन् 1926 में जब भारत सरकार ने भी एक कानून बनाकर स्त्रियों को चुनाव लड़ने का अधिकार प्रदान कर दिया तो 'वीमेंस इंडियन एसोसिएशन' ने तुरंत श्रीमती कमलादेवी चट्टोपाध्याय को साउथ कनारा से चुनाव लड़ने के लिए खड़ा कर दिया। पर वे जनता में व्याप्त महिला-विरोधी पूर्वग्रह के कारण हार गईं। वह केवल 423 वोटों से हारी थीं, अतः चुनाव संघर्ष में नारी के प्रथम अवतरण से इसे उनकी सफलता मानते हुए महिलाओं ने फिर मद्रास के गवर्नर पर जोर डाला कि उनकी प्रतिनिधि नामजद की जाए। प्रस्ताव मान लिया गया और श्रीमती मुत्तुलक्ष्मी रेड्डी विधानसभा में पहुँच गईं। विधानसभा में सर्वसम्मति से जब उन्हें उपाध्यक्ष चुना गया, तब इस पद पर पहुँचने वाली वे विश्व की पहली महिला बनीं।

मुत्तुलक्ष्मी का जन्म 30 जुलाई, 1886 को पुडुकोट्टा में हुआ था। नौ-दस वर्ष की अवस्था में ही उन्हें दमा हो गया। पर सदा बीमार रहनेवाली इस बालिका ने वह चमत्कार दिखाए कि लोग दंग रह गए। उस समय लोग लड़कियों को पढ़ाते नहीं थे और दस वर्ष की अवस्था तक उनका विवाह कर देना अनिवार्य समझते थे। पुडुकोट्टा के दीवान ने लड़कियों के लिए एक प्राइमरी स्कूल खोला था, लेकिन छात्रवृत्तियों का लालच देकर भी बहुत कम लड़कियों को स्कूल आने के लिए आकर्षित कर सके। मुत्तुलक्ष्मी परदेवाली गाड़ी में बैठकर स्कूल जाती थीं कि कोई देख न ले। स्कूल में घड़ी न थी। अक्षर ताड़ के पत्तों पर लिखे जाते थे। ऐसे पत्तों की एक किताब उसे भी दी गई थी। पिता ने मास्टर से कहा था, 'धोबी और दूध का हिसाब लिखने लायक पढ़ा दो।' लड़कियों को अंग्रेजी बिलकुल नहीं पढ़ाई जाती थी, फिर भी इस बालिका की प्रतिभा को देखकर मास्टर ने उसे 'फर्स्ट स्टैंडर्ड' तक अंग्रेजी पढ़ा दी।

पिता विद्वान् थे और महाराजा कॉलेज के प्रिंसिपल। कठोर अनुशासनप्रिय, दृढ़ चरित्र एवं संकल्प के धनी होने के साथ वे उदार एवं स्वतंत्र विचार भी रखते थे। मुत्तुलक्ष्मी की प्रतिभा देखकर उन्होंने उसे आगे पढ़ने के लिए प्रोत्साहित ही नहीं, परिश्रम से उसका मार्गदर्शन भी किया। मैट्रिक परीक्षा तब काफी कठिन होती थी। 100 में से 10 छात्र ही पास हुए और उनमें भी मुत्तुलक्ष्मी अकेली लड़की थी।

मद्रास की एक पत्रिका में गाउन पहने एक लड़की का फोटो देखकर उसकी डिग्री लेने की इच्छा हुई। पिता ने स्थानीय कॉलेज में प्रार्थना-पत्र भेजा तो लड़की होने के कारण अस्वीकृत कर दिया गया। बाद में पश्चिमी सभ्यता से प्रभावित पुडुकोट्टा के महाराज के पास अपील करने पर कॉलेज को आदेश मिला कि लड़कियों को अवसर दिया जाए। कक्षा में अकेली लड़की होने और हर बार सर्वप्रथम आने से वह लड़कों की ईर्ष्या एवं शरारतों की शिकार भी बनीं। कॉलेज आतीं तो बंद गाड़ी में और रास्ता बदल-बदलकर।

इंटरमीडिएट के बाद स्वास्थ्य खराब होने के कारण एक वर्ष पढ़ाई छोड़नी पड़ी। फिर महाराज की ही सिफारिश एवं आर्थिक सहायता से सन् 1907 में उन्होंने मेडिकल कॉलेज, मद्रास में प्रवेश लिया। कॉलेज में लड़कियों के लिए हॉस्टल नहीं था और क्रिश्चियन हॉस्टल में घरवाले रखते न थे, इसलिए किराए का घर लेकर रहना पड़ा। यहाँ आकर उनका दमा भी फिर बढ़ गया था। रात-रात भर जागतीं और परेशान रहतीं, पर परीक्षा परिणाम हमेशा अच्छा निकलता। उस समय तक मेडिकल कॉलेज में एम.बी. एंड सी.एम. कोर्स में किसी क्रिश्चियन या एंग्लो इंडियन लड़की ने भी प्रवेश नहीं पाया था, फिर वह तो हिंदू लड़की थी। सभी जगह चर्चा, कानाफूसी एवं ईर्ष्या का वातावरण! लेकिन मुत्तुलक्ष्मी के सामने यह कठिनाई केवल पहले वर्ष रही। अच्छे अंक लाकर उसने सबका मुँह बंद कर दिया। तीसरे-चौथे वर्ष में तो उसने सर्जरी में शत-प्रतिशत अंक लाकर सबको आश्चर्यचकित कर दिया। एक प्रोफेसर कर्नल गिफार्ड पहले किसी लड़की को अपनी कक्षा में नहीं बैठने देते थे। पर उनकी योग्यता से प्रभावित होकर उन्हें भी अपनी धारणा बदलनी पड़ी। घर में माँ की बीमारी, उसका रोना, लड़ना, लोगों की आलोचना, स्वयं को दमे की बीमारी और अनिद्रा से परेशानी, पर सर्जरी में डिस्टिंक्शन और वह भी ऑनर्स के साथ। सन् 1912 में जब वह डॉक्टर बनीं तो भारत के सभी प्रमुख पत्रों ने उनके चित्र प्रकाशित किए और जगह-जगह से नौकरी के लिए प्रस्ताव मिलने लगे। इसके पूर्व भारत की कुछ महिलाएँ डॉक्टर बन चुकी थीं, पर उन्होंने विदेश से डिग्री ली थी। किसी भारतीय विश्वविद्यालय से चिकित्सा में स्नातक बननेवाली वह प्रथम महिला थीं।

इगमोर के महिला एवं बच्चों के अस्पताल में पहली महिला हाउस सर्जन के रूप में डॉ. मुत्तुलक्ष्मी की नियुक्ति के लिए अधिकारियों को फिर सरकार से विशेष आज्ञा लेनी पड़ी। इसके बाद वे पुडुकोट्टा में ही काम करना चाहती थीं; पर वहाँ के मेडिकल अफसर ने यह संभव नहीं होने दिया तो उन्होंने सन् 1914 में मद्रास में अपना क्लीनिक खोल दिया। सन् 1913 में उनका विवाह किंग जॉर्ज अस्पताल के एफ.आर.सी.एस. सर्जन डॉ. टी. सुंदर रेड्डी के साथ संपन्न हो चुका था। स्वतंत्र व्यक्तित्व का निर्माण करनेवाली डॉ. मुत्तुलक्ष्मी ने विवाह भी अपनी पसंद से किया और विवाह से पूर्व पति के समान अधिकारों एवं अपनी महत्त्वाकांक्षाओं में बाधक न होने का वादा लिया, जो अंत तक निभा।

मद्रास में चिकित्सा का अध्ययन करते समय ही उनकी भेंट श्रीमती सरोजिनी नायडू एवं अन्य नेताओं से हो गई थी और वे सामाजिक गतिविधियों में भाग लेने लगी थीं। बाद में तो महिला संगठनों की सक्रिय सदस्या बन गईं। सन् 1925 में भारत सरकार की छात्रवृत्ति पाकर उन्होंने महिला एवं बाल रोगों के उच्च अध्ययन के लिए पहली

विदेश यात्रा की। वहीं से जून 1926 में उन्होंने अंतरराष्ट्रीय महिला सम्मेलन (पेरिस) में भारतीय महिलाओं का प्रतिनिधित्व किया। फिर सन् 1926 में ही भारत लौटकर वे विधानसभा की सदस्या बनीं। सन् 1927 में उन्होंने मद्रास में 'भारत का पहला बाल चिकित्सालय' खोला।

एक विधायक के रूप में महान् समाज-सुधारक डॉ. रेड्डी के कुछ प्रमुख कार्यों एवं सुधारों का उल्लेख इस प्रकार किया जा सकता है—

मंदिरों में 'देवदासी' प्रथा के विरुद्ध जनमत निर्माण किया, फिर फरवरी 1929 में मद्रास विधानसभा में एक बिल पास करवाकर इस बुराई का उन्मूलन कराया। मुत्तुलक्ष्मी रेड्डी का नाम देवदासी उन्मूलन बिल के साथ उसी प्रकार लिया जाता है, जैसे बाल-विवाह निषेध बिल के साथ श्री हरविलास शारदा का। किंतु यहाँ एक तथ्य उल्लेखनीय है कि शारदा बिल को केंद्रीय असेंबली में लाने से पूर्व ही मद्रास विधानसभा में श्रीमती रेड्डी द्वारा ऐसा बिल प्रस्तुत कर दिया गया था। इस घटना का जिक्र श्रीमती रेड्डी ने अपनी आत्मकथा में इस प्रकार किया है—"अखिल भारतीय महिला सम्मेलन ने सन् 1927 एवं 1928 के अपने पूना एवं दिल्ली अधिवेशनों में सबसे पहले बाल-विवाह निषेध की माँग उठाई थी।" 27 मार्च, 1928 को ही श्रीमती रेड्डी ने यह बिल मद्रास विधानसभा में प्रस्तुत किया था; पर जब उन्होंने इसके समर्थन के लिए भवन में अपील की तो सरकार द्वारा सूचना दी गई कि ऐसा ही एक बिल केंद्रीय असेंबली में लाया जा रहा है, अत: वे उसके परिणामों की प्रतीक्षा करें। फिर 19 अप्रैल, 1928 को उन्हें श्री हरविलास शारदा का एक पत्र भी प्राप्त हुआ था, जिसमें इस दिशा में पहल करने के लिए उन्हें बधाई दी गई थी तथा केंद्र में समर्थन पाने के लिए उनसे उस बिल की एक प्रति माँगी गई थी। श्रीमती रेड्डी के अनुसार, "यदि उस समय उनका बिल पास हो जाता तो लड़कियों की विवाह योग्य आयु कम-से-कम सोलह वर्ष स्वीकृत होती, जबकि 'शारदा एक्ट' में यह चौदह वर्ष थी।"

महिलाओं एवं बच्चों की शिक्षा और स्वास्थ्य से संबंधित अनेक बुनियादी बिलों का प्रस्तुतीकरण एवं उनके पास करवाने में प्रमुख योगदान, जैसे स्कूलों में बच्चों की स्वास्थ्य परीक्षा, कई बाल कल्याण केंद्रों, बच्चों के लिए एक विशेष अस्पताल की स्थापना, अस्पतालों में महिला चिकित्सा अधिकारियों की नियुक्ति, महिला शिक्षा के लिए स्कूल-कॉलेजों की स्थापना, बजट में अधिक धन की व्यवस्था, नि:शुल्क शिक्षा की सिफारिश आदि। उन्होंने सर्वेक्षण करके विधानसभा में जो आँकड़े प्रस्तुत किए थे, वे आज भी दिलचस्पी का विषय हो सकते हैं, जैसे मद्रास में शिशु मृत्यु दर उस समय 300 प्रति हजार थी और इंग्लैंड में 69 प्रति हजार। माध्यमिक स्कूलों में 10,000 के पीछे केवल 13 लड़कियाँ शिक्षा पा रही थीं।

सन् 1930 में उन्होंने अनाथ बच्चों एवं बेसहारा लड़कियों के लिए 'अवाई होम' जैसी अखिल भारतीय ख्याति की संस्था की स्थापना की तथा जीवन-पर्यंत उसका संचालन किया। सन् 1951 में उन्होंने दक्षिण भारत के प्रथम कैंसर अस्पताल की भी स्थापना की।

मांटेग्यू-चेम्सफोर्ड सुधारों के अंतर्गत देश में शिक्षा की स्थिति का अध्ययन करने के लिए नियुक्त 'हरटोग कमेटी' की सदस्या के नाते पूरे भारत एवं बर्मा का दौरा कर महिला शिक्षा की स्थिति का अध्ययन करके तत्संबंधी रिपोर्ट पेश की।

सन् 1929 में गोलमेज सम्मेलन, लंदन में राजकुमारी अमृतकौर और बेगम शरीफ हमीद अली के साथ वह तीसरी महिला प्रतिनिधि थीं। तीनों महिलाएँ तीन अखिल भारतीय महिला संस्थाओं से एक संयुक्त मेमोरेंडम लेकर कॉन्फ्रेंस में सम्मिलित हुई थीं।

सन् 1929-30 में नमक सत्याग्रह, असहयोग आंदोलन के सिलसिले में गांधीजी की गिरफ्तारी एवं महिलाओं पर पुलिस अत्याचारों के विरोध में उन्होंने मद्रास विधानसभा की उपाध्यक्षा के पद से त्यागपत्र दे दिया और स्वतंत्रता आंदोलन में भाग लिया। श्रीमती रेड्डी के शब्दों में, ''उन दिनों गिरफ्तार होना सरल था, काम करना कठिन।''

स्वतंत्रता के पश्चात् सन् 1954-57 में पुनः मद्रास विधानसभा की सदस्या बनीं तथा मद्रास राज्य समाज कल्याण बोर्ड की प्रथम चेयरमैन नियुक्त की गईं। मद्रास कॉरपोरेशन की 'एल्डर वूमेन' भी रहीं। इस नाते भी वे भारत की प्रथम महिला थीं।

22 जुलाई, 1968 को यह महान् नारी, जो स्वयं में एक संस्था थी, इस संसार से विदा हो गई। उनकी मृत्यु पर अखिल भारतीय महिला परिषद् ने अपनी देशव्यापी शाखाओं द्वारा स्थान-स्थान पर शोक-सभाओं का आयोजन किया।

श्रीमती रेड्डी की महान् सेवाओं के उपलक्ष्य में भारत सरकार ने सन् 1956 में उन्हें 'पद्मभूषण' की उपाधि से विभूषित किया था। मद्रास में सार्वजनिक नागरिक अभिनंदन तथा मद्रास विधानसभा में उनके चित्र का अनावरण किया गया। किंतु श्रीमती रेड्डी उस व्यापक स्वागत सम्मान को इससे अधिक महत्त्व देती थीं, जो आरंभ में सारे भारत एवं विदेशों की महिलाओं की ओर से उन्हें मिला था।

□

शिक्षा

शिक्षा के क्षेत्र में प्रथम

रानी गौरी पार्वतीबाई

शिक्षा के क्षेत्र में पिछड़े हमारे देश में केरल ही एक ऐसा प्रदेश है, जहाँ शिक्षित व्यक्तियों का प्रतिशत संसार के किसी भी उन्नत देश की बराबरी कर सकता है। साक्षरता के प्रतिशत में दिल्ली का नंबर उसके बाद आता है। सन् 1951 की जनगणना में, जबकि पूरे देश का साक्षरता प्रतिशत 16.3 था और राजस्थान, विंध्य प्रदेश जैसे राज्यों में क्रमश: 2.9 तथा 1.4 प्रतिशत ही था, उस समय भी केरल में 46.1 प्रतिशत लोग साक्षर थे। लेकिन शिक्षा के क्षेत्र में केरल की इस आश्चर्यजनक सफलता का रहस्य बहुत कम लोग जानते हैं।

केरल राज्य का निर्माण जिन त्रावणकोर, कोचीन रियासतों को मिलाकर हुआ है, उनमें से त्रावणकोर में शिक्षा का प्रतिशत सबसे अधिक है और इसका श्रेय है उन्नीसवीं सदी के पूर्वार्द्ध में त्रावणकोर पर शासन करनेवाली एक बहुत छोटी उम्र की रानी गौरी पार्वतीबाई को। गौरी पार्वतीबाई तेरह वर्ष की अवस्था में गद्दी पर बैठीं और सत्ताइस वर्ष की अवस्था में अपने उत्तराधिकारी को राज कार्य सौंपकर निवृत्त हो गईं। लेकिन इस अवधि में छोटे से राज्य की इस छोटी सी रानी ने इतने बड़े काम कर दिखाए कि वह बड़ी रियासतों के बड़े राजाओं से भी बाजी मार ले गईं। शिक्षा और अन्य सामाजिक सुधारों के रूप में उनकी देन भारतीय इतिहास की एक अमूल्य निधि है और भारतीय महिला की शानदार सफलता का एक प्रतीक भी।

सन् 1810 तथा 1829 के बीच त्रावणकोर में एक के बाद एक दो रानियों का शासन रहा। इनमें से पहली रानी थीं गौरी लक्ष्मीबाई। उनका शासन केवल सन् 1810 से

1814 तक रहा ; पर प्रशासनिक सुधारों और प्रशासन के आधुनिकीकरण की दिशा में उन्होंने भी अनेक क्रांतिकारी कदम उठाए।

सन् 1814 में जब गौरी पार्वतीबाई गौरी लक्ष्मीबाई की उत्तराधिकारिणी के रूप में गद्दी पर बैठीं, तब उनकी अवस्था केवल तेरह वर्ष थी। कर्नल मुनरो कंपनी सरकार की ओर से रियासत के रेजीडेंट नियुक्त थे। वे दोनों रानियों के राज्यकाल में मुख्यमंत्री या मुख्य सलाहकार भी थे। कर्नल मुनरो ने रानी गौरी पार्वतीबाई का जो वर्णन किया है, उसके अनुसार वह देखने में जितनी सुंदर, कोमलांगी और मधुर स्वभाव की थीं, शासन में उतनी ही दृढ़, कठोर और साहसी भी थीं। प्रत्युत्पन्न मति, निर्णय की क्षमता, संकल्प की दृढ़ता और सूझ-बूझ उनमें बहुत ऊँचे दर्जे की थी।

गौरी पार्वतीबाई ने गद्दी पर बैठते ही अनेक सामाजिक एवं प्रशासनिक सुधार आरंभ कर दिए। उन्होंने अनाज पर से निर्यात शुल्क हटाकर और एक लगान समझौता करके किसानों को बड़ी राहत पहुँचाई। मध्यकाल में जमींदारों-किसानों, शासकों-शासितों और अमीरों-गरीबों के बीच गहरी ऊँच-नीच को समाप्त करना बड़े खतरे का काम था। गौरी पार्वतीबाई ने (शायद उम्र के जोश में) यह खतरा उठाया और भेदभाव को बढ़ावा देनेवाले परंपरागत नियमों में संशोधन किया। प्रशासनिक अधिकारियों के लिए आचार-संहिताएँ बनाई गईं, जिनमें पद के अधिकार के द्वारा अधीनस्थ या छोटे लोगों के साथ मनमाना व्यवहार करने की स्वतंत्रता छीन ली गई। कुछ उल्लेखनीय सुधार ये हैं—

पहले त्रावणकोर राज्य में सोने-चाँदी के गहने पहनने तथा संगमरमर के पत्थरोंवाले मकानों में रहने का अधिकार केवल खानदानी कहे जानेवाले लोगों को ही था। रानी ने इस भेदभाव को समाप्त कर छोटे-बड़े, अछूत, सभी को यह अधिकार प्रदान किया। यही नहीं, उन्होंने स्वयं गरीबों को पहनने के लिए आभूषण दान दिए और उन्हें इस योग्य बनने के अवसर प्रदान किए।

ब्रह्मस्वामी और नंबूदरी परिवारों में अमीरी-गरीबी का अंतर देखते हुए और भारी दहेज देने-लेने की बुराई को इसका एक कारण मानते हुए रानी ने एक आदेश जारी करके दहेज की राशि केवल 100 रुपए तय कर दी। सभी तरह के टोल टैक्स खत्म कर दिए। सरकारी अधिकारियों से शासित प्रजा के साथ व्यवहार के तरीके निर्धारित करनेवाली संहिताओं का कड़ाई से पालन करवाया।

लेकिन रानी ने अनुभव किया कि कोई भी सामाजिक सुधार तब तक समुचित ढंग से लागू नहीं करवाया जा सकता जब तक कि जनता शिक्षित न हो। त्रावणकोर के इतिहास में ही नहीं, अन्य भारतीय राज्यों के इतिहास में भी वह पहली शासिका थी, जिसने इस अभाव को तीव्रता से अनुभव किया।

रानी की अवस्था अभी सत्ताईस वर्ष की ही हुई थी कि उनका भतीजा श्रीराम वर्मा स्वती तिरुनाल गद्दी के योग्य हो गया। उसे गद्दी सौंपकर रानी ने स्वयं अवकाश ग्रहण कर लिया। लेकिन रानी की प्रतिभा, बुद्धि-कौशल और प्रशासकीय योग्यता का जनमत पर इतना प्रभाव पड़ चुका था कि उनका भतीजा प्रशासन और समाज-सुधार के प्रत्येक कार्य में उन्हीं की सलाह से चलता था। इसीलिए रानी की शिक्षा एवं सुधार योजनाएँ आगे बढ़ सकीं और त्रावणकोर (आज के केरल) को शिक्षा के क्षेत्र में संपूर्ण भारत का नेतृत्व करने का गौरव प्राप्त हुआ।

गौरी पार्वतीबाई बचपन में ईसाई मिशनरियों की शिक्षा और सेवा योजनाओं से बहुत प्रभावित हुईं। इसलिए गद्दी पर बैठते ही उन्होंने अनेक विरोधों के बावजूद मिशनरियों के कार्य को प्रोत्साहन दिया। उन्हें स्कूल खोलने और चर्च बनाने की अनुमति प्रदान की; लेकिन कुशल प्रशासिका रानी ने उन्हें धार्मिक प्रवृत्तियों और सामाजिक सेवाओं की गतिविधियों के बाहर कोई भी अधिकार प्रदान करने से इनकार कर दिया। गौरी पार्वतीबाई ने उन्हें याद दिलाया कि ईसाई धर्म की मुख्य भावना नम्रता और वैधानिक सत्ता के नियमों का पालन है, इसलिए उन्हें अपना कार्यक्रम अपने पवित्र उद्देश्यों की प्राप्ति तक ही सीमित रखना चाहिए, राज्य के आंतरिक मामलों में दखल नहीं देना चाहिए। इस प्रकार रानी ने सुधार कार्यों में उनका सहयोग भी ले लिया और राज्य के भूमि कानूनों द्वारा तथा विशेष आदेशों द्वारा उनपर अनेक प्रतिबंध भी लगा दिए, ताकि वे जनता को पथभ्रष्ट कर उनका धर्म परिवर्तन करने अथवा राज्य के किसी भाग पर अधिकार जमाने में सफल न हो सकें। रानी की इस सूझ-बूझ से स्वाभाविक था कि ईसाई मिशनरियों को प्रोत्साहन देने के कारण उमड़ा जन-विरोध शांत होकर सहयोग में बदल जाता। जनता की धार्मिक भावनाओं और विश्वासों को ठेस न पहुँचे तो वह हर तरह के सुधार कार्य में सहयोग देने को तत्पर हो जाती है। इससे यह भी सिद्ध होता है कि रानी को जन मनोविज्ञान का भी अच्छा ज्ञान था।

बाद में इसी प्रेरणा के आधार पर रानी ने अपने राज्य में शिक्षा की स्वतंत्र योजना बनाई और उसे बिना किसी भेदभाव के राज्य के हर कोने में समुचित ढंग से कार्यान्वित करने के लिए अपने वार्षिक बजट में उचित धनराशि की व्यवस्था की। उनके द्वारा स्थापित स्कूलों में भी छोटे-बड़े, लड़का-लड़की के प्रवेश संबंधी कोई भेदभाव न थे। यद्यपि प्रारंभ में बहुत कम लड़कियों ने स्कूलों में प्रवेश लिया, पर लड़कियों के स्कूल इस शिक्षा-योजना के प्रारंभिक दौर में ही खोल दिए गए थे। समय को देखते हुए यह बहुत बड़ा क्रांतिकारी कदम था।

□

प्रथम स्नातक

चंद्रमुखी बोस और कादंबिनी बोस

'अग्रणी महिलाओं' पर खोज करते समय भारत की 'पहली महिला स्नातक' पर ध्यान न जाता, यह असंभव था। पता चला, कलकत्ता का बेथुने स्कूल ही भारत का पहला गर्ल्स स्कूल और बेथुने कॉलेज ही पहला महिला कॉलेज था। तुरंत बेथुने कॉलेज को पत्र लिखकर पूछताछ की। उत्तर में सन् 1883 में स्नातक बनीं दो छात्राओं के नाम तो भेज दिए गए—चंद्रमुखी बोस और कादंबिनी बोस, पर उनके चित्र-परिचय जिस कॉलेज-स्मारिका में छपे थे, स्मारिका खरीदने का प्रस्ताव करने पर भी उसकी प्रति मुझे नहीं भेजी गई, क्योंकि वहाँ अतिरिक्त प्रति उपलब्ध नहीं थी। कहा गया, 'आप यहाँ आकर ही इसे देख सकती हैं।' जीरोक्स प्रति निकलवाने की तब आज जैसी सुविधा न थी और कलकत्ता के राष्ट्रीय पुस्तकालय से छानबीन करवाने पर भी वह स्मारिका हाथ न लग सकी थी। अत: उस समय बेथुने कॉलेज की वह स्मारिका देखने वहाँ जाना संभव नहीं हो पाया और बात वहीं रह गई। हाँ, चार-पाँच पंक्तियों के संक्षिप्त परिचय जरूर कलकत्ता राष्ट्रीय पुस्तकालय से किसी ने भिजवा दिए थे।

सन् 1983 में बेथुने कॉलेज ने बड़ी धूमधाम से अपना 'शताब्दी दीक्षांत समारोह' मनाया। तब भारत की इन दो प्रथम स्नातक महिलाओं की स्मृति में भी उन्हें श्रद्धांजलि अर्पित करने का एक विशेष आयोजन किया गया। तभी पत्र-पत्रिकाओं में इनके कुछ विस्तृत परिचय छपे, चित्र भी।

'लड़कियों की शिक्षा-दीक्षा ठीक लड़कों के समान ही होनी चाहिए। इसमें कोई भेदभाव बरतना ठीक नहीं'—सुप्रसिद्ध शिक्षा-शास्त्री श्री ईश्वरचंद्र विद्यासागरजी के इन

शब्दों से प्रभावित होकर बंगाल के तत्कालीन शिक्षा सचिव श्री बेथुने ने विद्यासागरजी की सहायता से सन् 1849 में 'कलकत्ता महिला स्कूल' की स्थापना की थी। शुद्ध भारतीय संस्कृति के आधार पर खुले इस स्कूल के लिए भवन-राजा दक्षिण रंजन मुखोपाध्याय ने दान-स्वरूप दिया था। सन् 1851 में श्री बेथुने का देहांत हो गया तो इस स्कूल का नाम बदलकर 'बेथुने स्कूल' कर दिया गया था। इसी वर्ष स्कूल में प्रवेश लेनेवाली लड़कियों की संख्या 80 हो गई थी, जो सभी हिंदू परिवारों की थीं। इसके पूर्व चर्च की ओर से कुछ स्कूल ईसाई लड़कियों के लिए ही खुले थे, जिनमें हिंदू परिवार अपनी लड़कियाँ भेजने में झिझकते थे। श्री ईश्वरचंद्र विद्यासागर की प्रेरणा और सहायता से ही लड़कियों के लिए शिक्षा-क्षेत्र में यह नया सूत्रपात किया गया था।

13 मार्च, 1883 को 'दि इंग्लिशमैन' में प्रकाशित एक समाचार को भारतीय जनता ने बड़ी रुचि से पढ़ा। समाचार था—'शनिवार, 10 मार्च, 1883 की शाम कॉलेज स्क्वायर के सीनेट हॉल में कलकत्ता विश्वविद्यालय ने अपना दीक्षांत समारोह बड़े उत्साह के साथ मनाया। इस ऐतिहासिक दीक्षांत समारोह की आश्चर्यजनक घटना थी—भारत की प्रथम दो छात्राओं द्वारा स्नातक की उपाधि ग्रहण करना। इसलिए समारोह में जितनी उपस्थिति देखी गई उतनी बड़ी महफिल वहाँ पहले किसी दीक्षांत समारोह में नहीं जुटी थी।'

चंद्रमुखी और कादंबिनी नाम की इन छात्राओं ने शिक्षा के क्षेत्र में महिलाओं के लिए नया द्वार खोल दिया था। लेकिन शिक्षा के उस स्तर तक पहुँचने के लिए इन दोनों को कितनी कठिनाइयाँ और बाधाएँ झेलनी पड़ी थीं, यह बात बहुत कम लोग जानते हैं। एक सदी पूर्व जबकि भारतीय समाज में स्त्री के ऐसे अधिकार की कल्पना ही कठिन थी और उनका क्षेत्र घर की चारदीवारी तथा परदे के बंधन तक सीमित था, उन बंधनों को तोड़ना इन लड़कियों के लिए एक भारी चुनौती थी। सबसे पहले सन् 1819 में कुछ अंग्रेज महिलाओं ने मिलकर 'जुबेलिन महिला समिति' की स्थापना की थी और समिति की ओर से कलकत्ता में 'गौरी बैरे स्कूल' नाम का एक स्कूल खोला गया था, जिसमें अंग्रेज लड़कियाँ ही जाया करती थीं। एक तो भारतीय लड़कियों के प्रवेश पर वहाँ पाबंदी थी, दूसरी तरफ भारतीय समाज के कठोर बंधनों के कारण भी ईसाइयों के स्कूल में हिंदू लड़कियों को भेजने पर धर्म-हानि समझी जाती थी। कवि गुरु रवींद्रनाथ ठाकुर के समाज-सुधारक पिता महर्षि देवेंद्रनाथ ठाकुर ने प्रयत्न करके भारतीय छात्रों के लिए कुछ हिंदू स्कूल खुलवाए थे, लेकिन लड़कियों के लिए फिर भी कोई व्यवस्था न हो पाई थी। इसका श्रेय आगे चलकर ईश्वरचंद्र विद्यासागर और बेथुने महोदय ने ही लिया।

चंद्रमुखी बोस का जन्म 3 अगस्त, 1860 को हुआ था। पिता श्री भुवन मोहन बोस देहरादून के एक ईसाई संप्रदाय से संबंधित थे, इसलिए चंद्रमुखी की प्रारंभिक शिक्षा ईसाई

लड़कियों के लिए खुले 'बोर्डिंग स्कूल' में हुई थी। आगे की शिक्षा के लिए चंद्रमुखी ने कलकत्ता विश्वविद्यालय की प्रवेश परीक्षा में बैठने के लिए आवेदन किया; परंतु तब तक किसी लड़की द्वारा ऐसा कदम न उठाए जाने के कारण उन्हें अनुमति नहीं मिली। चार साल की लंबी प्रतीक्षा के बाद ही चंद्रमुखी को सन् 1880 में 'फ्री चर्च नॉर्मल स्कूल' में आगे पढ़ने के लिए प्रवेश मिल सका। तब सन् 1883 में उन्होंने बी.ए. की परीक्षा पास की। सन् 1884 में उन्हें अंग्रेजी साहित्य में 'ऑनर्स' की परीक्षा में बैठने के लिए भी अनुमति मिल गई और आगे एम.ए. की परीक्षा उत्तीर्ण करने का सुअवसर भी।

इस तरह सन् 1883 में यद्यपि कादंबिनी बोस और चंद्रमुखी बोस दोनों ने ही बी.ए. की उपाधि ली थी; पर चंद्रमुखी ही वह प्रथम भारतीय महिला थीं, जिन्होंने एम.ए. की उस समय की सर्वोच्च उपाधि प्राप्त की। चंद्रमुखी की इस सफलता से प्रसन्न होकर श्री ईश्वरचंद्र विद्यासागर ने उन्हें शेक्सपीयर के साहित्य का पूरा एक सैट उपहार में देकर सम्मानित किया था।

सन् 1884 में ही चंद्रमुखी बोस की बेथुने कॉलेज में सहायक महिला अधीक्षक के पद पर नियुक्ति हो गई। सन् 1888 में अधीक्षक के पद पर पदोन्नति हुई और 1892 में इसी कॉलेज में उन्हें 'लेडी प्रिंसिपल' का चांस भी मिल गया। सन् 1901 में उन्होंने जब बीमारी के कारण सेवानिवृत्ति के लिए आवेदन किया तब भी 'इंडियन मैसेंजर' नामक पत्र ने अपने 13 अक्तूबर, 1901 के अंक में चंद्रमुखी की बीमारी पर दुःख प्रकट करते हुए स्त्री-शिक्षा के क्षेत्र में उनके योगदान को एक न भुलाई जानेवाली घटना कहकर उनकी प्रशंसा में पूरे एक कॉलम की टिप्पणी लिखी थी।

स्वास्थ्य-लाभ करने के बाद चंद्रमुखी बोस सन् 1903 में देहरादून के पं. केशवानंद थामगिन के साथ विवाह करके चंद्रमुखी थामगिन कहलाईं। सन् 1929 में पं. केशवानंद का देहांत हो गया। घर-परिवार एवं बच्चों का सारा भार चंद्रमुखी पर आ पड़ा। उनके दो सौतेले लड़के भी थे। पर अपनी शिक्षा-दीक्षा की सार्थकता उन्होंने नौकरी में नहीं—जो था, जितना था, उसी में कुशल गृह-संचालन में ही देखी। फिर अपना कर्तव्य पूरा कर 3 फरवरी, 1944 को चंद्रमुखी थामगिन भी इस संसार से विदा हो गईं।

कादंबिनी बोस का जन्म 8 मई, 1861 को हुआ। पिता श्री बृजकिशोर बोस भागलपुर गवर्नमेंट स्कूल के हेडमास्टर थे। श्री बृजकिशोर बोस ने ही 'बँगला महिलाओं की प्रथम समिति' की स्थापना की थी, जिसके द्वारा संचालित 'बंग महिला विद्यालय' में कादंबिनी ने सन् 1875 में प्रवेश लिया था। प्रारंभिक शिक्षा के बाद कादंबिनी ने भी जब कलकत्ता विश्वविद्यालय की प्रवेश परीक्षा के लिए अनुमति चाही तो बाधा उठ खड़ी हुई थी। बहुत झंझटों-झमेलों के बाद विश्व-विद्यालय की सीनेट को अनुमति देनी पड़ी। कादंबिनी ही 'बेथुने महिला स्कूल' की वह प्रथम छात्रा थीं, जिन्हें कलकत्ता विश्वविद्यालय की प्रवेश

परीक्षा में बैठने की अनुमति मिली थी। यह सन् 1878 की बात है। तत्कालीन लेफ्टिनेंट गवर्नर ने इस घटना से प्रभावित होकर कादंबिनी को एक विशेष छात्रवृत्ति प्रदान की थी।

लेकिन कादंबिनी के साहसी कदम इस सफलता पर ही नहीं रुके। उन दिनों महिलाओं के लिए कोई अलग कॉलेज नहीं था तो कादंबिनी ने इसके लिए आवाज उठाई। उसके अनुरोध पर ही भारत का प्रथम महिला कॉलेज 'बेथुने कॉलेज' अस्तित्व में आया, जिसकी प्रारंभिक एकमात्र छात्रा कादंबिनी ही थीं। वास्तव में बेथुने स्कूल में ही महिलाओं के लिए तब कॉलेज की एक अलग कक्षा ही खोली गई थी, जो कालांतर में विकसित होते-होते अलग कॉलेज बना और बेथुने कॉलेज के नाम से विख्यात हुआ। इस कॉलेज से पहली स्नातक की उपाधि लेनेवाली भी एकमात्र कादंबिनी ही थीं। लेकिन जिन्होंने चंद्रमुखी बोस की तरह एम.ए. में प्रवेश न लेकर आगे उनसे भी बड़ा साहसिक कदम उठाया और मेडिकल कॉलेज में प्रवेश के लिए आवेदन कर दिया। कॉलेज के अधिकारी हतप्रभ रह गए। पर कादंबिनी के पूर्व कदम से प्रभावित लेफ्टिनेंट गवर्नर ने तुरंत स्वीकृति प्रदान कर दी। शिक्षा-क्षेत्र में महिलाओं की एक और बाधा समाप्त हो गई।

इस तरह 'प्रथम बंगाली महिला चिकित्सक' होने का श्रेय भी कादंबिनी ने ही प्राप्त किया। यद्यपि सन् 1898 में एम.बी. की परीक्षा में वह अनुत्तीर्ण हो गई थीं और उन्होंने अपने प्रयास से एक विशेष सर्टिफिकेट परीक्षा ही पास की थी; पर इस असफलता को भी सफलता में बदलने के लिए विवाहोपरांत पति के प्रोत्साहन से वह इंग्लैंड गईं और चिकित्सा विज्ञान में विशेष अध्ययन कर तीन उपाधियाँ लेकर भारत लौटीं। कादंबिनीजी की आगे की कहानी तो मेडिकल प्रैक्टिस और उसके साथ कांग्रेस-कार्य की ही कहानी है। स्वतंत्रता-संग्राम के इतिहास में सन् 1890 में कांग्रेस अधिवेशन में अध्यक्ष फिरोजशाह मेहता को धन्यवाद ज्ञापन करने, स्वदेशी आंदोलन के मंच पर प्रथम बार 'वंदे मातरम्' गाने का जिस कादंबिनी गांगुली का उल्लेख मिलता है, वह कादंबिनी बोस ही थीं।

आठ बच्चों की माँ होकर भी घर-बाहर के कार्य-क्षेत्र में तमाम दक्षता दिखाने और महिलाओं के लिए नए द्वार खोलनेवाली कादंबिनी गांगुली का 3 अक्तूबर, 1923 को लंबी बीमारी के बाद देहांत हो गया। घर-परिवार, चिकित्सा क्षेत्र और राजनीतिक क्षेत्र की कार्य-व्यस्तता के साथ महिला-उत्थान की अनेक संस्थाओं से जुड़ने और उनके द्वारा बंगाल, बिहार, उड़ीसा की कोयला खानों की महिला मजदूरों की कार्य-दशाओं में सुधार करने का उल्लेख भी मिलता है। इसी से इस असाधारण प्रतिभा-संपन्न और साहसी नारी की कर्मठता एवं कार्यदक्षता का अनुमान लगाया जा सकता है। □

स्नातक बननेवाली प्रथम मुसलिम

तय्यबा बेगम

उन्नीसवीं सदी में किसी भारतीय महिला के स्नातक बनने की बात ही अजूबा लगती है। फिर वह महिला परदे में बंद रहनेवाली मुसलिम महिला हो और छोटे-छोटे बच्चों की माँ हो तो कोई भी उसके साहस की दाद दिए बिना न रहेगा। भारत की कोई भी मुसलिम महिला उस समय तक स्नातक नहीं हुई थी। होना सरल भी न था। परदा, घर से बाहर जाने-आने पर सौ-सौ बंधन, घर और बच्चों की जिम्मेदारियाँ और सबसे बड़ी बाधा नारी-शिक्षा की परंपरा का सर्वथा अभाव। पर परंपरा तोड़कर नई राह बनानेवाली प्रतिभा कभी रुकी नहीं और किसी काम में पहल करनेवाला साहस कभी डिगा नहीं, तय्यबा बेगम इसकी एक मिसाल हैं।

'इनसाइक्लोपीडिया ऑफ सोशल वर्क इन इंडिया' के प्रकाशन के समय उसमें सम्मिलित महिला नामों की सूची में मेरी दिलचस्पी स्वाभाविक थी। मुझे यह जानकर सुखद आश्चर्य हुआ कि तय्यबा बेगम का नाम उसमें है और वह भारत की पहली मुसलिम महिला स्नातक ही नहीं, अपने समय की एक अच्छी लेखिका, प्रवक्ता और समाज-सेविका भी थीं।

सन् 1901 में तय्यबा बेगम ने 'हैदराबाद महिला सभा' की स्थापना की थी, जो 'लेडी हैदरी क्लब' के नाम से आज भी विद्यमान है। 'अंजुमने खवातीन' नामक सुप्रसिद्ध संस्था की स्थापना का श्रेय भी उन्हीं को है। महबूबिया गर्ल्स स्कूल के संस्थापकों में भी उनका नाम है। इसके अतिरिक्त राज्य भर में कई गर्ल्स स्कूलों की स्थापना उन्होंने की थी। लड़कियों की शिक्षा और महिलाओं की जागृति के लिए वे सदा प्रयत्नशील रहीं।

लड़कियों के लिए स्कूल खुलवाती थीं तो महिला सभाओं द्वारा माताओं को प्रेरित करती थीं कि वे अपनी लड़कियों को उनमें पढ़ने के लिए भेजें। अपनी अधूरी शिक्षा को आगे बढ़ा प्राइवेट पढ़ाई कर, बी.ए. की परीक्षा देकर उन्होंने स्वयं को ही प्रेरणा-प्रतीक के रूप में प्रस्तुत कर दिया। एक ओर मुसलिम लड़कियों के सम्मुख यह मिसाल रखने के लिए कि वे चाहें तो कॉलेजों के अभाव में तथा परदे में रहकर भी उच्च शिक्षा प्राप्त कर सकती हैं और दूसरी ओर राज्याधिकारियों पर यह प्रत्यक्ष-अप्रत्यक्ष दबाव डालने के लिए कि वे परदेवाली लड़कियों के लिए लड़कों से अलग स्कूल-कॉलेजों की व्यवस्था करें।

तय्यबा बेगम का जन्म 28 सितंबर, 1873 को हैदराबाद में हुआ। वे नवाब इमादुल मुल्क की बेटी थीं। सरोजिनी नायडू उनकी बचपन की साथिन थीं। 'लिटिल गर्ल्स स्कूल' में प्रारंभिक शिक्षा दोनों ने साथ पाई। आगे चलकर सामाजिक और राष्ट्रीय कार्यों में भी तय्यबा बेगम ने सरोजिनी नायडू का पूरा साथ दिया। अंतर केवल इतना था कि स्वतंत्र होने के नाते श्रीमती नायडू अखिल भारतीय स्तर पर कार्य करके राष्ट्रीय नेत्री बन गईं और तय्यबा बेगम की गतिविधियाँ परदे के बंधन के कारण अधिकतर हैदराबाद तक ही सीमित रह गईं। यद्यपि हैदराबाद से बाहर भी राष्ट्रीय व महिला गतिविधियों में वे बराबर हिस्सा लेती रहीं। सन् 1919 में कलकत्ता में आयोजित ब्राह्म समाज कॉन्फ्रेंस व अखिल भारतीय मुसलिम महिला कॉन्फ्रेंस की अध्यक्षता इसका प्रमाण है। पर परदा उनके घर से बाहर जाने-आने में बाधक नहीं बना। वे एक कुशल संगठनकर्त्री और प्रभावशाली वक्ता थीं। बुरका ओढ़कर ही वे महिला सभाओं का संयोजन करतीं और अपनी परदेवाली बहनों में शिक्षा, जागृति व राष्ट्रीय चेतना का मंत्र फूँकतीं। उनके लेडीज क्लब में सभी प्रकार के खेल-मनोरंजन एवं सांस्कृतिक गतिविधियाँ चलती थीं। वहीं गंभीर गोष्ठियों का भी आयोजन होता था। संस्थाओं के माध्यम से तथा निजी रूप से भी प्रायः वे अपनी गरीब व पिछड़ी बहनों के कल्याण कार्यों में व्यस्त रहतीं। राजनीति से अधिक समाज-सेवा में ही उनकी रुचि थी। सन् 1908 में जब मूसी नदी की बाढ़ से लगभग आधा शहर तबाह हो गया तो महिलाओं की वेलफेयर कमेटी की स्थापना कर अपनी साथिनी को लेकर तय्यबा बेगम ने जो अथक सेवा कार्य किया था, उसे लोग आज भी याद करते हैं।

'अंजुमने खवातीन' की स्थापना और उसके माध्यम से भारत के महिला जागरण तथा स्वतंत्रता संग्राम में उल्लेखनीय योगदान तय्यबा बेगम के जीवन की सबसे बड़ी उपलब्धि है। उनकी अध्यक्षता में यह महिला संस्था दिनोंदिन आगे बढ़ती गई और नई-नई जिम्मेदारियाँ ओढ़ती गई। उनकी बेटी मासूमा बेगम, जो बचपन में माँ से प्रेरणा ग्रहण कर आज भारत की प्रसिद्ध सामाजिक कार्यकर्त्रियों में से एक हैं, 'अंजुमने खवातीन'

की अध्यक्षा हैं। यह संस्था देश की गिनी-चुनी महिला संस्थाओं में से एक मानी जाती है। इस संस्था द्वारा तय्यबा बेगम ने तत्कालीन सभी प्रगतिशील राष्ट्रीय गतिविधियों में भाग लिया था। हैदराबाद की अनेक कार्यकर्त्रियाँ इसी संस्था की देन हैं।

तय्यबा बेगम की दूसरी प्रमुख देन है—लड़कियों की शिक्षा के लिए जीवन भर व्यापक प्रयत्न। स्कूलों की स्थापना करवाने के साथ जनता में शिक्षा चेतना जगाने के लिए व्यापक भ्रमण और स्थान-स्थान पर मुसलिम महिला सभाओं में भाषण उनका एक नियमित कार्यक्रम था। उनकी बेटी सकीना बेगम ने शिक्षा, महिला जागृति, कल्याण कार्य, राष्ट्रीय चेतना, नारी की घर-बाहर की दोहरी भूमिका, पारिवारिक कर्तव्यों और सामाजिक दायित्वों में संतुलन आदि विषयों पर दिए गए उनके भाषणों का एक संकलन तैयार किया है। 'रसाले तय्यबा' नामक इस संकलन की भूमिका श्रीमती सरोजिनी नायडू ने लिखी है। इसमें भाषणों के साथ समय-समय पर लिखे गए उनके प्रकाशित-अप्रकाशित लेखों को भी सम्मिलित किया गया है। 3 जून, 1921 को उनकी मृत्यु पर मित्रों व शुभचिंतकों द्वारा दी गई श्रद्धांजलियाँ, लिखे गए शोक गीत और उनके सुपुत्र श्री अली यावर जंग द्वारा लिखा गया रेखाचित्र हैदराबाद इनसाइक्लोपीडिया में प्रकाशित है।

स्वयं तय्यबा बेगम द्वारा लिखित कृतियाँ हैं—'अनवरी बेगम' (उपन्यास), 'असरारे सुलेमान' ('बाइबिल' की कहानी पर आधारित उर्दू उपन्यास), 'हसमा-तुन्निसा बेगम' (उपन्यास), 'भारतीय लोकगीत' (अंग्रेजी में अनूदित होकर लंदन की 'इंडियन मैगजीन' में धारावाहिक प्रकाशित)। नई पीढ़ी में आज उनकी कितनी पहचान शेष है, यह जानने के लिए जब मैंने हैदराबाद में कुछ साहित्य-प्रेमी युवतियों से बात की तो एक ने कहा, "हमारे लिए तो तय्यबा बेगम एक परी कथा की नायिका-सी लगती हैं। हम सोच ही नहीं पातीं कि उस जमाने में परदे और बंधनों में रहनेवाली किसी एक नारी में इतनी सारी खूबियाँ एक साथ हो सकती हैं। आज भी किसी चार बच्चों की माँ से कहिए, वह घर और बच्चे सँभाले, परिवार के सारे कायदे-कानून निभाए, स्वयं पढ़े-लिखे, बाहर काम करे, खूब सेवा कार्य करके नाम पैदा करे और यह सब परदे में बंद रहकर करे तो क्या आप इस पर यकीन करेंगी? है किसी में इतना सामर्थ्य?"

"सामर्थ्य ही नहीं, साहस भी।" उसने हाँ में हाँ मिलाई, 'सचमुच उस समय यह साहस किसी पहाड़ की चोटी पर चढ़ने से कम नहीं रहा होगा। तभी तो वे हमें एक 'लीजेंडरी करेक्टर'-सी लगती हैं।"

स्वयं में कितनी समृद्ध है यह पहचान!

□

प्रथम नेत्रहीन स्नातक

प्रतिभा आर्य

अमेरिका की नेत्रहीन विदुषी हेलेन केलर का नाम सभी जानते हैं। वे एक संपन्न परिवार में पलीं, इसलिए पर्याप्त साधनों के साथ-साथ अनथक श्रम और साधना के बल पर उन्हें जीवन में आगे बढ़ने का अवसर मिला। परंतु बिना विशेष साधन या सहायता के केवल लगन द्वारा संघर्षरत रहकर जिस भारतीय नारी ने विद्योपार्जन की दिशा में 'पहला' कदम उठाया, उनके बारे में लोगों की जानकारी प्राय: नगण्य है।

आज भारत में 100 से ज्यादा नेत्रहीन महिलाएँ ग्रेजुएट हैं। कुछ एम.ए., पी-एच.डी. तक हैं, कुछ अध्यापन-कला में प्रशिक्षित भी। किंतु हमारे देश में सुविधाओं के अभाव में भी उच्च शिक्षा में पहल करनेवाली नेत्रहीन महिला की मुझे खोज थी। 'रोशनी' के सितंबर 1949 के अंक में 'ये अंधी लड़कियाँ' शीर्षक से एक लेख छपा था। उसमें किसी लड़की के ग्रेजुएट होने का जिक्र तो नहीं था, पर प्रतिभा बागची नाम की लड़की का चित्र उसमें इसलिए प्रकाशित किया गया था कि तब वह कॉलेज में पढ़ती थी। लेकिन कॉलेज में शिक्षा प्राप्त करनेवाली वह पहली नेत्रहीन लड़की थी, इसका निश्चय नहीं हो सका था। देहरादून में ब्रेल-संपादक को पत्र लिखकर पूछा तो उन्होंने पुष्टि की कि प्रतिभा बागची ही 'पहली नेत्रहीन ग्रेजुएट लड़की' थीं, जो अब विवाहोपरांत प्रतिभा आर्य हैं; लेकिन कहाँ हैं, यह पता नहीं चल सका। फिर एक दिन 'राष्ट्रीय विरजानंद अंध कन्या विद्यालय' के नेत्रहीन प्रधानाचार्य श्री गुरुदत्त आर्य से पूछा तो वे हँसकर बोले, "जी हाँ, प्रतिभा आर्य ही पहली ग्रेजुएट महिला हैं और वे मेरी पत्नी हैं।"

आश्चर्य! पति-पत्नी दोनों उच्च शिक्षा प्राप्त और दोनों ही नेत्रहीन! कैसे कार्य

चलाते होंगे? सामान्य व्यक्ति न सही, अन्य किसी तरह से बाधित व्यक्ति का साथ भी तो चुन सकते थे, ताकि एक-दूसरे के सहारे सुविधा होती! उत्सुकता जागी और मैंने श्रीमती प्रतिभा आर्य से मिलने की अपनी इच्छा प्रकट की। श्री आर्य ने इसे सहर्ष स्वीकार किया और समय निश्चित हो गया।

प्रतिभाजी ने बताया, ''मैट्रिक पास किया था तब भी अकेली लड़की थी। पत्रों में समाचार के साथ चित्र भी प्रकाशित हुआ था तो कई नेत्र-युक्त विद्वानों की ओर से विवाह के प्रस्ताव आए। तब आगे पढ़ने का विचार था, अत: इस दिशा में सोचना ठीक नहीं समझा। प्रस्ताव बाद में भी मिले, लेकिन तब तक मैं यह निश्चय कर चुकी थी कि विवाह करूँगी तो नेत्रहीन से ही। पति को पत्नी देख न पाए तो दोनों को संतोष नहीं होता। पति में हीन भावना जागती, पत्नी में अपराधी भावना और इस स्थिति की कल्पना ही मुझे असह्य थी। मैं दया की भीख नहीं लेना चाहती थी। कभी किसी रूप में नहीं चाही। माँ-बाप तथा भाई-बहनों की ओर से बहुत विरोध हुआ, पर मेरे निश्चय के सामने उन्हें झुकना पड़ा। कुछ कठिनाई भले ही हो, किंतु आज भी मैं अपने इस निर्णय को सही मानती हूँ।''

'कुछ कठिनाई' वाली उनकी बात की दाद देते हुए भी समाधान नहीं हो पा रहा था कि दोनों व्यक्ति दैनिक कार्य कैसे चलाते होंगे। पूछने पर प्रतिभाजी ने बताया, ''आर्यजी के पहले विवाह से एक बेटी है। वह नेत्र-युक्त है। अब विवाहित और बच्चोंवाली है। वह हमारे पास ही रहती है। उसके पति भी नेत्रहीन हैं और यहीं शिक्षक हैं; पर इसका मतलब यह नहीं कि हम तीनों प्राणी केवल उसी के सहारे चलते हैं। उसे बच्चों तथा घर के काम से फुरसत नहीं मिलती। हम लोग अपना काम चलाने में आत्मनिर्भरता के आदी हैं। मैं अपना सब काम स्वयं करती हूँ। सफर भी अकेले ही करती हूँ। घर का सब काम करती हूँ। बताइए, कौन सी चीज कहाँ से उठाकर ला दूँ?'' किसी तरह की हीनता, दयनीयता या असमर्थता का रंग चेहरे पर लाए बिना वे सामान्य व्यक्ति की तरह सहज ढंग से बात कर रही थीं।

प्रतिभाजी ने आठ मास की अवस्था में ही अपने नेत्र खो दिए थे। उनके एक भाई तथा एक बहन भी नेत्रहीन हैं। पिता प्रोफेसर थे। उन्होंने बालिका प्रतिभा की प्रतिभा देखकर उसे सात वर्ष की अवस्था में कलकत्ता के 'बिहाला ब्लाइंड स्कूल' में भरती करवा दिया। आठवीं तक शिक्षा पाने के बाद वे 'ऑल इंडिया लाइट हाउस फॉर द ब्लाइंड' में रहने लगीं। वहाँ उनके लिए नि:शुल्क निवास तथा भोजन की व्यवस्था हो गई। फिर उस संस्था की ओर से उन्हें 'कालीधन इंस्टीट्यूट' में आगे अध्ययन के लिए दाखिल करा दिया गया। संगीत वह संस्था में सीखती थीं और मैट्रिक की पढ़ाई के लिए इस स्कूल में जाती थीं।

स्कूल में सभी लड़कियाँ नेत्र-युक्त थीं, अकेली वही नेत्रहीन थीं। नोट्स ब्रेल लिपि में लिखती थीं और शेष सहायता अपनी सहपाठिनियों से लेती थीं। प्रतिभाजी के अनुसार, ''निश्चय ही इस तरह परिश्रम अधिक करना पड़ता है और दूसरों की सहायता पर भी निर्भर रहना पड़ता है; पर एक तो मुझमें लगन थी, दूसरे मेरी सहपाठिनियों और शिक्षकों ने भी मेरी बहुत मदद की। आगे कॉलेज में भी यही क्रम चला।

''परीक्षा में लेखन की सहायता तो मिलती ही थी। 'साउथ कलकत्ता गर्ल्स कॉलेज' से कलकत्ता विश्वविद्यालय की मैं नियमित छात्रा थी। कॉलेज में भी अकेली नेत्रहीन छात्रा होने से सब लोग मेरे साहस की प्रशंसा करते और मेरी सहायता भी करते, जिससे मेरी लगन और बढ़ जाती।''

प्रतिभाजी ने इतिहास विषय लेकर एम.ए. की परीक्षा भी दी थी, किंतु छह अंकों से रह गईं। फिर नौकरी आदि अन्य कारणों से दोबारा परीक्षा नहीं दे पाईं। नौकरी के कारण बी.ए. की पढ़ाई भी उन्होंने बीच में एक बार छोड़ी थी। परीक्षा के कुछ समय पहले जब उन्हें बंबई के 'दादर अंध विद्यालय' से अध्यापन कार्य के लिए बुलाया गया तो नौकरी के लालच में वे पढ़ाई छोड़कर चली गईं। फिर जब विद्यालय के व्यवस्थापकों ने उन्हें परीक्षा में बैठने की अनुमति नहीं दी तो उन्हें अपनी भूल का अहसास हुआ। वे नौकरी छोड़कर परीक्षा में बैठीं और सफल हुईं। इस प्रकार सन् 1952 में पच्चीस वर्ष की अवस्था में उन्होंने बी.ए. की परीक्षा पास कर 'भारत में प्रथम नेत्रहीन महिला स्नातक' होने का गौरव प्राप्त किया। मैट्रिक की तरह इस बार भी उनका चित्र कई पत्र-पत्रिकाओं में प्रकाशित हुआ था।

सन् 1957 से प्रतिभाजी दिल्ली में हैं। सन् 1957 से 1959 तक 'राष्ट्रीय विरजानंद अंध कन्या विद्यालय' न्यू राजेंद्र नगर में अध्यापन कार्य करती रहीं। सन् 1960 में इसी विद्यालय के संस्थापक आचार्य श्री गुरुदत्त आर्य से उनका विवाह हुआ। सन् 1962 में 'ब्लाइंड सोशल वेलफेयर सोसाइटी' के पँचकुइया रोड स्थित स्कूल में अध्यापन कर रही थीं और वहीं एक क्वार्टर में अपने पति के साथ रहती थीं। सन् 1964 में उन्होंने अपनी 'टीचर्स ट्रेनिंग' भी पूरी कर ली। पर जीवन में संघर्ष झेलकर शिक्षा के क्षेत्र में आगे बढ़नेवाली इस साहसी नारी को इतना भी वेतन नहीं दिया जाता था कि ठीक से गुजर हो सके।

फिर भी श्रीमती आर्य को अपने व्यक्तिगत जीवन से कोई शिकायत नहीं रही, ''मेरा वेतन कम है तो क्या, प्रधानाचार्यजी (उनके पति) के वेतन को मिलाकर कार्य चल ही जाता है। दान से चलनेवाली संस्थाएँ अधिक वेतन नहीं दे सकतीं।''

उन्हें शिकायत थी तो यह कि हमारे देश में नेत्रहीन व्यक्तियों, विशेषतया लड़कियों की शिक्षा के लिए समुचित प्रबंध नहीं है। ब्रेल-साहित्य तो बहुत ही कम है। प्रत्येक

राज्य में एक ब्रेल प्रेस होनी चाहिए, ताकि नेत्रहीनों के लिए अधिक पुस्तकें एवं पत्रिकाएँ छप सकें। तब उन्होंने यह भी शिकायत की थी कि हर साल वह विदेश जाने के लिए प्रार्थना-पत्र भेज रही हैं, पर उन्हें अवसर नहीं दिया जाता। प्रति वर्ष 'रॉयल नेशनल इंस्टीट्यूट ऑफ ब्लाइंड', इंग्लैंड तथा 'पारकिंस इंस्टीट्यूट फॉर द ब्लाइंड', अमेरिका की ओर से नेत्रहीन व्यक्तियों के प्रशिक्षण के लिए नेत्रहीन तथा नेत्र-युक्त मिलाकर 12 भारतीय शिक्षकों को आमंत्रित किया जाता है। यदि उन्हें यह छात्रवृत्ति मिल जाती तो विदेश जाकर नेत्रहीन-शिक्षण की नई तकनीकों का अध्ययन करने की भी उनकी तीव्र इच्छा थी।

''यदि आपको यह छात्रवृत्ति मिल जाए तो आप अकेले विदेश यात्रा करेंगी या किसी को साथ ले जाने की आवश्यकता पड़ेगी?'' इस प्रश्न के उत्तर में उन्होंने कहा था, ''अकेले, (बाद में एक दिन उन्होंने बताया था कि सितंबर '70 में अमेरिका जाकर वे अपनी इच्छा पूरी कर आई हैं और अकेली ही गई थीं।) मैं अकेले ही सफर करती हूँ। सभी जगह आती-जाती हूँ, सब काम चला लेती हूँ। आदत हो गई है। कोई विशेष कठिनाई नहीं लगती। संगीत अब छोड़ दिया है। स्कूल में दस्तकारी सीखी थी, वह भी लगभग छूट गई है; पर शिक्षण से बचे समय में घर का सब काम करती हूँ। सामान्य-ज्ञान की ब्रेल पुस्तकें पढ़ती हूँ। सभा सम्मेलनों में भी जाती हूँ। इसलिए अपनी व्यक्तिगत स्थिति से मुझे कोई शिकायत नहीं है। जीने के लिए साहस चाहिए, पर वह सहज हो, जबरदस्ती थोपा हुआ या जुटाया हुआ नहीं। अन्यथा साहस रहने पर भी उसका आनंद नहीं रहेगा। उससे थकान पैदा होगी। अहंकार तो होगा ही। मैं नेत्रहीन जरूर हूँ, पर जीवन को सहज ढंग से जीना जानती हूँ या यों समझिए कि सीख गई हूँ।''

उनके इस सहज संभाषण से लगा था, भारत की हेलन केलर में भारत के दर्शन की आत्मा बोल रही है। अब उनके पति श्री गुरुदत्त आचार्य का साथ भी उनसे छूट चुका है। अपनी नौकरी से भी वह सेवानिवृत्त हो चुकी हैं। वैधव्य और बुढ़ापे में एकाकी जीते हुए वह लड़की ही उनका सहारा है। 23 मार्च, 1970 को प्रतिभाजी को 'राष्ट्रीय पुरस्कार' से सम्मानित किया गया। सन् 1972 में दिल्ली प्रशासन द्वारा पुरस्कृत नेत्रहीन शिल्प-शिक्षकों में भी उनका नाम था।

□

प्रथम सर्जन-जनरल

डॉ. मेरी पूनन लुकोज

2 अगस्त, 1966। त्रिवेंद्रम में स्थानीय एवं बाहर की कई महिला संस्थाएँ एक अभिनंदन समारोह के आयोजन में जुटी थीं। देश-विदेश की प्रमुख नेत्रियों और संस्थाओं की ओर से प्राप्त श्रद्धा-सुमन अर्पित करने के पश्चात् श्रीमती लक्ष्मी मेनन ने अपने स्वागत भाषण में कहा, ''आप एक महिला नहीं, एक संस्था हैं, एक युग हैं—एक प्रतीक हैं; उस शक्ति की, जिससे एक महिला अपने लिए लड़ी गई लड़ाई को महिलामात्र की लड़ाई मानकर उसके लिए बंद द्वार को खोलने में सफल होती है।''

यह अभिनंदन था एक महान् महिला डॉ. मेरी पूनन लुकोज का, जिन्होंने उस दिन अपनी आयु के अस्सी वर्ष पूरे कर इक्यासीवें वर्ष में प्रवेश किया था।

बहुत कम लोग जानते हैं कि विदेश में प्रशिक्षित 'भारत की पहली महिला डॉक्टर', जिसने अपनी योग्यता और सेवाओं के बल पर 'विश्व की पहली महिला सर्जन-जनरल' कहलाने का गौरव प्राप्त किया, अभी हाल तक हमारे बीच में थीं और मेडिकल कॉलेजों से सैकड़ों की संख्या में प्रतिवर्ष महिला डॉक्टरों को निकलते देख अपने स्वप्न की साकारता पर मुग्ध हो रही थीं। यह भी बहुत कम लोग जानते हैं कि केरल से बड़ी संख्या में निकलकर योग्य व प्रशिक्षित नर्सें आज जो भारत के कोने-कोने में फैली हुई हैं, उनका स्रोत डॉ. पूनन ही थीं।

बीसवीं सदी के प्रथम दशक में—जबकि लड़कियों के लिए पर्याप्त स्कूल ही नहीं थे, मैट्रिक पास कर लेना उनके लिए ऊँची शिक्षा माना जाता था और बी.ए. पास करनेवाली लड़कियों की संख्या उँगलियों पर गिनी जा सकती थी—मेरी पूनन लुकोज

को डॉक्टर बनने के लिए क्या-क्या सहना और करना पड़ा होगा, इसका अनुमान सहज ही लगाया जा सकता है। कुमारी अबला (बाद में लेडी जगदीश बोस) ने पहली महिला डॉक्टर बनने का साहस किया था और इसके लिए वे बंगाल से मद्रास पहुँची थीं। प्रयत्नपूर्वक मेडिकल कॉलेज में प्रवेश भी ले लिया था, पर विवाह हो जाने से उनकी पढ़ाई बीच में ही छूट गई।

मेरी पूनन को अबला रे की अपेक्षा अधिक संघर्ष करना पड़ा। अबला रे बंगाल से विज्ञान की उतनी शिक्षा लेकर आई थीं, जो मेडिकल कॉलेज में उन्हें प्रवेश दिलाने के लिए पर्याप्त थी। कुमारी मेरी पूनन को यह सुविधा नहीं मिली। महाराजा कॉलेज, त्रिवेंद्रम में उन्हें विज्ञान विषय इसलिए नहीं लेने दिया गया कि इसके पूर्व वहाँ किसी लड़की ने विज्ञान की शिक्षा नहीं पाई थी। हारकर उन्हें कला विषयों में ही एफ.ए. एवं बी.ए. परीक्षाएँ पास करनी पड़ीं और मेडिकल की शिक्षा के लिए ही नहीं, उसके पूर्व की विज्ञान शिक्षा के लिए भी उन्हें विदेश जाना पड़ा।

कु. मेरी पूनन एक क्रिश्चियन परिवार से संबंधित थीं। पिता डॉक्टर थे और बेटी को भी उसकी इच्छानुसार डॉक्टर बनाना चाहते थे। 'होली ऐंजल्स कॉन्वेंट' से मैट्रिक परीक्षा में सर्वप्रथम उत्तीर्ण होकर मेरी पूनन ने जब 'सेथियानाथन मेमोरियल गोल्ड मेडल' प्राप्त किया तो पिता ने लड़की की प्रतिभा देखकर उसे उच्च शिक्षा दिलाने का दृढ़ निश्चय कर लिया। विज्ञान में प्रवेश न मिलने पर कला लेकर उसने एफ.ए. एवं बी.ए. परीक्षाएँ पास कीं। द्रास यूनिवर्सिटी से सन् 1909 में बी.ए. की डिग्री लेनेवाली राज्य की वह प्रथम स्नातिका थीं; पर इस गौरव से वह संतुष्ट नहीं हुईं। विज्ञान की शिक्षा से वह केवल लड़की होने के नाते ही क्यों वंचित रहें, यह कसक उन्हें भीतर-ही-भीतर सालने लगी। फिर एक दिन उन्होंने मौका देखकर पिता के सामने विदेश जाकर अपनी यह इच्छा पूरी करने की अभिलाषा प्रकट की और पिता सहमत हो गए।

इंग्लैंड जाकर डॉक्टरी शिक्षा प्राप्त करने से पूर्व मेरी पूनन को दो वर्ष तक फिर विज्ञान का अध्ययन करना पड़ा। इस प्रकार कई वर्ष व्यर्थ व्यतीत करने के बाद मेडिकल कॉलेज में प्रवेश की उनकी इच्छा पूरी हो सकी। लंदन यूनिवर्सिटी में अध्ययन करनेवाली भारतीय महिलाओं में भी वे प्रथम थीं और त्रावणकोर से अध्ययन के लिए समुद्र पार जानेवाली भी प्रथम महिला थीं।

सन् 1915 में मेडिकल डिग्री पाने के बाद उन्होंने महिला-चिकित्सा तथा प्रसूति-विज्ञान में विशेषज्ञता प्राप्त की। साथ ही बाल रोग चिकित्सा में एक कोर्स पास कर वे इस विषय की भी विशेषज्ञ बन गईं। पोस्ट ग्रेजुएट अध्ययन के दौरान सर्जरी में उनकी विशेष लगन एवं योग्यता देखकर प्रोफेसर ने उन्हें नियम-विरुद्ध कई ऑपरेशन करने

की सुविधा प्रदान की और सफलता देखकर सिफारिश की कि मेडिकल सेवा में किसी भी ऊँचे पद के लिए वे पूर्णरूपेण योग्य हैं।

प्रथम विश्व युद्ध चल रहा था। सैनिक अस्पतालों में डॉक्टरों की आवश्यकता थी। मेरी पूनन को तुरंत सैनिक अस्पताल में एक जिम्मेदारी का पद सौंपा गया। उनकी सेवाओं से प्रभावित हो शीघ्र ही उन्हें उससे ऊँचे पद का आमंत्रण भी मिला; पर वे तो स्वदेश की महिलाओं की सेवा करने का व्रत लेकर गई थीं, अतः प्रलोभन को ठुकरा कर वे तुरंत स्वदेश लौट पड़ीं।

सन् 1916 में विदेश से मेडिकल की डिग्री लेकर लौटनेवाली इस 'प्रथम भारतीय डॉक्टर' का राज्य में अच्छा स्वागत हुआ। त्रिवेंद्रम में 100 बिस्तरोंवाला महिलाओं व बच्चों का नया अस्पताल बनाया गया और मेरी पूनन को उसकी सुपरिंटेंडेंट नियुक्त किया गया। इंग्लैंड से सेक्रेटरी ऑफ स्टेट श्री मांटेग्यू ने ही इस पद के लिए उनकी सिफारिश की थी। त्रावणकोर के महाराजा ने भी उन्हें राज्य का गौरव मानकर 'वैद्या-शास्त्रकुल' की उपाधि से सम्मानित किया।

उस समय के अनुसार यद्यपि अस्पताल बहुत अच्छा बनवाया गया था, पर मेरी पूनन को अपने विदेश शिक्षण के अनुभव पर वह मामूली सा लगा। अस्पताल में न तो सर्जरी के नए औजार थे, न बिजली की व्यवस्था और न प्रशिक्षित नर्सें ही। कुछ बेल्जियन एवं इटैलियन सैनिक नर्सों को छोड़ शेष अर्ध-शिक्षित दाइयों से ही काम चलाना पड़ता था। ऑपरेशन थिएटर में रात को लाए जानेवाले इमरजेंसी केसों के लिए केवल मिट्टी के तेल का एक लैंप टँगा रहता था। साधन मुख्य आवश्यकता से भी बहुत कम थे।

पर इससे भी अधिक कठिनाई एक और थी। पूर्व परंपरा के अनुसार अधिकतर प्रसूति-केस दाइयों द्वारा घरों में ही संपन्न होते थे और अस्पताल में केवल बिगड़े हुए मामले ही लाए जाते थे। इसलिए शुरू में 100 बिस्तरों में से मुश्किल से 15 ही एक समय में भर पाते थे। प्रसूति-केसों की संख्या भी वर्ष भर में 100 से अधिक नहीं बढ़ पाती थी और मौत के खतरे के बावजूद गंभीर ऑपरेशन के लिए कोई रोगिणी तैयार नहीं होती थी।

घरों में अप्रशिक्षित दाइयों के हाथों अनेक माताओं एवं शिशुओं की अकाल मृत्यु-संख्या देखकर डॉ. मेरी पूनन सिहर उठीं। बस, उनके जीवन का ध्येय निश्चित हो गया। आगे की कहानी तो उनकी अथक सार्वजनिक सेवाओं की कहानी है।

अस्पताल की चिकित्सा-सुविधा का लाभ स्त्रियों को पहुँचाने के लिए उन्हें घर-घर चक्कर लगाकर लोगों को तैयार करना पड़ा। इसके लिए उन्होंने पहला कदम

उठाया—शिक्षित पतियों को समझाकर उन्हें अपने पक्ष में करना। यह प्रयोग सफल हुआ। राह खुली और अनेक कदम उस राह पर चल पड़े।

दूसरे प्रयोग में वे दाइयों को अपनी कठिनाइयाँ सुलझाने के लिए अस्पताल में निमंत्रित करने लगीं। बड़े धैर्य से उनकी कठिनाइयाँ सुनतीं और मधुर व्यवहार से उन्हें सुलझातीं। इस प्रकार शीघ्र ही उनकी विश्वासपात्र सहयोगिनी बनकर उन्होंने धीरे-धीरे उन्हें प्रशिक्षण के लिए भी राजी कर लिया।

अपने तीसरे प्रयत्न में जब उन्होंने प्रशिक्षित नर्सें तैयार करने के लिए ट्रेनिंग कोर्स शुरू किया तो पहले बैच में उन दाइयों की लड़कियाँ ही भरती हुईं। डॉ. पूनन गाँवों के लिए प्रशिक्षित दाइयाँ एवं अस्पतालों के लिए प्रशिक्षित भारतीय नर्सें तैयार करने के लिए द्विवर्षीय विधिवत् प्रशिक्षण पाठ्यक्रम चलानेवाली पहली भारतीय महिला हैं। इसके पश्चात् त्रिवेंद्रम की कुन्नुकुजी नामक एक गंदी बस्ती में 'मातृ एवं बाल-कल्याण केंद्र' प्रारंभ कर भारत में इस तरह की सेवा-संस्था चलाने में पहल करने का श्रेय भी उन्हें ही प्राप्त है। आज जो नर्सिंग ट्रेनिंग सेंटरों, मातृ एवं बाल-कल्याण केंद्रों का देशभर में जाल-सा बिछा हुआ है, उनसे लाभ उठानेवाली हजारों-लाखों स्त्रियों के हृदय से फूटा संतोष एवं कृतज्ञता का स्वर क्या उन तक न पहुँचा होगा? निश्चय ही इक्यासी वर्ष की अवस्था में भी उनके चेहरे पर खिलती मुसकान इसी का परिणाम थी।

प्रारंभिक कठिनाइयों पर विजय पाने के बाद तो श्रीमती पूनन लुकोज को सफलता मिलने लगी। दीवान सर सी.पी. रामास्वामी अय्यर के प्रयत्नों से अस्पताल में साधन भी जुटने लगे। केरोसिन लैंप का स्थान विभिन्न कोणों से रोशनी फेंकनेवाले गैस लैंप ने ले लिया। नए औजार मँगवाए गए। स्वयं उनके पति जस्टिस के.के. लुकोज ने एक साधन-संपन्न लैब वार्ड बनवाकर अस्पताल को दान किया। प्रशिक्षित नर्सें काम करने लगीं। अस्पताल का नाम फैलने लगा और आनेवाले रोगियों की संख्या 15 से बढ़कर 300 तक पहुँच गई। जहाँ पहले यह संख्या 100 वार्षिक थी, वहाँ 1,000 से ऊपर हो गई। ऑपरेशन के लिए शुरू में कोई रोगिणी तैयार ही नहीं होती थी। यदि कठिनाई से कोई भरती हो भी जाती तो ऑपरेशनवाले दिन से पूर्व ही किसी तरह वार्ड से निकल भागती। धीरे-धीरे उनका यह भय दूर हुआ और कठिन केसों में स्वयं ही ऑपरेशन कराने की माँग आने लगी। श्रीमती पूनन ने विभिन्न खिलौनों एवं तसवीरोंवाली पुस्तकों से सजा-धजा बच्चों का एक अलग वार्ड भी बना दिया। उनके अस्पताल छोड़कर ऊँचे पद पर जाने तक यह अस्पताल, यह बच्चों का वार्ड तथा नर्सिंग ट्रेनिंग स्कूल पूरे भारत में ख्याति प्राप्त कर चुका था।

सन् 1924 में श्रीमती पूनन लुकोज राज्य स्वास्थ्य विभाग की इंचार्ज बना दी गईं।

फिर सन् 1938 में जब वे 'सर्जन-जनरल' बनीं तो विश्व में इस पद पर पहुँची वह पहली महिला थीं। तब ही क्यों, श्रीकृष्ण मेनन ने उनकी बयासीवीं वर्षगाँठ पर उनकी मूर्ति का अनावरण करते हुए कहा था, "आज भी यह पद प्राप्त करनेवाली आप विश्व की प्रथम महिला ही हैं। महिलाएँ स्वास्थ्य मंत्री बनी हैं, सर्जन-जनरल नहीं। रूस में, जहाँ महिलाओं के लिए कोई भी क्षेत्र अछूता नहीं, वहाँ भी किसी महिला का नाम मैंने सर्जन-जनरल के रूप में नहीं सुना। मिनिस्टर बनना आसान है, सर्जन-जनरल बनना कठिन, बहुत कठिन। श्रीमती पूनन लुकोज ने यह कठिन काम कर दिखाया। अत: मेरे समक्ष आप बहुत असाधारण और आश्चर्यजनक प्रतिभा हैं।"

अपने प्रशासकीय सेवा काल में उन्होंने राज्य के सभी अस्पतालों का निरीक्षण कर उनमें अनेक सुधार किए। जहाँ भी वे जातीं, स्थानीय लोगों एवं अधिकारियों का सहयोग प्राप्त कर इन सेवाओं का विस्तार करती थीं। उन्होंने ही त्रिवेंद्रम में 'एक्स-रे इंस्टीट्यूट' तथा 'रेडियम वार्ड' सबसे पहले स्थापित किए। दक्षिण त्रावणकोर की एक रम्य स्थली में तपेदिक के रोगियों के लिए एक नए अस्पताल की स्थापना का श्रेय भी उन्हें ही प्राप्त है। अपने उदार दृष्टिकोण, व्यावहारिकता, मधुर स्वभाव और अथक परिश्रम के कारण उनका व्यक्तित्व लोकप्रियता और सफलता का पर्याय बन गया।

इतनी व्यस्तता के बावजूद श्रीमती पूनन लुकोज अन्य समाज-सेवाओं के लिए भी समय निकाल लेती थीं। वे वाई.डब्ल्यू.सी.ए. की त्रिवेंद्रम शाखा की छत्तीस वर्षों तक अध्यक्षा रहीं। अध्यक्षता की इतनी लंबी अवधि संस्था के नियमों के विरुद्ध होते हुए भी उनकी विशिष्ट लोकप्रियता के कारण ही उन्हें प्रदान की गई। चुनाव के समय हर बार कोई दूसरा नाम उनके मुकाबले में आता ही न था। अंत में उनकी विशेष प्रार्थना पर ही उन्हें इस पद से मुक्ति मिली। वह गर्ल्स गाइड्स के डिवीजनल कमिश्नर पद पर भी रहीं।

श्रीमती पूनन का विवाह सन् 1917 में श्री के.के. लुकोज से हुआ था, जो बाद में त्रावणकोर हाई कोर्ट के जज बने। उनका दांपत्य जीवन बहुत सुखद रहा। अपने कार्य और समाज-सेवा के बीच भी घर, पति एवं बच्चों के लिए वे पर्याप्त समय निकाल लेती थीं। संगीत में भी उनकी रुचि रही है। लंदन म्यूजिक कॉलेज से अठारह वर्ष की अवस्था में उन्होंने पश्चिमी संगीत में डिप्लोमा किया था।

श्रीमती पूनन लुकोज के दो बच्चों में से एक बेटा आजकल भारतीय विदेश सेवा में नियुक्त है और बेटी, जो माँ जैसी प्रतिभाशालिनी थी, असमय ही काल-कवलित होकर माँ की आशाओं को अधूरा छोड़ गई। उनके सहयोगियों का कहना है कि ऐसे दु:ख के समय में भी श्रीमती पूनन न तो विचलित हुईं, न उनके दैनिक कार्य-कलापों में ही कोई व्यवधान आया।

श्रीमती पूनन लुकोज ईश्वरीय शक्ति एवं चर्च में गहरी आस्था रखती थीं। जब कोई उनसे प्रश्न करता—इतनी सारी जिम्मेदारियाँ उन्होंने एक साथ कैसे सँभालीं, तो इसका श्रेय वे स्वयं न लेकर ईश्वरीय शक्ति को ही देती थीं। इसके साथ पति एवं बच्चों का सहयोग भी वे अमूल्य मानती थीं। कहती थीं, ''जैसी शिक्षा एवं सुरक्षा मुझे अपने पिता से मिली, वैसी ही शिक्षा और वातावरण मैंने अपने बच्चों को देने का प्रयास किया। ऐसे वातावरण में पले बच्चे मेहनती, योग्य, अनुशासनप्रिय एवं सहयोगी होते हैं। पति और बच्चों के सहयोग तथा ईश्वरीय कृपा से ही जो कुछ मैं कर पाई हूँ, संभव हो सका है।''

आधुनिक भारतीय कामकाजी स्त्रियों के लिए उनका संदेश था—''प्रारंभ में साधन कम थे, कठिनाइयाँ अधिक। अब साधन-सुविधाओं का विकास हो गया है तो कार्य करना अपेक्षाकृत सरल है; किंतु नई सुविधाओं ने नई समस्याओं और जिम्मेदारियों को भी जन्म दिया है। आधुनिक भारतीय युवतियों को अपने अधिकारों और दायित्वों का समन्वय करके ही सफलता का मार्ग तलाश करना चाहिए।''

□

प्रथम इंजीनियर

ए. ललिता

सन् 1937 का भारत! देश में महिलाओं की, विशेषतया विधवाओं की स्थिति की सहज ही कल्पना की जा सकती है। एक ओर एक लंबी अँधेरी राह थी, जिस पर चलने के लिए प्राय: उस समय की विधवाएँ बाध्य थीं—कुटुंबी जनों की सेवा करते हुए और उनके आश्रय में पलते हुए अपमान के घूँट पीने की राह। दूसरी ओर उपर्युक्त परंपरागत राह से हटकर एक राह थी, जिसमें पग-पग पर काँटे थे और बिरले व्यक्ति ही इस पर चल पाते थे; पर जो चल पाते थे, वे एक नई राह बनाते थे। हर युग में ये राहें बनाई जाती हैं, जो पहले धूमिल पगडंडी मात्र होती हैं, पर धीरे-धीरे जब असंख्य कदमों को अपने ऊपर चलाने में समर्थ हो जाती हैं तो उजला पथ बन जाती हैं। भारत की 'पहली महिला इंजीनियर' बनकर श्रीमती ए. ललिता ने ऐसी ही एक नई राह बनाई थी।

ललिता अठारह वर्ष की छोटी सी अवस्था में ही विधवा हो गई थीं। गोद में चार महीने की बच्ची थी। भाग्य ने उनके साथ क्रूर खेल खेला था; पर वे उसके हाथों खेले जाने के लिए नहीं, उससे लड़कर उसे बदलने के लिए बनी थीं। लेकिन इसका श्रेय वे स्वयं न लेकर अपने पिता को देती हैं। उनके अनुसार, "मेरे पिताजी ने कहा—एक महिला इंजीनियर क्यों नहीं बन सकती? मैं अपनी बेटी को बनाकर दिखाऊँगा। और मित्रों, संबंधियों के विरोधों के बावजूद वे अपने निश्चय पर दृढ़ रहे।"

ललिता का जन्म सन् 1919 में मद्रास में हुआ। पिता श्री पप्पू सुब्बाराव मद्रास

इंजीनियरिंग कॉलेज में इलेक्ट्रिकल इंजीनियरिंग के प्रोफेसर थे। अपने आठ भाई-बहनों में ललिता का पाँचवाँ स्थान है। सभी भाई-बहनों ने अपने समय के अनुकूल पर्याप्त शिक्षा पाई। लड़कियों का छोटी अवस्था में विवाह उस समय का रिवाज था। ललिता का विवाह भी पंद्रह वर्ष की उम्र में कर दिया गया था। पर विवाह के बाद भी उनकी शिक्षा तब तक चालू रही, जब तक कि उन्होंने मैट्रिक पास न कर लिया। सन् 1934 में विवाह हुआ और 1936 तक उन्होंने अपनी शिक्षा पूरी की। फिर समय के अनुरूप मैट्रिक तक की शिक्षा को पर्याप्त समझकर आगे पढ़ना बंद कर दिया। सन् 1937 में उन्होंने लड़की को जन्म दिया और बच्ची जब चार महीने की हुई, उनके पति माँ-बेटी को अकेला छोड़कर चल बसे। एकबारगी उनकी आँखों के आगे अंधकार छा गया; पर उनके अनुसार, ''मेरे योग्य पिता ने तुरंत मुझे सँभाल लिया। सभी लोगों ने मुझे डॉक्टर बनने की सलाह दी। मैंने स्वयं भी इसका समर्थन किया, तब क्योंकि महिलाओं के लिए तकनीकी उच्च शिक्षा का केवल यही क्षेत्र खुला था। नए क्षेत्र में जाने का मुझमें शायद साहस न था, न विरोध के खिलाफ खड़े होने का ही। फिर छोटी बच्ची की देखभाल की समस्या थी। मुझे लगता था कि इंजीनियरिंग में मुझे अधिक समय देना पड़ेगा तो बच्ची की उपेक्षा होगी। पर पिताजी ने समझा-बुझाकर मेरा दृष्टिकोण बदल दिया। वे मुझे पहली महिला इलेक्ट्रिकल इंजीनियर बनाने का निर्णय ले चुके थे। उन्होंने मुझे इंटर की परीक्षा दिलाई। फिर बड़ी कोशिश से इंजीनियरिंग कॉलेज के प्रिंसिपल और शिक्षा निदेशक की विशेष आज्ञा प्राप्त कर इंजीनियरिंग में प्रवेश दिलाने में सफलता प्राप्त कर ली। सन् 1940 से मैंने जब कॉलेज में प्रवेश लिया तो न केवल मैं अकेली लड़की थी, इस क्षेत्र में नई होने से सर्वत्र चर्चा का विषय भी थी। सभी लोग देख रहे थे कि मैं इसमें टिक पाऊँगी कि नहीं। इस अजीब सी स्थिति में पहले मैं घबरा उठी। एक बार घर आकर रो दी तो पिताजी ने मेरा उत्साह जारी रखने के लिए एक और प्रयत्न किया। उन्होंने अखबार में एक रिक्त स्थान का विज्ञापन देकर एक अन्य लड़की कुमारी लीला जॉर्ज को भी कॉलेज में प्रवेश लेने के लिए आकर्षित कर लिया, जो बाद में सिविल इंजीनियरिंग में चली गईं। इस प्रकार प्रारंभ में उखड़ते-से दिखाई देनेवाले पैर फिर जम गए और सन् 1943 में मैंने ऑनर्स लेकर इंजीनियरिंग की डिग्री प्राप्त कर ली।''

एक बार साहस के साथ किसी ओर कदम चल पड़ते हैं तो फिर आगे की राह भी स्वयं ही खुलती चली जाती है। श्रीमती ललिता ने इलेक्ट्रिकल इंजीनियर बनने के बाद भूतपूर्व 'ईस्ट इंडिया रेलवे' की लोकोमोटिव वर्कशॉप में एक साल तक एपरेंटिस के रूप में काम कर अनुभव प्राप्त किया, फिर शीघ्र ही उन्हें भारत सरकार के इलेक्ट्रिकल कमिश्नर के कार्यालय में अच्छी नौकरी मिल गई। दो वर्ष तक यहाँ काम करने के बाद

उन्होंने पिता की इच्छा पर नौकरी छोड़कर उनके शोध-कार्य में हाथ बँटाया। श्रीमती ललिता के पिता बिजली के जल-तरंग, बगैर धुएँ की भट्ठी तथा कई अन्य वस्तुओं के आविष्कर्ता थे। उनके इस शोध-कार्य में सहायक होकर ललिताजी का ज्ञान और विस्तृत हो गया। इस बीच उन्होंने लंदन के इलेक्ट्रिकल इंजीनियरिंग इंस्टीट्यूट से डिग्री प्राप्त की, फिर सन् 1953 में उन्हें वहाँ से 'एसोसिएट मेंबर' घोषित कर 'चार्टर्ड इलेक्ट्रिकल इंजीनियर' बना दिया गया। मैंने इस पुस्तक के लिए जब उनसे संपर्क किया था, तब वे श्रीमती ललिता एसोसिएटेड इलेक्ट्रिकल इंडस्ट्रीज, कलकत्ता में कार्य कर रही थीं।

अपने परिवार के 'कैरियर' के बारे में ललिताजी ने कहा, "मेरे पिता, मेरे चारों भाई, मैं, मेरा भतीजा और मेरा दामाद—सभी इलेक्ट्रिकल इंजीनियर हैं।"

क्या भारत में महिला इंजीनियरों के लिए कार्यक्षेत्र व्यापक है? इसके उत्तर में श्रीमती ललिता का कहना था कि उनके अनुमान में अकेले इलेक्ट्रिकल इंजीनियरी में ही देश में इस समय लगभग 150 महिलाएँ काम कर रही हैं। औद्योगिकिरण बढ़ने के साथ-साथ धीरे-धीरे कार्यक्षेत्र भी बढ़ता जा रहा है और महिलाओं को भी ऐसे कार्यों के उपयुक्त माना जा रहा है। फिर भी, इन क्षेत्रों में स्त्रियों को नौकरी पाने में अभी कठिनाई है। लेकिन अपने विदेशों के अनुभव से वे कहती हैं कि यह कठिनाई वहाँ भी है, जहाँ अधिक संख्या में महिलाएँ इंजीनियर बन चुकी हैं। दूसरे देशों की स्थिति देखते हुए हमारे यहाँ कम कठिनाई है। साथ ही उनका विश्वास है कि संघर्ष के बावजूद धीरे-धीरे स्थिति में सुधार होता जाएगा।

महिला इंजीनियरों और वैज्ञानिकों की विश्व संस्था की कोई शाखा भारत में नहीं है। फिर भी, उनके निजी संपर्कों के आधार पर उन्हें इस संस्था के सन् 1964 में न्यूयॉर्क में हुए पहले विश्व सम्मेलन में आमंत्रित किया गया था। उन्होंने उसमें भारत का प्रतिनिधित्व किया था। इस सम्मेलन में 35 देशों की तथा संयुक्त राज्य अमेरिका के सभी 50 राज्यों की 500 से अधिक महिला प्रतिनिधियों ने भाग लिया था। भारतीय महिलाएँ केवल 2 थीं—भारत से इलेक्ट्रिकल इंजीनियर श्रीमती ललिता तथा कनाडा से स्वाइल्स इंजीनियर श्रीमती उषा सेनानी, जो भारतीय होकर भी कनाडा में काम करने के कारण वहाँ की प्रतिनिधि होकर आई थीं। संयोग से श्रीमती सेनानी भी बंबई यूनिवर्सिटी की प्रथम महिला सिविल इंजीनियर थीं।

जुलाई 1967 में वैज्ञानिक तथा इंजीनियर महिलाओं की इस विश्व संस्था का द्वितीय विश्व सम्मेलन कैंब्रिज, इंग्लैंड में हुआ था। ललिताजी ने उसमें न केवल भारतीय प्रतिनिधि के रूप में भाग लिया था, वरन् संस्था की सदस्या के नाते सम्मेलन में भारतीय महिलाओं का अधिक-से-अधिक प्रतिनिधित्व बढ़ाने की भी अथक कोशिश की थी।

संस्था की गतिविधियों तथा सम्मेलन का परिचय भारत की हर वैज्ञानिक और इंजीनियर महिला तक पहुँचाने का जिम्मा उन्होंने अपने ऊपर ले रखा था। साथ ही उन्होंने सम्मेलन को भारतीय वैज्ञानिक तथा इंजीनियर महिलाओं की संख्या, उनके कार्यक्षेत्रों के विभाजन आदि के बारे में सही रिपोर्ट देने के लिए आँकड़े भी इकट्ठे किए थे, ताकि निकट भविष्य में संस्था की भारतीय शाखा के निर्माण तथा उसके संचालन में सहायता मिले।

ललिताजी कहती थीं, ''भारतीय जनता का जीवन-स्तर उठाने के लिए महिलाओं को अधिक संख्या में विज्ञान और तकनीकी के क्षेत्र में आना चाहिए। इससे उन्हें अच्छे 'कैरियर' तथा देश-सेवा का सुअवसर एक साथ मिलेगा।''

□

प्रथम कुलपति

हंसा मेहता

एक शिक्षा-शास्त्री, संवैधानिक प्रवक्ता और अग्रणी सामाजिक कार्यकर्त्री होने के नाते श्रीमती हंसा मेहता के नाम से सभी परिचित हैं; पर यह शायद बहुत कम लोग जानते होंगे कि वे ही भारत की 'प्रथम महिला कुलपति' भी हैं।

हंसा मेहता का जन्म 3 जुलाई, 1897 को सूरत में हुआ था। शिक्षा-प्रशासन के क्षेत्र में अपनी अमूल्य सेवाएँ देनेवाली हंसा मेहता ने छात्रावस्था में ही अपनी प्रतिभा का परिचय देना प्रारंभ कर दिया था। मैट्रिक परीक्षा में प्रथम स्थान पाकर उन्होंने 'घाट फील्ड प्राइज' जीता। इंटरमीडिएट में 'गंगूबाई भट्ट योग्यता छात्रवृत्ति' पाई, फिर बी.ए. में दर्शनशास्त्र लेकर ऑनर्स किया। सन् 1924 में उनका विवाह डॉ. जीवराज मेहता से हुआ तो सोने में सुहागा मिलकर और चमक उठा। प्रेरणा पाकर विवाह के शीघ्र बाद ही वे सामाजिक-शैक्षणिक कार्यक्षेत्र में उतर पड़ीं।

सन् 1926 में बंबई म्यूनिसिपल स्कूलों की कमेटी में सदस्या के नाते कार्य शुरू किया। फिर सन् 1931-46 तक बंबई विश्वविद्यालय की सीनेट में फेलो रहीं और 1935 में गुजराती विश्वविद्यालय की 'बोर्ड ऑफ स्टडीज' में सदस्या। इस बीच भारतीय महिला विश्वविद्यालय की सीनेट में भी सदस्या रहने के बाद सन् 1946 में इसी विश्वविद्यालय की कुलपति बन गईं। भारत में यह प्रथम अवसर था, जब कोई महिला किसी विश्वविद्यालय की कुलपति बनीं। तीन वर्ष पश्चात् ही सन् 1949 में उन्हें महाराजा सियाजी राव विश्वविद्यालय, बड़ौदा में उपकुलपति का पद प्रदान किया गया। इस पद पर वह सन् 1958 तक लगभग दस वर्ष रहीं। बड़ौदा यूनिवर्सिटी में होम साइंस फैकल्टी की स्थापना

और लेडी इरविन होम साइंस कॉलेज, दिल्ली की स्थापना में योग देकर उन्होंने भारतीय युवतियों के लिए वैज्ञानिक-तकनीकी ढंग की गृह-विज्ञान शिक्षा सुलभ कराने में भी पहल की है। आज हर बड़े शहर व लगभग हर विश्वविद्यालय में गृह-विज्ञान में स्नातक व स्नातकोत्तर शिक्षण की व्यवस्था है और इस प्रशिक्षण के साथ लड़कियों की विवाह मार्केट में भारी माँग है। पर उस समय, जबकि लड़कियों की शिक्षा के लिए ही माँ-बाप कठिनाई से तैयार होते थे, घरेलू कामकाज भी कोई वैज्ञानिक या तकनीकी विषय है, यह बात लोगों के गले उतारना आसान बात न थी। प्रारंभिक कठिनाई पार करने के बाद फिर तो लेडी इरविन कॉलेज और बड़ौदा यूनिवर्सिटी की गृह-विज्ञान फैकल्टी की साख इतनी बढ़ी कि आज अनेक गृह-विज्ञान कॉलेज खुल जाने पर भी इन दोनों का स्थान शीर्ष पर है।

इस सफलता के बाद सन् 1952-53 में उन्हें भारतीय माध्यमिक शिक्षा आयोग की सदस्या चुना गया और 1956 में भारतीय अंतरविश्वविद्यालय बोर्ड की अध्यक्षा। इसके पूर्व वे भारतीय विश्वविद्यालय अनुदान कमेटी तथा केंद्रीय शिक्षा सलाहकार बोर्ड की सदस्या के रूप में भी अपनी सेवाएँ दे चुकी थीं।

शिक्षा प्रशासन क्षेत्रों में निरंतर व्यस्तता के बावजूद सामाजिक कार्यक्षेत्र में भी उनका सक्रिय योगदान अनवरत बना रहा। अनेक महिला संस्थाओं के साथ उनका नाम संबद्ध रहा। वे 'भगिनी समाज', बंबई की आठ वर्ष तक अध्यक्षा रहीं तो 'गुजराती महिला सहकारी मंडल', बंबई की बीस वर्ष तक। मजदूर व कारीगर वर्ग की स्त्रियों के लिए प्रौढ़ पाठशालाएँ चलाईं और कामकाजी स्त्रियों के हॉस्टल। अखिल भारतीय महिला सम्मेलन के साथ तो उसके प्रारंभ से रहीं। सन् 1945-46 में महिला सम्मेलन की अध्यक्षा भी रहीं। श्रीमती हंसा मेहता की अध्यक्षता में ही महिला अधिकारों का चार्टर ड्राफ्ट किया गया था तथा सन् 1946 में 'स्टेट्स ऑफ वूमेन' पर संयुक्त राष्ट्र संघ के 'सब कमीशन' में उन्होंने ही भारतीय महिलाओं का प्रतिनिधित्व किया था। भारत सरकार की ओर से संयुक्त राष्ट्र संघ के 'मानव अधिकार कमीशन' में तो सन् 1947 से 1952 तक प्रतिवर्ष भारत का प्रतिनिधित्व करती रहीं। सन् 1950 से 1952 तक इस कमीशन की उपाध्यक्षा के रूप में काम करके उन्होंने भारतीय महिलाओं का मस्तक ऊँचा किया।

भारतीय समाज कल्याण परिषद् की अध्यक्षा के रूप में सन् 1956 में म्यूनिख में आयोजित समाज कल्याण के आठवें अंतरराष्ट्रीय सम्मेलन में तथा1958 में पेरिस में आयोजित 'वर्ल्ड फैमिली कॉन्फ्रेंस' में भारतीय प्रतिनिधिमंडल की नेत्री थीं तो 1958-60 में पेरिस में आयोजित यूनेस्को कॉन्फ्रेंस में भारतीय दल की उपनेत्री। सन् 1958-60 में यूनेस्को के कार्यकारी बोर्ड में रहकर भी उन्होंने भारतीय स्त्रियों का गौरव बढ़ाया।

श्रीमती हंसा मेहता भारतीय राष्ट्रीय कांग्रेस की भी एक जानी-मानी सक्रिय सदस्या रहीं। सन् 1930 में बंबई प्रदेश कांग्रेस कमेटी की अध्यक्षा थीं, 'नेशनल कौंसिल ऑफ

वीमेन' की सेक्रेटरी और अखिल भारतीय महिला सम्मेलन की उपाध्यक्षा भी। शिक्षा क्षेत्र में काम करते हुए एक साथ इतनी संस्थाओं का दायित्व लेना किसी असाधारण प्रतिभा का ही कार्य है। इन्हीं व्यापक सेवाओं और अनुभवों के कारण आगे चलकर वे सन् 1937 से 39 तक विधानसभा की सदस्या रहीं और 1937-39 में प्रथम कांग्रेस मंत्रिमंडल के समय शिक्षा व स्वास्थ्य विभाग की संसदीय सचिव। फिर सन् 1947 में जब केंद्रीय संविधान सभा का गठन हुआ तो श्रीमती मेहता को भी उसमें आमंत्रित किया गया। सन् 1947-50 में विधान निर्माण कार्य से संबद्ध रहते हुए 1948 की कॉमनवेल्थ पार्लियामेंटरी कॉन्फ्रेंस में भी उन्होंने भारत का प्रतिनिधित्व किया था। सन् 1947 की मध्य रात्रि सत्ता की हस्तांतरण की ऐतिहासिक घड़ी पं. श्री नेहरू के हाथ में भारतीय राष्ट्रीय ध्वज पकड़ाने की रस्म भी श्रीमती हंसा मेहता के हाथों ही संपन्न हुई थी, क्योंकि श्रीमती सरोजिनी नायडू उस अवसर पर उपस्थित नहीं थीं।

शिक्षा, शिक्षा प्रशासन, संवैधानिक मामले, महिला संस्थाएँ और भारतीय राष्ट्रीय कांग्रेस—सभी उनसे लाभान्वित होते रहे हैं। श्रीमती मेहता की इन महती सेवाओं को पुरस्कृत व सम्मानित करने के लिए भारत सरकार ने सन् 1958 में उन्हें 'पद्मभूषण' की उपाधि से विभूषित किया गया तो कई देशी-विदेशी विश्वविद्यालयों ने 'ऑनरेरी डॉक्टरेट' की डिग्री प्रदान की। अपने सुविख्यात पति डॉ. जीवराज मेहता के साथ, अकेले व भारतीय प्रतिनिधिमंडलों के साथ कई बार विदेश यात्राओं के फलस्वरूप तथा अपनी प्रतिभा, योग्यता और मिलनसारिता के कारण अंतरराष्ट्रीय ख्याति का व्यक्तित्व बन गई थीं। एक लोकप्रिय और प्रभावशाली व्यक्तित्व। कदाचित् सुखद पारिवारिक जीवन व पारस्परिक प्रेरणा का भी उनकी सफलता में बड़ा हाथ रहा। पर पति को खोकर वृद्धावस्था में वह अकेली रह गई थीं। ऐसे समय सामाजिक सेवा क्षेत्र ही उनका संबल था।

श्रीमती हंसा मेहता ने महिला, बाल एवं किशोर समस्याओं पर पर्याप्त लिखा है। उनकी छोटी-बड़ी कुल 20 पुस्तकें प्रकाशित हैं—16 गुजराती में व चार अंग्रेजी में। इनमें शेक्सपीयर के नाटकों तथा वाल्मीकि रामायण के कुछ कांडों का गुजराती में अनुवाद भी शामिल है। 'भगिनी समाज' पत्रिका के प्रारंभिक काल में उसकी संपादिका भी रह चुकी थीं। उन संस्थाओं की गतिविधि-प्रगति को वे अंत तक पूरी रुचि व गंभीरता से देखती रहीं, जिनकी जड़ों को उन्होंने प्राण-पण से सींचा था। यह भी स्वाभाविक है कि उनके अंतिम दिनों के आकाश में कभी सुनहरी यादों के उगते सूर्य की किरणें झिलमिलाती हों तो कभी उस पर बदले हालातों की निराशा की बदलियों की एक छाया मँडराती हो!

□

वैज्ञानिक

अंतरिक्ष खोज अभियान में प्रथम

कल्पना चावला

'जीवन में जो भी करो, पूरे मन से करो और उसका पूरा आनंद लो, फिर परिणाम चाहे कुछ भी हो।' कहनेवाली कल्पना चावला ने यही किया था, कर दिखाया था परिणाम की परवाह किए बिना। 'गीता' भी यही कहती है—फल की चिंता किए बिना कर्म करो। फल तो मिलेगा ही, आज नहीं तो कल। अपने चालक दल के साथ लक्ष्य सिद्धि तक जाकर भी अंतत: नियति के हाथों मजबूर हो कल्पना ने जो शहादत दी, उसका फल आनेवाली पीढ़ियों को मिलेगा ही। इसलिए उसके जाने के बाद भी उनका काम उनके नाम को जिंदा रखे हुए है, जो आनेवाली हर पीढ़ी की युवतियों के लिए प्रेरणा-स्रोत बना रहेगा।

सपने हर लड़की देखती है। कल्पना की उड़ान भी हर लड़की भरती है। भले ही उसके सपने इतनी ऊँचाई तक न जाते हों और उसकी कल्पना की उड़ान भी इतनी दूरी न नापती हो। पर सपनों का कद कितना ही छोटा हो, कल्पना की उड़ान भी बहुत दूर तक न जाती हो, यदि वे सकारात्मक हैं, किसी लक्ष्य या ध्येय से जुड़े हैं तो निर्दिष्ट दिशा में ले जाएँगे ही। अपनी अंतिम कोलंबिया उड़ान पर जाने से पूर्व 'इंडिया टुडे' के प्रतिनिधि से कल्पना ने कहा था, ''परिस्थितियाँ कैसी भी हों, मेहनत करते रहने से सपने साकार होने में सहायता अवश्य मिलती है।'' और इसके पूर्व सन् 1997 में अपनी पहली अंतरिक्ष यात्रा पर जाने से पहले पूरे चालक दल के हस्ताक्षर-युक्त पंजाब इंजीनियरिंग

कॉलेज के छात्रों के लिए अपने संदेश में कल्पना ने लिखा था—'सितारों तक ऊँचे उठो।'

सितारों से ऊँची उठनेवाली कल्पना स्वयं बचपन से सितारों के सपने देखा करती थी। हरियाणा प्रांत के एक छोटे से शहर करनाल में श्री बनारसी लाल चावला और संज्योति चावला के घर सन् 1961 में जनमी कल्पना उनकी चौथी संतान थीं। टैगोर बाल विद्यालय में प्राथमिक शिक्षा पानेवाली कल्पना के एक सहपाठी, जो बाद में कैप्टन डी. शरण नाम से काठमांडू से अपहृत कर कंधार ले जाए गए विमान के चालक के रूप में ख्यात हुए, के अनुसार, ''टैगोर बाल विद्यालय करनाल के गिने-चुने विद्यालयों में से एक था। उस समय लड़कियों की शिक्षा को कोई प्रोत्साहन नहीं मिलता था। विद्यालय में मुश्किल से तीन लड़कियाँ होती थीं। कल्पना लड़कों की बराबरी करते हुए चुस्त-दुरुस्त रहती थी। सदा अपने विचारों के अनुसार चलनेवाली। चौदह वर्ष की उम्र में ही उसने कार चलाना सीख लिया था।''

स्वयं कल्पना ने अपने बचपन की यादें ताजा करते हुए उन्हें बताया था कि गरमी के दिनों खुली छत पर पड़ी चारपाइयों पर परिवार के बीच सोते हुए वह पीठ के बल लेटी, चादर ओढ़कर सोने का नाटक करती थी और बीच-बीच में मुँह बाहर निकाल निनिर्मेष आसमान को ताका करती थी। इस तरह सितारों को देखना, उनकी गतिविधियों का निर्निमेष करना और मन-ही-मन उनसे बतियाना उसका प्रिय शगल था।

उड़ान क्लब जाना भी उसका प्रिय शौक था। इस ओर उसका झुकाव देखकर पिता ने शौकिया उड़ान का प्रबंध कर दिया था। पर कल्पना तो जैसे उड़ान के पीछे पागल थी। साइकिल पर स्कूल जाते समय भी आकाश में उड़ते प्रशिक्षण यान को निहारा करती थी। ग्यारहवीं कक्षा में जाकर जब विषय चुनाव का अवसर आया तो उसने इंजीनियरिंग को ही चुना। पिता सहमत न थे, पर माँ ने प्रोत्साहित किया। कल्पना ने भी बाधाएँ पार करने के लिए पूरी शक्ति लगाई और सफल हुई। बाहर जाने की अनुमति न मिलने के कारण उसने पहले स्थानीय डी.ए.वी. कॉलेज में दाखिला ले लिया। फिर एक वर्ष बाद पंजाब इंजीनियरिंग कॉलेज में जाने के लिए पिता को राजी कर लिया कि डी.ए.वी. कॉलेज में विज्ञान विषय न था। उसकी एक सहेली डेजी भी पंजाब इंजीनियरिंग कॉलेज में गई थी तो उसे भी अनुमति मिल गई और यों इच्छित दिशा में जाने का पहला द्वार खुल गया।

पंजाब इंजीनियरिंग कॉलेज, चंडीगढ़ में भी कल्पना ने इंजीनियरिंग की तीन सामान्य शाखाओं-सिविल, इलेक्ट्रिकल, मेकैनिकल—में से एक शाखा न चुनकर, अपना पसंदीदा विषय—'एयरोनॉटिकल इंजीनियरिंग' चुना। इस विभाग में बहुत कम छात्र थे, छात्रा कोई नहीं। प्राचार्य ने बहुत समझाया कोई अन्य सुविधाजनक शाखा चुनने के

लिए, पर कल्पना टस से मस नहीं हुई। उसे तो फ्लाइट इंजीनियर ही बनना है, इस दृढ़ संकल्प ने यहाँ भी उसके लिए सफलता का दूसरा द्वार खोला। बड़े भाई संजय का प्रवेश नहीं हो सका, वह करनाल लौट आया। कल्पना को प्रवेश मिल गया और अपने विभाग में अकेली लड़की होने पर भी वह बड़े सहज भाव से आत्मविश्वास का संबल ले आगे बढ़ने लगी—पढ़ाई में ही नहीं, कॉलेज की हर गतिविधि में भी। साथी लड़कों के साथ वह सहज रूप से मिलती-जुलती थी और सभी उसकी इज्जत करते थे।

एयरोस्पेस इंजीनियरिंग पढ़ते समय उसे अपने विषय में बड़ा आनंद आता था। इसलिए उत्साह से भरी-भरी वह आगे बढ़ती रही। कहते हैं—जहाँ चाह वहाँ राह। ऐसे व्यक्तियों के लिए आगे अवसर की राहें भी खुलती ही हैं। कल्पना के लिए भी खुलीं। माध्यम बने उसके पिता के एक मित्र, जो अमेरिका में जा बसे थे। छात्रा कल्पना परिवार से मिलने घर गई थी। वहीं पिता के मित्र खुशीराम चुग द्वारा दी गई एक पार्टी में कल्पना की उनसे भेंट हुई। उसके बड़े भाई पहले अमेरिका में उनके मेहमान बन चुके थे। अमेरिका जाकर आगे पढ़ने के लिए कल्पना के साधन सीमित थे। न उसे पूरी जानकारी थी, न कोई सलाह देनेवाला। कल्पना ने अभी एयरोनॉटिक का एक वर्ष ही पूरा किया था। पर उसका विषय और पिछला रिकॉर्ड देखकर चुग उसकी मदद करने के लिए तैयार हो गए। कल्पना ने कहा, "बस, आप मेरे पिता को इसके लिए मना भर लीजिए।" कल्पना को हैरानी भी हुई, बेहद खुशी भी, जब उसके पिता ने चुग के सामने हामी भर दी। लीजिए, तीसरा द्वार भी खुल गया।

श्री चुग ने प्रस्तावक की भूमिका निभाई, आवश्यक धनराशि भी दिलवा दी, पासपोर्ट, टिकट आदि का भी प्रबंध कर दिया और स्थानीय अभिभावक बनने का जिम्मा भी ले लिया। उस दिन कारणवश उड़ान रद्द हो गई और प्रवेश-तिथि निकल गई, तब भी कल्पना को प्रवेश मिल गया। उसके संकल्प और आत्मविश्वास की जीत हुई। खुले स्वभाव की होने से शीघ्र ही कल्पना उस अजनबी वातावरण में भी घुल-मिल गई। वहाँ सबसे पहले जिस लंबे कद के अमेरिकी युवक जीन-पियरे हैरिसन से उसकी भेंट हुई, उसका अपार्टमेंट भी कल्पना के उस निवास के पास ही था, जिसमें वह अपनी एक सहपाठिन के साथ रहने गई थी। धारा-प्रवाह अंग्रेजी संभाषण भी कल्पना के काम आया और शीघ्र ही जीन पियरे के साथ उसकी मित्रता हो गई।

क्लास रूम, लाइब्रेरी के अलावा प्रयोगशाला में घंटों प्रयोग के बाद वह जीन पियरे के साथ फ्लाइंग क्लब भी जाने लगी। जीन पियरे अच्छा पायलट होने के साथ अच्छा गोताखोर भी था। कल्पना उससे निस्संकोच सीखती थी और उड़ान में बेहद रुचि के कारण जल्दी भी सीखती थी। छोटे कद की होने के कारण अपनी सीट पर गद्दियाँ रखकर बैठती थी कि यान के उपकरणों को ठीक से नियंत्रित कर सके। कुछ समय बाद दोनों के संबंध

प्रगाढ़ हुए और कल्पना व जीन पियरे हैरिसन परस्पर विवाह-सूत्र में बँध गए। एक कस्बाई रूढ़िवादी परिवार की लड़की का यह अगला साहसिक कदम था, जिसके लिए उसे कभी पछतावा नहीं हुआ। दोनों प्रसन्न थे, अंत तक एक-दूसरे के प्रति समर्पित रहे।

मेकैनिकल इंजीनियरिंग में डॉक्टरेट की डिग्री लेने के लिए कल्पना ने फ्लोरिडो के नगर वोल्डर के विश्वविद्यालय में प्रवेश लिया। चट्टानी पहाड़ों की गोद में बसा यह परिसर उसे बेहद भाया। पर एक वर्ष जैसे-तैसे पूरा कर उसने मेकैनिकल इंजीनियरिंग विषय छोड़कर अंतरिक्ष इंजीनियरिंग में जाने का निर्णय लिया। सामान्यत: इस तरह विषय बदलने की अनुमति नहीं होती, छात्रवृत्ति तक निरस्त हो जाती है; पर कल्पना ने अपने प्रोफेसर को मना लिया और उसे मन चाहे विषय में अनुसंधान की अनुमति मिल गई। एयरो डायनेमिक के प्रति उसने विशेष झुकाव प्रदर्शित किया।

कल्पना मितभाषी थी, अपने काम से काम रखती थी। अन्य गतिविधियों में भाग लेती थी, पर आम लड़कियों की तरह आमोद-प्रमोद में समय नहीं गँवाती थी। उसके लिए उसका काम ही सर्वोपरि था। किसी ने न कभी उसे खाली बैठे देखा, न उदास। अपने काम में उसे आनंद आता था और यही उसने भारतीय छात्रों के लिए अपने हर संदेश में कहा था, जब भी उसका अवसर आया। अमेरिका में रहकर और जीन पियरे के संपर्क में रहकर भी वह विशुद्ध शाकाहारी बनी रही। यहाँ तक कि अंतरिक्ष यात्रा के समय भी वह शाकाहारी ही रही, उसके लिए अलग भोजन की व्यवस्था होती थी। इसलिए वह हमेशा सबकी जिज्ञासा का केंद्र बनी रही।

डॉक्टरेट की डिग्री लेने के लिए कल्पना ने कैलीफोर्निया के एम्स रिसर्च सेंटर में नासा के साथ काम किया। शोध का विषय था—'वायु-प्रवेश का हवाई जहाज पर प्रभाव'। सन् 1993 में वह कैलीफोर्निया की सिलिकॉन ऑनर सेट मैथड्स इन्फो में शोध वैज्ञानिक के रूप में जुड़ीं और उपाध्यक्ष बन गईं। इस संस्थान का काम था एयरो डायनेमिक्स के अधिकाधिक प्रयोग की तकनीक तैयार करना और उसे लागू करना। गुरुत्वाकर्षण में कमी के कारण अंतरिक्ष में मानव शरीर के अंग स्वत: क्रियाशील होने लगते हैं, कल्पना को उन क्रियाओं का अनुसरण कर उनका अध्ययन करना था कि उनकी असमन्वयशील प्रवृत्ति को कम-से-कम किया जा सके। यहाँ भी अन्य छात्रों से कल्पना व जीन पियरे की टोली सबसे आगे थी। कल्पना कहा करती थी, "उड़ान भरना मेरे लिए कौतूहल भरी क्रिया है, जिससे मेरे सभी अंग-प्रत्यंग खिल उठते हैं।" शायद यही आकर्षण था, यही लगन थी कि वह अपने ध्येय के प्रति पूरी तरह समर्पित रही। उन दिनों जब अनेक प्रतिभाशाली भारतीय युवा सिलिकॉन वैली में अपना भाग्य आजमा रहे थे, कल्पना और जीन पियरे कहीं एक जगह स्थिर न होकर साथ-साथ घूम रहे थे।

फिर वह सुअवसर भी आया, जिसकी कल्पना को लंबे समय से प्रतीक्षा थी। सन्

1995 के दिसंबर की एक सुहानी सुबह, जब शीत का प्रकोप अधिक नहीं रहता, कल्पना के घर टेलीफोन की घंटी बजी, "हमें खुशी होगी, यदि आप यहाँ आकर एक अंतरिक्ष यात्री के रूप में अंतरिक्ष कार्यशाला में भाग लेंगी।" उधर से नासा के एक अधिकारी बोल रहे थे। कल्पना की खुशी का ठिकाना न रहा। शीघ्र ही वह अंतरिक्ष यात्रियों के 15वें दल की सदस्य के नाते प्रशिक्षण में शामिल हो गईं।

इस दौरान नकली शटल के माध्यम से यान की जानकारी पाना, गतिशील यान के भीतर के वातावरण का अभ्यास, हवा में चलने का अभ्यास, यान के सभी कल-पुरजों, नियंत्रण कक्ष के स्विच, आदि का ज्ञान, आपातकाल में यान से कूदकर पानी व जंगल में गिरने पर आत्मरक्षा के तरीके अपनाना, यान में उपलब्ध वस्तुओं से ही तंबू बनाकर रहना आदि काम उन्हें सिखाए गए। शून्य गुरुत्वाकर्षण में रहने के अभ्यास के लिए पानी की बड़ी टंकियों में उतरने जैसे कठिन अभ्यास भी कराए गए। इसमें कई महीने लगे। यांत्रिक व व्यावहारिक सभी प्रशिक्षणों-परीक्षणों से गुजरने के बाद कल्पना को अंतरिक्ष यात्री घोषित किया गया। कोई सामान्य नहीं, असाधारण लड़की ही इसमें सफल हो सकती थी। पर कल्पना की कल्पना के पंख कौन रोक सकता था! उन्हें सफल होना ही था। अब अगली परीक्षा अभियान की विशेषज्ञ के नाते ही शेष रह गई थी। जल्दी ही अवसर भी उन्हें मिल गया।

नवंबर 1996 तक सारा गहन प्रशिक्षण व अभ्यास पूरा कर लेने के बाद कल्पना को अभियान विशेषज्ञ और रोबोट संचालक का काम सौंपा गया। तब तक नासा में उनका नाम भी ख्यात हो चुका था। उनकी पहचान थी आनंदी स्वभाव की साहसी व जुझारू युवती, जिसकी विनम्रता बरकरार थी। 17 नवंबर, 1997 को कल्पना के लिए पहली अंतरिक्ष उड़ान की महत्त्वपूर्ण घड़ी भी आ गई। भारतीय समय के अनुसार, साढ़े ग्यारह बजे टी.एस.-87 के चालक दल के साथ नारंगी रंग की पोशाक पहने (पोशाक क्या, भारी-भरकम अंतरिक्ष परिधान, जिसे प्रारंभ में सँभालना भी आसान नहीं होता) कल्पना केनेडी अंतरिक्ष केंद्र के जाँच भवन से बाहर आईं। दल में कुछ नए सदस्य थे, कुछ पुराने अनुभवी। कल्पना के लिए प्रशिक्षण के बाद यात्रा का यह नया अनुभव था। अगले 17 मिनट में दल के सदस्य प्रक्षेपण स्थल पर थे। परिवारों की शुभकामनाएँ पहले ही प्राप्त की जा चुकी थीं। अब तो उड़ान ही भरनी थी। पीठ को यान की पीठ के साथ कसा गया। वास्तविक उड़ान से दो घंटे पूर्व प्रक्षेपण के लिए समय की उलटी गिनती शुरू की गई। जमीनी चालक दल ने भूमि व आकाश के बीच स्वर परीक्षण कर लिया। मध्याह्न 2.27 पर अंतिम जाँच संपन्न हुई। बेहद रोमांचक क्षण। 'सबकुछ ठीक है' की घोषणा के बाद 2.30 पर प्रक्षेपण के लिए हरी झंडी मिली और उड़ान शुरू।

प्रथम दौर में कल्पना को अपनी छाती पर कुछ भारीपन लगा। जैसे ही यान ने 17,400 मील प्रति घंटे की गति पकड़ी और यान पृथ्वी के गुरुत्वाकर्षण से बाहर हुआ, कल्पना की छाती पर पड़ रहा दबाव उसे असह्य लगा। पर 2 मिनट बाद वह धीरे-धीरे कम हो गया। अजीब अनुभव। मुख्य इंजन कटा। शून्य गुरुत्व पर हाथ ऊपर उठे और शरीर हलका हो स्वतंत्र रूप से तैरने का अनुभव करने लगा। पृथ्वी के वायुमंडल को पार कर यान परिक्रमा में प्रवेश कर गया। प्रथम अवरोध पार कर लिया गया।

अभियान विशेषज्ञ के नाते कल्पना का कार्य कमांडर व पायलट की सहायता के लिए शटल प्रणाली में आनेवाली खराबी को दूर करना तथा विभिन्न प्रयोग करना था। कार्य तो उड़ान भरने के साथ ही शुरू हो गया था। नासा से संपर्क भी बना था। कल्पना चित्र भी लेती जा रही थीं। बाहर लोग यान की परिक्रमा देख रहे थे। भीतर कल्पना अति संवेदनशील व असुविधाजनक स्थिति से गुजर रही थीं। यह सब उन्होंने बाद में बताया था कि "हम लोगों को दिशा-ज्ञान नहीं था। अपने पैर तक नहीं दिख रहे थे। उसी दिशा-शून्य स्थिति में हमें चाक-चौबंद रहकर अपना काम करना था। जरा सी भी चूक से कुछ अनिष्ट घट सकता है। सावधानी बरतते भी एक बार ऐसी स्थिति का सामना दल को करना पड़ा—स्पार्टन उपग्रह के शटल से जुड़ने का काम संपन्न न हो सका। दो चालकों का पूर्वाभ्यास काम आया। उन्होंने लंबी भुजा को यान से बाहर निकाल उस पर चलते हुए अंतरिक्ष में ही उसे ठीक किया। सफल हुए और यात्रा निर्विघ्न समाप्त हुई।"

बाद में इस खराबी का कारण कल्पना की भूल बताया गया। इस पर विवाद उठे। पर कल्पना स्वयं को निर्दोष व खराबी का अन्य कारण सिद्ध करने में सफल हुईं। तभी तो उन्हें अगली उड़ान के लिए भी चुना गया। कल्पना ने बताया था, रोमांचकारी अनुभव से गुजरने के बाद यह क्षण उसके लिए अग्नि-परीक्षा का क्षण था। पर भूल संबंधी भ्रम-निवारण के बाद सबकुछ ठीक हो गया। यान के भीतर खाना तैयार करने, खाने, विश्राम करने के सभी अनुभव बताते हुए उन्होंने कहा, "यान में जीवन काँच के घर में रहने जैसा होता है। नीचे से सब देखा जाता है और अभिलेखित किया जाता है। इसी तरह, हम लोग भी इतनी ऊँचाई से और तीव्र गति से घूमते हुए पृथ्वी के लोगों को देखने व ब्रह्मांड के चित्र लेने में बड़े रोमांच का अनुभव करते हैं।"

दूसरी यात्रा, जो अपना काम सफलतापूर्वक संपन्न करके भी वापस धरती की ओर लौटते समय पूरे चालक दल के लिए एक भयंकर दुर्घटना बन गई, सारे संसार को हतप्रभ और आहत करनेवाली सिद्ध हुई। दल के सभी सातों सदस्य मारे गए। कल्पना भी उनमें से एक थी। सबकुछ ठीक चल रहा था। दल की वापसी पर उनके स्वागत के

लिए उनके परिजनों सहित सभी लोग प्रतीक्षारत थे। सबने यान को टुकड़े-टुकड़े होकर गिरते देखा और सभी की आशाओं पर पानी फिर गया। एक सामूहिक शहादत इतिहास में दर्ज हो गई। कल्पना के पति, उसका भारतीय परिवार, मित्र व साथी-सहकर्मी, सभी शोक में डूब गए और उसके साथ ही शोकमग्न हो गया सारा संसार। नासा को उस अभियान की सफलता की पूरी सूचनाएँ भी ठीक से न मिल सकीं। उन्हें बाद में टुकड़े-टुकड़े करके प्राप्त किया गया और जोड़कर समझा गया। यहाँ तक कि दुर्घटना के कारण की जाँच भी आसान न रही, क्योंकि बयान यंत्रों का ही था, बताने के लिए कोई बचा न था। पर इससे कल्पना के काम का महत्त्व कम नहीं हो जाता। सारे संसार ने उसे मान-सम्मान के साथ याद किया और नासा ने कल्पना के नाम को नए सुपर कंप्यूटर के साथ जोड़कर अमर कर दिया।

सफलता-दर-सफलता के बाद ऐसी दर्दनाक दुर्घटना! 16 जनवरी, 2003 को कोलंबिया अंतरिक्ष यान की इस दूसरी यात्रा में शटल प्रशिक्षण में उत्कृष्टता प्राप्त चालक दल था। कल्पना इसमें भी शामिल किए जाने पर बेहद खुश थी। यात्रा में अपने साथ वह अनेक शुभकामनाएँ और कई स्मृति चिह्न भी ले गई थीं, जो उन्हें कला जगत् की प्रसिद्ध हस्तियों ने दिए थे। रवि शंकर की प्रभाती उन्हें जगाती थी, जिसे वह पश्चिम को पूर्व की भेंट कहती थीं। हर परिक्रमा में वह अपने शुभचिंतकों के लिए संदेश छोड़ती थीं। सभी कुछ ठीक-ठाक चल रहा था। काम भी, अनुसंधान भी और पूरा दल यात्रा के दौरान सकुशल था। कल्पना भी अपने काम को अंजाम देती हुई उसमें पूरा आनंद ले रही थीं। पर लौटना सकुशल नहीं हो पाया।

1 फरवरी की सुबह का समय यान के उतरने में केवल 45 मिनट शेष हैं। केप केनेवरल अंतरिक्ष केंद्र पर सभी प्रतीक्षा में हैं। लारेल बी. क्लार्क वीडियो कैमरा उठा डेक के आर-पार चालू कर देते हैं। कल्पना और विलियम सी. नारंगी रंग की अपनी पोशाक पहने अपने-अपने उपकरणों को दिखाते हुए कैमरे की ओर इंगित करते हैं और नीचे लोग हर्षातिरेक में तालियाँ बजाते हैं। उतरते समय यान ताप के चरम बिंदु पर (3,000 डिग्री सेंटीग्रेड) पर पहुँचेगा, जो काफी जोखिम भरा होता है। दुर्भाग्य से तभी अभियान के प्रमुख कर्नल रिक्त हस्बेंड के पाँव की ठोकर से नियंत्रण उपकरण का एक पैनल टूट गया। कर्नल को इसका अहसास तब हुआ, जब ह्यूस्टन की कमान ने उन्हें खतरे के प्रति सचेत किया। पर होनी तो हो चुकी थी।

जैसे-जैसे समय आगे खिसका, नीचे प्रतीक्षारत लोगों में खामोशी के साथ आशंका गहराने लगी। जमीनी रख-रखाव दल को गड़बड़ी का अंदेशा हुआ। चालू टेलीविजन पर दिखती सफेद लकीरें अनेक धब्बों में बदलने लगीं और चारों ओर फोन बजने लगे। कोलंबिया यान ध्वस्त हो चुका था और उसके टुकड़े अमेरिका के कई

शहरों के ऊपर गिरकर बिखर रहे थे। सबकुछ समाप्त, कल्पनातीत। ह्यूस्टन में स्वागत में जुटे लोगों और कल्पना के परिवारजनों को टी.वी. पर आ रहे दृश्य पर विश्वास नहीं हो रहा था।

कल्पना के गृहनगर करनाल में भी उत्सव जैसा माहौल था। टैगोर बाल विद्यालय के छात्र भी उनकी सकुशल वापसी पर उत्सव बनाने उनके घर पर एकत्र थे। पूरा शहर समारोह मनाने के लिए आतुर था कि सहसा माहौल शोक में डूब गया। किसी को विश्वास नहीं हो रहा था कि उनकी मोंटू (बचपन का नाम) अब कभी घर नहीं लौट पाएगी। जो लोग यान उतरने के स्थल पर स्वागत की तैयारी में थे, उनमें कल्पना के पति जीन पियरे हैरिसन भी थे, कल्पना की भतीजियाँ भी। इकतालीस वर्षीय कल्पना अब अपने पीछे अपनी स्मृतियाँ ही छोड़ गई थीं। पर उन्होंने न केवल हरियाणा और भारत का नाम ऊँचा किया, बल्कि अमेरिका और पूरे विश्व में भी अपना कीर्तिमान स्थापित किया। अंतरिक्ष की खोज करते-करते अंतरिक्ष में खो जानेवाली कल्पना को संसार सदियों तक याद रखेगा।

□

अंतरिक्ष विज्ञान और अंतरराष्ट्रीय कानून में प्रथम

सविता रानी

"हमारे संविधान ने हमें बराबरी का अधिकार दिया है और यह अधिकार पाकर हम भारतीय स्त्रियाँ हर क्षेत्र में आगे बढ़ी हैं। इस प्रगति का स्वागत है। पर हमें यह नहीं भूलना चाहिए कि नारी-पुरुष की समता या बराबरी की यह धारणा पश्चिम की देन है। भारतीय संस्कृति में नारी का स्थान पुरुष के बराबर नहीं, उससे ऊँचा है। हमारे यहाँ उसके भोग्या रूप की नहीं, मातृरूप की प्रधानता रही है। माँ का स्थान सदा ऊँचा होता है। इसी तरह उसका दायित्व भी। हमारी आदि कथाओं में मनु-श्रद्धा-इड़ा का जो वर्णन मिलता है, उसमें इड़ा से श्रद्धा का स्थान ऊँचा माना गया है। आज इड़ा रूप का प्राधान्य लाकर हम भौतिक दृष्टि से चाहे लाभान्वित हो रही हों, श्रद्धा रूप को खोकर आध्यात्मिक व मानसिक शांति की दृष्टि से तथा मान-सम्मान प्राप्त करने की दृष्टि से तो पिछड़ ही रही हैं।"

"वैज्ञानिक, तकनीकी और औद्योगिक विकास आवश्यक है; क्योंकि बिना इसके अध्यात्म की साधना भी मुश्किल है। भूखा आदमी कोई बात सुनने को तैयार नहीं होता, न ही उससे नैतिकता की अपेक्षा की जा सकती है। लेकिन तकनीकी विकास में भी केवल विदेशों की नकल घातक है। इस विकास को हमारी सांस्कृतिक पृष्ठभूमि पर टिकाया जाना चाहिए। अर्थ-नैतिक और समाज-नैतिक स्थितियों का समन्वित विकास ही हमारी वर्तमान समस्याओं को सुलझाकर नई पीढ़ी को सही दिशा दे सकता है।"

ये सधे हुए विचार हैं सुश्री सविता रानी के, जो 'अंतरिक्ष विज्ञान और अंतरराष्ट्रीय कानून' में भारत की प्रथम महिला विशेषज्ञ हैं। इस नाते कई वर्ष यूनेस्को की सेवा में रहकर यूरोप, पूर्वी यूरोप और पश्चिमी एशिया के अनेक देशों में घूम चुकी हैं और अब अपने आध्यात्मिक झुकाव को दिशा देने के लिए भारत लौटकर विवेकानंद स्मारक समिति में सक्रिय हैं।

जब उनसे यह पूछा गया कि एक नए विशिष्ट क्षेत्र में प्रशिक्षण लेने और भारत का प्रतिनिधित्व करने के बाद उस कार्यक्षेत्र को छोड़ देना क्या राष्ट्रीय हानि नहीं है ? तो उनका उत्तर था, ''नहीं, मैंने केवल नौकरी छोड़ी है, कार्यक्षेत्र नहीं। नौकरी जारी रखने का अर्थ था—लंबे समय तक स्वदेश से दूर रहना, क्योंकि भारत में अभी और कुछ वर्ष ऐसी नौकरियों की कोई संभावना नहीं है। पर कैरियर के रूप में इस कार्यक्षेत्र की शीघ्र संभावना न हो, इस दिशा में कार्य तो हमें करना ही है। पृष्ठभूमि तैयार होगी तो कार्यक्षेत्र भी खुलेंगे। इस दिशा में मैं सक्रिय हूँ। बाहर रहकर मुझे निरंतर खलता रहा कि मैं भारत के लिए कुछ कर नहीं पा रही हूँ। अब मेरे कार्य की तीन दिशाएँ होंगी—1. घर-गृहस्थी, जिससे मैं वर्षों तक बाहर रहकर कटी हुई थी; 2. समाज-सेवा और आध्यात्मिक साधना, जिसमें मेरी मूल रुचि है और जिसके लिए अभी विवेकानंद स्मारक समिति ने मेरी व मैंने इस कार्यक्षेत्र की खोज कर ली है, तथा 3. 'अंतरिक्ष विज्ञान और अंतरराष्ट्रीय कानून' का मेरा कैरियर क्षेत्र, जिसमें नौकरी के अवसर अभी न होने पर भी कार्य के अवसर असीम है। मैं लेखिका के नाते इस विषय को अपनाकर भारत में इस कार्यक्षेत्र की पृष्ठभूमि तैयार करने में अपना योगदान करना चाहती हूँ। 'स्पेस लॉ' के जर्नल आई.आई.एस.एल. में लिखती हूँ, रिसर्च पेपर्स भी छपे हैं। भारत के 'इंटरनेशनल लॉ' के जर्नल में भी लिखूँगी। लोकप्रिय पत्रों में भी। विवेकानंद एजुकेशन सोसाइटी में भी तकनीकी और अध्यात्म की शिक्षा को जोड़ने का हमारा विचार है।

सुश्री सविता रानी का जन्म उत्तर प्रदेश के जिला मुरादाबाद में धनौरा नामक कस्बे में सन् 1941 में हुआ। पिता श्री सागरमल गर्ग नोटीफाइड एरिया म्यूनिसिपैलिटी के चेयरमैन रह चुके हैं। कस्बे के एक प्रतिष्ठित समाज-सेवी हैं। नौ भाई-बहनों में सविताजी का पाँचवाँ नंबर है। दूसरी बहनें भी सुशिक्षिता हैं। एक बहन सेना में कैप्टन हैं। ग्रामीण क्षेत्र से संबंधित होते हुए भी पिता के प्रगतिशील विचारों और उनके प्रोत्साहन ने सविताजी के व्यक्तित्व को बनाने-निखारने में योग दिया। सन् 1961 में लखनऊ विश्वविद्यालय से स्नातक बननेवाली सविता ने विश्वविद्यालय में प्रथम स्थान प्राप्त किया। फिर 1962 में वहीं से एल-एल.बी. करने के बाद एडवोकेट जनरल श्री कन्हैयालाल मिश्र के निर्देशन में गवर्नमेंट एडवोकेट के रूप में उनकी नियुक्ति हुई। एक वर्ष बाद ही

उन्हें 'अंतरराष्ट्रीय कानून और अंतरिक्ष विज्ञान' में उच्च शिक्षा के लिए यूनेस्को की ओर से रॉकफेलर ग्रांट के अंतर्गत फेलोशिप मिल गई। 1965 से '67 तक येल और मैगल यूनिवर्सिटी में अध्ययन कर एल-एल.एम. की डिग्री प्राप्त की और फिर शीघ्र ही यूनेस्को में 'अंतरराष्ट्रीय कानून और अंतरिक्ष विज्ञान' विषय की 'टेक्निकल एक्सपर्ट और रिसर्च ऑफिसर' के रूप में उनकी नियुक्ति हो गई।

मुख्य कार्यालय पेरिस में था। लेकिन शोधकार्य के सिलसिले में उन्हें विभिन्न देशों की यात्रा करनी पड़ी। स्केंडेनेवियन देशों के मुख्यालय स्टॉकहोम में ढाई वर्ष रहीं। फिर चेकोस्लोवाकिया, ऑस्ट्रिया और इटली में। इसके बाद ईरान, अफगानिस्तान होते हुए इजराइल में। इजराइल में 'रिसर्च ऑर्गेनाइजर के रूप में उन्होंने जो आठ महीने बिताए, अपने इस अनुभव को वे बहुत समृद्ध मानती हैं। इजराइली लोगों की सामुदायिक भावना, राष्ट्रीय भावना और कर्मनिष्ठा से विशेष प्रभावित हैं। "वे लोग बहुत दूरदर्शी हैं। पढ़ने-लिखने, सोचने और फिर विचारों को कार्यान्वित करने में, बिजनेस में, राष्ट्र के लिए समर्पण में—सभी बातों में वे चतुर, सतर्क और सक्रिय हैं। रेतीली भूमि में उत्पादन बढ़ाकर उत्पादन की किस्म को भी बढ़ाना, कच्चे माल में आत्मनिर्भर न होकर भी प्रति व्यक्ति आय को उन्नत करना और चारों ओर से शत्रुओं से घिरकर भी राष्ट्र व राष्ट्रीयता की रक्षा करना उनका ही काम है। इसका कारण है—उन्होंने अपनी लोक-संस्कृति और राष्ट्रीयता को घुला-मिलाकर एक कर लिया है। पूरी छुट्टी वहाँ कभी नहीं होती। हर शुक्रवार की शाम से काम बंद होता है और शनिवार को दोपहर बाद फिर शुरू हो जाता है। हर लड़की के लिए 17 साल की उम्र से सैनिक प्रशिक्षण अनिवार्य है। इससे उसके नारीत्व की भूमिका में कोई अंतर नहीं आता। पति-पत्नी दोनों काम करते हैं, पर परिवार में इसे लेकर कोई खींचातानी नहीं; क्योंकि उनका घर का, बाहर का सारा काम राष्ट्रीय भावना और कर्तव्य के साथ जुड़ा है।" इजराइल की इन बातों की तरह अन्य देशों की कई अच्छी बातों का भी उन्होंने संकलन किया है। अपने इस संकलित अनुभव से भारत के विकास में यथाशक्ति योग देना सविताजी का एक अति प्रिय सपना है, जो इस संबंध में बातचीत करते समय उनकी आँखों में बहुत ही तरल रूप में तैरता दिखाई देता है।

स्वदेश लौटकर भारत भर के मंदिरों की यात्रा पर निकली सविताजी की भेंट कन्याकुमारी में जब विवेकानंद स्मारक समिति के महामंत्री श्री एकनाथजी से हुई तो उन्हें लगा, संभवत: उनके सपने की साकारता का उचित माध्यम उन्हें मिल गया है। इस तरह अपने कार्य की दिशा उन्होंने चुन ली। इस राह से वे अपने त्रि-सूत्री कार्यक्रम को कैसे या कितनी सफलता से आगे बढ़ा पाएँगी, यह तो समय ही बताएगा। पर आधुनिक

ज्ञान–विज्ञान और अध्यात्म के समन्वय का क्षेत्र इससे अच्छा दूसरा नहीं हो सकता, ऐसा उनका विश्वास है।

पढ़ना–लिखना सविताजी की प्रथम हॉबी है। सामान्य साहित्य, महापुरुषों की जीवनियाँ, अंतरिक्ष विज्ञान की नई खोजें और अंतरराष्ट्रीय कानूनों से उनका संबंध, भारतीय संस्कृति, दर्शन और अध्यात्म के ग्रंथ—सभी कुछ उनकी अध्ययन–रुचि में शामिल हैं। वे अंग्रेजी के अलावा स्वीडिश, डेनिश, हिब्रू, फ्रेंच, जर्मन, रशियन, हंगेरियन आदि कई विदेशी भाषाओं की जानकारी रखती हैं। पर मातृभाषा हिंदी से उनका लगाव बहुत गहरा है। नवीन ज्ञान–विज्ञान से हिंदी को समुन्नत करना भी उनका उतना ही प्रिय सपना है जितना कि तकनीक और अध्यात्म को जोड़ उनके समन्वित विकास का।

□

प्रथम नाभिकीय भौतिकीविद्

डॉ. विद्या कोठेकर

"मुझे लगता है, युवा वर्ग ने मेरे देश में हुई प्रगति को सबसे पहले अनुभव कर आत्मसात् किया है। भारतीय नारी जीवन में भी इससे बहुत परिवर्तन हुए हैं। आज उसकी स्थिति उसकी बड़ी बहनों व माँ से बहुत भिन्न है। इन परिवर्तनों ने पारिवारिक संबंधों को भी प्रभावित किया है। राजनीति, चिकित्सा, विज्ञान, प्रशासन आदि क्षेत्रों में प्रवेश कर नारी ने पुरुष के साथ मिलकर जीवन में विभिन्न निर्णय लेने तथा जिम्मेदारी उठाने की क्षमता हासिल की है। इसके बावजूद हमारे यहाँ अभी यह स्थिति है कि कैरियर के चुनाव के लिए उसे अपने पिता, बड़े भाई या पति की राय पर निर्भर रहना पड़ता है। इस मामले में मैं सौभाग्यशाली रही कि मेरे उदार विचारों के माता-पिता ने उस कैरियर के चुनाव में मेरा साथ दिया, जिस तरह के विज्ञान विषयों में उस समय बहुत कम महिलाएँ थीं। दिल्ली विश्वविद्यालय मेरे प्रवेश से पूर्व नाभिकीय भौतिकी में कोई महिला नहीं गई थी। फिर भी, संवैधानिक अधिकारों और नवीन परिवर्तनों की स्वीकृति के रूप में मुझे प्रवेश दिया गया और मैंने इस क्षेत्र में सफलता पाई। परंपराओं और संस्कारगत आदतों की जड़ें हममें काफी गहरी हैं; पर हमें ही आगे बढ़ अपनी इन अयोग्यताओं और समाज की पूर्वधारणाओं को बदलना है।"

उपयुक्त अंश है उस इंटरव्यू का, जो डॉ. विद्या कोठेकर ने 'वीमेन ऑफ द होल वर्ल्ड' पत्रिका की प्रतिनिधि को उस समय दिया, जब वह रूस में नाभिकीय भौतिकी में उच्च अध्ययन कर रही थीं। इसी पत्रिका में पहली बार प्रकाशित हुआ कि विद्या कोठेकर विज्ञान की इस शाखा में अध्ययन करनेवाली भारत की 'पहली' महिला हैं।

तब एक बार फिर यह अहसास हुआ कि हमारी प्रतिभाओं को हमसे पहले विदेशी पहचानते हैं और उन्हें प्रकाश में भी प्राय: वे ही पहले लाते हैं।

विद्या कोठेकर की प्रारंभिक शिक्षा नागपुर में हुई। पहली से लेकर हाई स्कूल तक की सभी कक्षाओं में वह प्रथम आती रहीं। सन् 1950 में मैट्रिक में प्रथम श्रेणी लाने के साथ पाँच विषयों में विशेष योग्यता प्राप्त कर उन्होंने कॉलेज ऑफ साइंस, नागपुर में प्रवेश लिया। यहीं जब वह गणित और भौतिक-शास्त्र लेकर स्नातक बन रही थीं, बीसवीं सदी के भौतिक-शास्त्रियों की अभूतपूर्व उपलब्धियों ने उन्हें प्रभावित किया और उन्होंने भौतिकिविद् बनने की ठान ली। फिर जब सन् 1961 में प्रथम श्रेणी के साथ विश्वविद्यालय में प्रथम स्थान प्राप्त कर स्नातक बनीं तो संयोग से उसी वर्ष नाभिकीय भौतिकी में दिए गए नोबेल पुरस्कार ने उनका ध्यान विशेष रूप से आकृष्ट किया। शायद यही वह मुख्य प्रेरणा थी, जिसने उन्हें इस क्षेत्र की ओर मोड़ दिया। पर इस प्रेरणा की आधारभूत प्रेरणा के रूप में दो अन्य घटनाएँ भी उनके बाल जीवन से जुड़ी हैं।

विद्या की शिक्षा सन् 1947 में प्रारंभ हुई। भारत की स्वतंत्रता के वर्ष में शिक्षा प्रारंभ करनेवाले बालकों और उनके विचारवान् अभिभावकों ने शायद यह सोच लिया था कि स्वतंत्र देश को तकनीकी और वैज्ञानिक व्यक्तियों की जरूरत है। दूसरे, 1945 में हिरोशिमा में गिरे बम के विध्वंस के बारे में जब उसने पढ़ा कि उस समय एक अनजान बच्ची कागज के खिलौने बनाते-बनाते उस विध्वंस की चपेट में आ गई थी और यह भी कि अणु शक्ति विनाशक ही नहीं, हितकारी भी साबित हो सकती है या शक्ति का मानवोपयोगी अथवा उसके लिए विध्वंसक उपयोग इस बात पर निर्भर करता है कि वह किन हाथों में है, तो उसके कोमल मन पर इन दो विपरीत बातों का गहरा प्रभाव पड़ा। वह नन्ही सी बच्ची सोचती रह गई कि ये दोनों बातें एक साथ कैसे संभव हो सकती हैं ? तब तो वह विज्ञान के इस रहस्य को समझने में असमर्थ रह गई, पर यह घटना उसके अचेतन मन पर कुछ ऐसी अमिट छाप छोड़ गई कि जब-जब अणु शक्ति नाम सुनने में आता, वह उसके बारे में अधिक-से-अधिक जानने को उत्सुक हो उठती। इसी आधारभूत प्रेरणावश सन् 1961 में नाभिकीय भौतिक शास्त्र में मिले नोबेल पुरस्कार ने उसे प्रभावित किया कि यह घटना उसके जीवन की दिशा निश्चित कर गई।

दिल्ली विश्वविद्यालय में नाभिकीय भौतिक-शास्त्र में प्रवेश लेनेवाली वह पहली और अकेली महिला थीं। इसके पूर्व स्नातक स्तर पर पढ़ते समय भी वह आणविक शक्ति, नाभिकीय विस्फोट व अणु शक्ति के शांतिपूर्ण उपयोग संबंधी प्रकाशित होनेवाली नवीनतम खोजों में विशेष रुचि लेकर उनका अध्ययन करती रहती थीं। साथ ही प्रसिद्ध भौतिक-शास्त्रियों की जीवनियों का भी रुचि से अध्ययन करती थीं और सोचते, जिन्हें पैसा अधिक कमाना हो वे मेडिकल में जाएँ, जिन्हें पद की चाह हो वे प्रशासन-क्षेत्र में

जाएँ; पर जिन्हें ज्ञान-प्राप्ति की ही लालसा हो और उसी के माध्यम से देश-सेवा करना चाहते हों, वे वैज्ञानिक बनें। अपनी विशेष रुचि और योग्यता के कारण वे चिकित्सा-क्षेत्र में भी प्रवेश पा सकती थीं तथा प्रशासन क्षेत्र में भी। पर उन्हें तो ऐसी वैज्ञानिक बनने की धुन थी, जिनकी देश को आवश्यकता है। अत: खूब सोच-समझकर निर्णय लिया गया। फिर उन्होंने नाभिकीय भौतिक-शास्त्र लेकर एम.एम.सी. में प्रवेश लिया। रुचि व परिश्रम के बल पर वे प्रथम श्रेणी प्राप्त करने में सफल रहीं।

सन् 1963 में उन्होंने राष्ट्रीय प्रयोगशाला में पी-एच.डी. के लिए प्रवेश लिया। उच्च अध्ययन के लिए विदेश जाने की चाह मन में बसी ही थी कि सन् 1965 में भारत-रूस सांस्कृतिक विनियोग योजना के अंतर्गत उन्हें यह अवसर मिल गया। विद्या कोठेकर को तीन वर्ष के लिए सोवियत सरकार की छात्रवृत्ति मिल गई। वहाँ उन्होंने विश्वविद्यालय प्रोफेसर बी.एस. शिपनैल के निर्देशन में 'इंस्टीट्यूट ऑफ न्यूक्लियर फिजिक्स', मॉस्को में अपना अध्ययन आगे बढ़ाया। नाभिकीय किरणों द्वारा कार्बनिक व अकार्बनिक रसायनों के गुणों का अध्ययन उनका मुख्य विषय था। नाभिकीय किरणों के लावा एक्स किरणों के अध्ययन तथा अन्य सैद्धांतिक अध्ययनों में भी रुचि लेती रहीं। सन् 1968 में पी-एच.डी. की उपाधि लेकर विद्याजी भारत लौट आईं और नई दिल्ली स्थित राष्ट्रीय भौतिक प्रयोगशाला में कार्य प्रारंभ कर दिया। मॉस्को में रहते उनके अध्ययन पर आधारित कई शोध-लेख प्रकाशित हुए थे। उनके शोध कार्य की रिपोर्ट उनके शोध निर्देशक द्वारा लंदन में हुए फैराडे सिंपोजियम में विश्व वैज्ञानिकों के सम्मुख प्रस्तुत की गई थी।

सन् 1969 से वे ऑल इंडिया इंस्टीट्यूट ऑफ मेडिकल साइंसेज, नई दिल्ली के 'बायो-फिजिक्स' विभाग में कार्यरत हैं। पहले असिस्टेंट प्रोफेसर रहीं, अब एसोसिएट प्रोफेसर हैं। अब तक उनके 100 से अधिक शोध-प्रपत्र देश-विदेश के मेडिकल जर्नल्स में छप चुके हैं। अपने कार्यों के बारे में उनका कहना है, ''मैंने 'गामा रेजायंस एब्जरप्शन', जिसे 'मौजबायर प्रभाव' भी कहा जाता है, पर कार्य प्रारंभ किया था। फिर मैंने 'बायो मॉल्यूकल्स' (अणुओं) में रुचि लेना प्रारंभ कर दिया, क्योंकि उनका जीवन से अधिक साम्य है। इस प्रकार नाभिकीय भौतिक शास्त्रवाले मेरे पूर्व क्षेत्र से मेरा झुकाव आणविक जैविक, भौतिक की ओर बढ़ता गया। इस इंस्टीट्यूट में मेरा कार्य इसी से संबंधित है। इन अध्ययनों की वैज्ञानिक बारीकियों में न जाकर इनका महत्त्व मैं इस तरह बता सकती हूँ—''हमारा शरीर एक प्रयोगशाला की तरह है, जिसमें अनेक भौतिक व रासायनिक परिवर्तन हर क्षण होते रहते हैं। इन पर नियंत्रण पाने के लिए इनकी सामान्य गतिविधियों का सूक्ष्म अध्ययन आवश्यक है। यद्यपि जैविक रसायन विज्ञान व सामान्य सूक्ष्म यांत्रिक अध्ययनों में इस विषय की कई गुत्थियों को सुलझाया गया है और उनका प्रयोग भी चिकित्सा में सफलता से किया गया है, पर आणविक स्तर पर इन विधाओं की कुछ

सीमाएँ हैं। यहीं पर जैविक भौतिकी का कार्य शुरू होता है। दो औषधियाँ रासायनिक रूप से समान होते हुए भी जीवन पर पृथक् प्रभाव डाल सकती हैं, क्योंकि इन औषधियों के भौतिक गठन की भिन्नताओं का भी अपना अलग प्रभाव होता है।''

एक नए व विशिष्ट क्षेत्र अग्रणी महिला वैज्ञानिक के रूप में कार्य करते हुए भी श्रीमती विद्या कोठेकर वेशभूषा में, बातचीत व व्यवहार में एकदम सरल व सादगी-पसंद हैं। एक वैज्ञानिक के साथ माँ व पत्नी की संयुक्त जिम्मेदारी को भी वे एक सामान्य भारतीय नारी की तरह ही महसूस करती हैं। उनके व्यक्तित्व पर टिप्पणी करते हुए 'वीमेन ऑफ द होल वर्ल्ड' पत्रिका में प्रकाशित ये पंक्तियाँ भी इस बात की पुष्टि करती हैं—''नाभिकीय भौतिकीविद्—20वीं सदी के ईश्वर नाम से जाने जाते हैं, पर विद्या कोठेकर परंपरागत भारतीय नारी की तरह ही भारत की एक प्रतिनिधि नारी हैं। उनकी आदतें, चिंताएँ और सपने एक नारी के ही हैं।'' उनके पति भी एक वैज्ञानिक हैं। वे भी छात्रवृत्ति पाकर रूस में उच्चाध्ययन के लिए गए थे और विद्याजी से पहले भारत लौट आए थे। इसी स्मृति में विद्याजी की पुत्री, जो मास्को में पैदा हुई थी, उसका नाम रूसी—नताशा—रखा गया है। नताशा उन्हें बहुत ही प्रिय है। उसे भी वह वैज्ञानिक बनाना चाहती हैं, पर यह उसकी अपनी रुचि पर ही निर्भर करेगा।

अपने कैरियर के अतिरिक्त विद्याजी की रुचियाँ स्त्रियोचित ही हैं—सिलाई, पाकशास्त्र, चित्रकला आदि। एक अग्रणी वैज्ञानिक का अभिमान उन्हें छू भी नहीं पाया है। उनके अनुसार, ''आज इन क्षेत्रों में आनेवाली लड़कियाँ इक्का-दुक्का नहीं, उनकी संख्या पुरुषों से अधिक है। पर एक वैज्ञानिक की जिम्मेदारी अपनी जगह, माँ और पत्नी की जिम्मेदारी अपनी जगह। दोनों का अपना अलग स्थान है। एक नारी वैज्ञानिक हो या प्रशासक या नेता, माँ और पत्नी की अपनी प्राथमिक जिम्मेदारी से हट नहीं सकती। इससे बचने का अर्थ है—नारीत्व की सहज माँग और उसके दायित्व को झुठलाना, जो न स्वयं नारी के हित में है, न परिवार, समाज और राष्ट्र के। इस दोहरी-तिहरी जिम्मेदारी को निभाने की क्षमता लेकर ही ऐसे क्षेत्रों में आना चाहिए, अन्यथा नहीं।'' वैज्ञानिक बनने का सपना देखनेवाली युवतियों के लिए भावी जीवन का एक प्रेरणा-सूत्र।

□

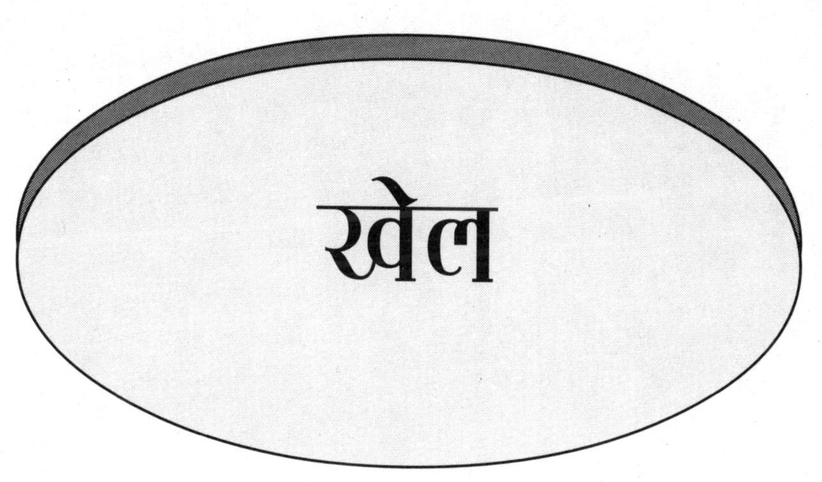
खेल

एवरेस्ट पर चढ़नेवाली प्रथम

बचेंद्री पाल

विश्व के सबसे ऊँचे शिखर एवरेस्ट पर चढ़ाई करनेवाले भारतीयों का जब भी वर्णन होगा तो उसमें बचेंद्री पाल का नाम स्वर्ण अक्षरों में लिखा हुआ होगा। वह एवरेस्ट पर तिरंगा फहरानेवाली पहली भारतीय महिला हैं। उन्होंने सिर्फ एक बार नहीं बल्कि दो बार माउंट एवरेस्ट पर सफलतापूर्वक आरोहण किया है। एक साधारण परिवार में जन्म लेकर एवरेस्ट जैसी ऊँचाइयों को छूनेवाली बचेंद्री पाल की उपलब्धियाँ आगामी पीढ़ियों के लिए अनुकरणीय उदाहरण हैं।

बचेंद्री का जन्म 1954 में गढ़वाल जिले के छोटे से गाँव नकुरी में हुआ था। उनके पिता किशनपाल सिंह एक साधारण व्यापारी थे। अपने पाँच बच्चों के पालन-पोषण के लिए वह गेहूँ, चावल, आटा व किराने का अन्य सामान खच्चरों व बकरों पर लादकर तिब्बत ले जाते और वहाँ से तिब्बती सामान गढ़वाल में लाकर बेचते। उन दिनों भारत के चीन से अच्छे संबंध थे। इसलिए तिब्बत आने-जाने में कोई कठिनाई नहीं होती थी। लेकिन चीन से संबंध खराब होने और अंतत: युद्ध होने के बाद बचेंद्री के पिता का व्यवसाय भी ठप्प हो गया। अंतत: वह अपने परिवार के साथ उत्तरकाशी में बस गए।

बचेंद्री बचपन से ही अत्यंत चुस्त व सक्रिय थीं। पढ़ाई-लिखाई के अलावा खेलकूद में भी वह सबसे आगे रहतीं। लेकिन अकसर उन्हें शैतानियों के लिए सजा भी मिलती। पर्वतारोहण का शौक भी उन्हें बचपन से ही था। मात्र 12 साल की उम्र में ही उन्होंने 13,123 फीट ऊँची चोटी खेल-खेल में ही नाप डाली। हालाँकि उस दिन वह अपने सहपाठियों के साथ पिकनिक मनाने गई थीं। लेकिन जब वह और उनके सहपाठी

चोटी के ऊपर पहुँचे तो अचानक मौसम खराब हो गया और दल को वह रात वहीं चोटी पर गुजारनी पड़ी—वह भी बिना भोजन-पानी के। उस रात के अनुभव की याद उनके मन में हमेशा के लिए अपनी छाप छोड़ गई। साथ ही उनके मन में पर्वतों के लिए प्रेम व श्रद्धा और भी गहरी हो गई। सभी कठिनाइयों के बाद भी उन्होंने अपनी विद्यालयी शिक्षा पूरी की। उनके घरवाले उन्हें आगे पढ़ाने के पक्ष में नहीं थे। पर महाविद्यालय के प्रधानाचार्य के समझाने-बुझाने पर वे बचेंद्री को कॉलेज भेजने के लिए तैयार हो गए। कॉलेज शिक्षा के दौरान ही उन्होंने राइफल शूटिंग प्रतियोगिता भी जीती। उसके बाद उन्होंने स्नातकोत्तर शिक्षा और बी.एड. भी पूरा किया।

बचेंद्री पर्वतारोही बनना चाहती थीं, परंतु घरवाले मानते थे कि लड़कियों के लिए सर्वोत्तम व्यवसाय शिक्षिका बनना ही है। लेकिन अपने निश्चय पर अडिग बछेंद्री ने उत्तरकाशी में नेहरू इंस्टीट्यूट ऑफ माउंटेनियरिंग में प्रवेश ले लिया। वहाँ उन्हें सर्वश्रेष्ठ छात्र घोषित किया गया और एवरेस्ट पर आरोहण के लिए सर्वथा योग्य माना गया। 1982 में संस्थान में प्रशिक्षण के दौरान ही उन्होंने 21,900 फीट ऊँचे गंगोतरी और 19,091 फीट ऊँचे रुदूगरिया शिखरों पर सफलतापूर्वक आरोहण किया। इन सफलताओं के बल पर उन्हें नैशनल एडवेंचर फाउंडेशन द्वारा महिलाओं को प्रशिक्षण देने हेतु खोले गए विद्यालय में प्रशिक्षिका की नौकरी मिल गई।

सन् 1984 में भारत ने 'एवरेस्ट 84' नाम से एवरेस्ट के लिए चौथे अभियान दल का गठन किया। ग्यारह पुरुषों व छह महिलाओं वाले इस दल में बचेंद्री का नाम भी शामिल था। जिस दिन यह दल पर्वतारोहण अभियान के लिए नेपाल रवाना हुआ, उस दिन अखबारों में इस खबर को प्रमुखता से छापा गया। मार्च 1984 में यह दल काठमांडू पहुँचा। वहाँ से यह दल माउंट एवरेस्ट के लिए रवाना हुआ। एवरेस्ट की पहली झलक पाने पर अपने मन में उठनेवाली भावनाओं को बचेंद्री ने कुछ इस प्रकार व्यक्त किया है—'हम पहाड़ी लोग हमेशा से पर्वतों की पूजा करते रहे हैं। उस वक्त मेरे मन में उमड़ती भक्ति भावना के आगे अन्य सभी भावनाएँ फीकी पड़ गईं।'

मई के महीने में दल ने शिखर पर चढ़ाई शुरू की। 15-16 मई की रात को लगभग 24 हजार फीट की ऊँचाई पर बचेंद्री व उनके साथी पर्वतारोही अपने शिविर में सो रहे थे। रात को लगभग साढ़े बारह बजे उन्हें अचानक जोर का धमाका सुनाई दिया। शिविर से कोई चीज बड़े जोर से टकराई थी। देखते-ही-देखते उनका शिविर बर्फ से घिर गया। शिविर के ऊपर स्थित ल्होत्से हिमनद का एक खंड टूटकर उनके ऊपर गिर गया था। पर्वतारोहियों ने चाकुओं की सहायता से बर्फ को काट-काटकर बाहर आने का रास्ता बनाया। दल के अनेक सदस्य घायल हो गए थे। अचानक आई मुसीबत ने उनके पाँव उखाड़ दिए थे और वे नीचे बेस कैंप में लौट आए।

लेकिन बचेंद्री ने चढ़ाई जारी रखने का निश्चय किया, हालाँकि उनके सिर में चोट आई थी। 22 मई, 1984 को कुछ नए पर्वतारोही दल में शामिल हुए। बचेंद्री इस दल में एकमात्र महिला पर्वतारोही थीं। अब इस दल को बर्फ की लगभग सीधी खड़ी दीवार पर चढ़ाई करनी थी। सौ किलोमीटर प्रति घंटे की गति से बर्फीली हवाएँ चल रही थीं। तापमान शून्य से भी 30-40 डिग्री नीचे था, मगर दल के सदस्यों ने दृढ़तापूर्वक आरोहण जारी रखा। 23 मई, 1984 को दोपहर एक बजकर सात मिनट पर बचेंद्री ने एवरेस्ट शिखर पर पहुँचकर एक नया इतिहास रच डाला। वहाँ वह अपने साथी पर्वतारोही के साथ पहुँची थीं। शिखर पर दो लोगों के लिए जगह कम थी और चारों ओर हजारों फीट गहरी ढलान। बर्फ में अपनी कुल्हाड़ी गाड़कर दोनों ने स्वयं को स्थिर किया।

तत्पश्चात् बचेंद्री ने घुटनों के बल बैठकर ईश्वर को धन्यवाद दिया। अपने सामान में से दुर्गा माता की तसवीर तथा हनुमान चालीसा की प्रति निकालकर बर्फ में रख दी। उस क्षण वह एवरेस्ट का शिखर चूमनेवाली प्रथम भारतीय व विश्व की पाँचवीं महिला बन चुकी थीं। उनकी इस उपलब्धि पर भारत के राष्ट्रपति और प्रधानमंत्री तथा अन्य विशिष्ट महानुभावों ने उन्हें व्यक्तिगत तौर पर बधाई दी।

अगले ही साल 1985 में बचेंद्री के नेतृत्व में भारत व नेपाल के महिला पर्वतारोहियों के दल ने एवरेस्ट पर विजय प्राप्त की। उसके बाद से बचेंद्री ने साहस व रोमांच से भरी अनेक गतिविधियों का नेतृत्व किया है। साथ-ही-साथ वह नई पीढ़ी के युवक-युवतियों को प्रशिक्षण भी दे रही हैं। उनका मानना है कि पर्वतारोहण हमें साथ मिलकर कार्य करने व आपात् स्थितियों से निपटना सिखाता है।

□

दो बार एवरेस्ट–विजय करनेवाली प्रथम पर्वतारोही

संतोष यादव

शताब्दी की चर्चित महिला संतोष यादव का नाम पर्वतारोहण के क्षेत्र में इसलिए अग्रणी है कि उन्होंने विश्व की सबसे ऊँची चोटी एवरेस्ट को अपने पैरों से दो बार नापकर नया इतिहास रचा। यही नहीं, दूसरी बार उन्होंने चीन की तरफ से कांगशुंग के कठिन मार्ग को चुना, जो बहुत चुनौती भरा कदम माना जाता है।

28 मई, 1999 की सुबह, नेपाली समय के अनुसार 7.10 पर, उनके अभियान दल के कुल 10 सदस्यों में से 3 ने एवरेस्ट चोटी पर पहुँचकर भारतीय ध्वज तिरंगा फहराया। इन तीनों में संतोष यादव न केवल अकेली महिला थीं, पुरुष–महिला मिलाकर कुल 10 सदस्यीय अभियान दल का नेतृत्व भी वे ही कर रही थीं।

लगभग 8,848 मीटर की ऊँचाई पर, जहाँ तापमान सामान्य से 40–50 डिग्री सेल्सियस से कम था, संतोष यादव ने अपनी चिंता छोड़कर प्रसन्नता व उत्साह से भरे दिल से राष्ट्रीय ध्वज फहराने के बाद सबसे पहले उपहार में प्राप्त अपने इरीडियम सैटेलाइट फोन से भारत के तत्कालीन प्रधानमंत्री श्री अटल बिहारी वाजपेयी को विजय समाचार दिया। उत्तर में वाजपेयीजी ने संतोष यादव व उनके दल को बधाई देते हुए कहा, ''देश आपकी इस उपलब्धि पर गर्व करेगा।''

अभियान में सहयोग करनेवाले अपने साथियों, सहयोगियों और देशवासियों को भी संतोष यादव ने संदेश भेजे कि दुःस्वप्न की तरह बहुत खराब मौसम के दो दिन झेलने के बाद अब सब ठीक है और हम उपलब्धि हासिल कर चुके हैं। गर्व के इस क्षण को मैं आप सबके साथ बाँटना चाहती हूँ और सबके प्रति आभार व्यक्त करती हूँ।

और फिर पर्यावरण-प्रेमी संतोष यादव ने कई पूर्व दलों द्वारा चोटी पर छोड़े गए लगभग 500 कि.ग्रा. कचरे को समेटा और अपने दल की सहायता से उसे नीचे तक ढोकर लाईं। यह कोई आसान काम न था, पर इस पर कई बार अपनी चिंता व्यक्त कर चुकीं सुश्री यादव को यह गवारा नहीं हुआ कि उसे वहाँ छोड़ आतीं। कम-से-कम उनके अभियान के समय एक बार तो चोटी पर सफाई हो ही गई, जिसका अतिरिक्त श्रेय न लेकर वह समाचार-पत्रों के माध्यम से संबंधित संस्थाओं और पर्वतारोहियों का ध्यान इस ओर आकृष्ट करती रहीं।

संतोष यादव का जन्म दक्षिण-पश्चिम दिल्ली के एक गाँव जेनियावास में हुआ था। पाँच भाइयों सहित उसके परिवार को शीघ्र ही आभास हो गया था कि यह लड़की सामान्य से कुछ हटकर है। माँ-बाप के दिए नाम 'संतोष' को नकारते हुए बालिका संतोष अपनी स्थिति से संतुष्ट न थी। सामान्य ग्रामीण लड़कियों की तरह ही माता-पिता उसे गाँव के स्कूल में जरूरत भर की शिक्षा दिलाकर उसकी शादी कर देना चाहते थे। पर संतोष सामान्य लड़की न थी। भाइयों की देखा-देखी वह भी लड़कों के खेल खेलने में रुचि लेती थी। फ्रॉक पहनने के बजाय नेकर-शर्ट पहनना पसंद करती थी। उसके धनी व्यापारी पिता उसे किसी अच्छे पब्लिक स्कूल में पढ़ाने की सामर्थ्य रखते थे, पर उसे पढ़ने के लिए घर से दूर शहर भेजने के लिए तैयार न थे। गाँव में ही शिक्षा दिलावाकर आम लड़कियों की तरह पंद्रह-सोलह की उम्र में उसकी शादी कर देना चाहते थे। पर संतोष ने विद्रोह का हथियार उठा लिया। उसने घोषणा कर दी कि अपनी पसंद की पूरी शिक्षा लिये बिना वह विवाह हरगिज नहीं करेगी और इसके साथ ही उसने घर छोड़ दिया। समीप के शहर दिल्ली में एक अच्छे पब्लिक स्कूल में दाखिला ले लिया और घर से कोई मदद लिए बिना अपने पढ़ाई खर्च के लिये अंशकालिक रोजगार खोजने लगी। उसके इस कदम पर पिता झुके और उसे उसकी पसंद की शिक्षा दिलाने के लिए राजी हो गए।

पर संतोष यादव के अपनी प्रगति के लिए किए गए प्रयत्न को यहीं विराम नहीं लगा। वह पर्वतारोहण का सपना देखते हुए पास की पहाड़ियों पर चढ़ने और इस तरह के स्केच बनाने में रुचि लेने लगीं। जयपुर यात्रा के बाद उनके चित्रों में जयपुर के निकट की अरावली पहाड़ियों की और उनके आस-पास रहनेवाले लोगों की छवियाँ उतरने लगीं। इसी यात्रा में एक संयोग बना। उनकी भेंट एक पर्वतारोही छात्र दल से हुई तो उन्होंने दल के नेता से पूछा, "क्या लड़कियाँ भी पर्वतारोहण कर सकती हैं?" और उत्तर "हाँ, क्यों नहीं" मिलने पर वह उत्साह से भर उठीं। इसी प्रेरणा से अभिभूत हो उन्होंने पर्वतारोहण के एक स्थानीय स्कूल में दाखिला ले लिया। कुछ दिनों बाद उनके साथ उनकी कुछ सहेलियाँ भी आ मिलीं और संतोष का पर्वतारोहण का सपना एक

शौक, एक हॉबी से आगे बढ़कर एक कैरियर तक की यात्रा करने लगा।

माता-पिता के लिए संतोष का यह स्वतंत्र निर्णय एक सदमे से कम न था। जब तक पिता को पता चला, तब तक वह अपने इस शौक के लिए अपनी सारी बचत-राशि खर्च कर 'उत्तरकाशी नेहरू इंस्टीट्यूट ऑफ माउंटेनरिंग' में प्रवेश ले चुकी थीं। गुस्से से भरे पिता ने बेटी की पढ़ाई छुड़वाकर उसे घर वापस ले आने का मन बना लिया। पर तभी वे सीढ़ी से गिरकर अपने पैर की हड्डी तुड़वा बैठे और संतोष को अपनी मनचाही दिशा में आगे बढ़ने का मौका मिल गया। अगले वर्ष उन्होंने पर्वतारोहण में अगला कोर्स भी कर लिया और कक्षा में सर्वोच्च स्थान प्राप्त कर सबका मन जीत लिया। जहाँ चाह, वहाँ राह! आगे बढ़ते कदमों को कब, कौन रोक पाया है? साहस की विजय होनी थी, सो हुई। संतोष यादव का संकल्प रंग लाया। वह पर्वतारोही बन गईं।

प्रतिवर्ष पर्वतारोहण के अभ्यास से अब संतोषजी ने पर्याप्त तकनीकी योग्यता व शारीरिक क्षमता हासिल कर ली थी। छोटे अभियानों के बाद उनका एवरेस्ट-विजय का सपना सामने था, जिसे साकार करने में वह जुट गईं और जल्द ही उसमें सफल भी हो गईं। एवरेस्ट-विजय करनेवाली सर्वाधिक कम उम्र की महिला होने के नाते उन्होंने सारे देश का ध्यान अपनी ओर खींचा और लोकप्रियता हासिल की। इससे अगले ही वर्ष उन्होंने दूसरे अभियान की तैयारी कर ली। इस बार दल की नेत्री के रूप में 19 मार्च, 1999 को प्रधानमंत्री के हाथों राष्ट्रीय ध्वज लेकर वे अपने 10 सदस्यीय दल के साथ अभियान के लिए निकल पड़ीं। मार्ग की अनेक बाधाओं (विशेष रूप से चुनौती भरा कठिन मार्ग चुनने के कारण) को पार करतीं, खतरों का सामना करतीं अंततः चोटी से निचले बेस तक पूरे दल के साथ और चोटी पर तीन सदस्यों के साथ। 28 मई, 1999 को उन्होंने प्रधानमंत्री को अपनी विजय का समाचार भेज दिया। यह उनकी भारी सफलता थी।

इसके बाद देश-विदेश के लगभग सभी समाचार-पत्रों ने उन्हें 'पहली महिला' के नाते इस रूप में याद किया—

- एवरेस्ट-विजय करनेवाली सबसे कम उम्र की पहली पर्वतारोही महिला।
- एवरेस्ट को दो बार विजय करनेवाली पहली महिला।
- दूसरी बार खतरों भरे रास्ते को चुनने की चुनौती स्वीकार करनेवाली पहली महिला, जिसने अपने साहस से सफलता भी प्राप्त की और उसी साहस, धीरज व मानवीय पर दुःख-कातरता से दल के अपने साथियों का मनोबल भी बनाए रखा।
- अभियान दल की नेत्री के रूप में प्रथम महिला।
- पुलिस अधिकारी बननेवाली प्रथम महिला पर्वतारोही।

पर्वतारोहण में रिकॉर्ड बनाने के बाद संतोष यादव सिविल सर्विस की परीक्षा में सफल होकर दिल्ली में पुलिस अधिकारी बन गई थीं। अपने इन सभी रूपों में उन्होंने अपार ख्याति व लोकप्रियता अर्जित की, जिसके बाद उन्हें खेल जगत् के प्रतिष्ठित 'अर्जुन पुरस्कार' और राष्ट्रीय अलंकरण 'पद्मश्री' से सम्मानित किया गया। एक पुरस्कार समारोह में, जिसमें मैं भी शामिल थी, उनसे भेंट हुई थी। इसके बाद मैंने उनका साक्षात्कार लेते हुए उनसे खुलकर बातचीत की थी। ढेर सीं औपचारिक-अनौपचारिक बातें। मुझे वे बहुत सरल व मिलनसार लगीं। इतनी बड़ी सफलताओं का गर्व उन्हें कहीं से छू भी नहीं रहा था। इसके बाद अपनी संस्था 'सूर्या संस्थान' में मैंने उन्हें महिलाओं को आत्मरक्षा का प्रशिक्षण देने के लिए आमंत्रित किया। वे बिना किसी ना-नुकुर के आईं और हमारी सदस्याओं को अपने रोचक संस्मरण भी सुनाए उन्हें निडरता, साहस और आत्मरक्षा का प्रशिक्षण भी दिया।

सफल पर्वतारोही और सफल पुलिस अधिकारी बनने के बाद 25 वर्ष की उम्र में उन्होंने विवाह किया और एक समर्पित पत्नी व सफल माँ बन गईं। पुलिस सेवा में आने के बाद भी उन्हें छुट्टियों के दौरान पर्वतारोहण की छूट मिली हुई थी। विवाह के बाद उन्होंने स्वेच्छा से इस छूट का मोह त्याग दिया और पुलिस अधिकारी, माँ व पत्नी की तिहरी (समाज-सेविका के रूप में चौथी भी) भूमिका निभाने लगीं। उनके अनुसार, 'यह चुनौती क्या किसी एवरेस्ट-विजय से कम है ?'

□

इंग्लिश चैनल तैरकर पार करनेवाली प्रथम

आरती साहा

29 सितंबर, 1959 का दिन। कैंप ग्रिसनेज के सामने का फ्रांसीसी तट। लहरों का निमंत्रण पा एक तरुणी ने छपाक से उसमें प्रवेश किया और थोड़ी दूर पर चलती एक डोंगी के साथ अपनी लंबी तैराकी यात्रा पर निकल पड़ी।

एक घंटे तक मौसम साफ रहा, सागर शांत बना रहा और तैराक युवती मस्ती में झूमती हुई आगे बढ़ती रही। फिर हवा ने एकाएक तेजी पकड़ ली। लहरें मनचाहे ढंग से उसे झुलाने लगीं। विपरीत हवा के थपेड़ों में घिरकर उसके लिए श्वास लेना कठिन होने लगा। उसने डोंगी में बैठे लोगों को सायास बताया कि और तैर पाना कठिन होगा, उसे बहुत कष्ट हो रहा है। तभी एक चमत्कार हो गया। डोंगी में बैठे उसके मैनेजर ने एक मंत्र हवा में उछाल दिया—'करो या मरो।' बस, फिर क्या था। टूटता साहस लौट आया। अंग-संचालन की गति में परिवर्तन कर वह फिर बढ़ चली।

चारों ओर अथाह जल-ही-जल। कड़ाके की ठंड से उसकी हड्डी-हड्डी टूटने लगी। डोंगी में बैठे लोगों को कंबल ओढ़े देख उसे घर के अपने आरामदेह बिस्तर की याद हो आई। उन्हें सैंडविच खाते देख उसे भूख अनुभव होने लगी। सुबह साढ़े पाँच बजे वह जल में कूदी थी। अब शाम के सात बज रहे थे। अंधकार बढ़ चला था। थकान और सर्दी के मारे बेहाल, अधीर और मरणोन्मुख कि फिर वही मंत्र—'करो या मरो', 'घबराओ मत, जीत निश्चित है।' और भूख भाग गई। ठंड के मारे जो खून जमा जा रहा था, उसमें गरमी आ गई। लहरों का उपद्रव घातक न रहकर केवल शरारती बन गया,

जिसकी शरारत से निबटना जरूरी था—निहायत जरूरी। अंग-संचालन की गति बदली और तैरने की गति बढ़ चली।

गति बढ़ी तो किनारा भी आ गया। सामने खड़ी भीड़ हर्ष-ध्वनि कर रही थी। तट पर पहुँचकर नियमानुसार 9 गज चलना आवश्यक था। 16 घंटे, 20 मिनट की कठिन यात्रा से तरुणी के हाथ-पैरों में बुरी तरह खरोंचें लगी थीं, जिनमें से खून टपक रहा था। समुद्र के खारे पानी से सूजकर जीभ दोगुनी मोटी हो गई थी। अंग-अंग टूट रहा था, पर लक्ष्य-प्राप्ति की उमंग में सबकुछ खो गया। कुछ देर पहले स्वयं को खड़े होने में असमर्थ समझनेवाली आकर खड़ी ही नहीं हो गई, 9 गज आसानी से चली भी आई। हर्ष-ध्वनि में उसे लगा जैसे अभी वह उसी रास्ते तैरकर वापस भी जा सकती है। उसका चिर-अभिलषित स्वप्न पूरा हुआ था, फिर थकावट कैसी!

साहस और संकल्प की जीत। भारतीय नारी की महान् विजय। भारत की, बंगाल की एक पुत्री ने इंग्लिश चैनल तैरकर पार कर लिया था। दूसरे दिन सभी समाचार-पत्रों में एक नाम चमक उठा—आरती साहा।

आरती साहा तब केवल चार वर्ष की थी कि चाचा उँगली पकड़कर उसे हुगली नदी में तैरना सिखाने के लिए ले गए। माँ उसे दो वर्ष का छोड़कर चल बसी थीं। पिता ने लड़कों की तरह लाड़-प्यार से पाला-पोसा। चाचा व भाई ने बड़ी लगन से तैराकी के करतब सिखाए और पिता ने उसे बड़ी होकर इंग्लिश चैनल पार करने की प्रेरणा दी। वर्षों तक वह हुगली नदी में गोते लगा-लगाकर उसकी चंचल लहरों से खेलती रही। फिर होश सँभालते ही इंग्लिश चैनल की रट लगाने लगी।

इस महत्त्वाकांक्षा के कारण इंग्लैंड जाने से पूर्व उसका दैनिक जीवन बहुत व्यस्त रहा। रोज सवेरे कॉलेज जाती, वहीं से सीधे स्विमिंग पूल। प्रतिदिन दो घंटे तैरने का अभ्यास करती, फिर शीघ्रता से भोजन आदि निबटाकर दक्षिण-पूर्व रेलवे के कार्यालय में अपने काम पर हाजिर होती। शाम को घर लौटकर फिर पाठ्य पुस्तकों में सिर खपाती। इस तरह पढ़ाई, काम और तैराकी का अभ्यास सब साथ-साथ चलता रहा। लक्ष्य स्थिर कर लिया गया था, फिर आराम कैसा? छुट्टी के दिनों में भी काम करके किसी तरह ध्येय-पूर्ति के लिए आर्थिक साधन जुटाने में लगी रहती।

आरती की लगन देखकर रेलवे के जनरल मैनेजर, दूसरे पदाधिकारियों तथा कार्यालय के साथियों ने भी उसकी पूरी सहायता की। प्रतिदिन के नियमित अभ्यास के बाद उसके लिए आठ घंटे निरंतर तैरने की व्यवस्था हो गई। सफल होने पर कलकत्ता विश्वविद्यालय ने भारत सरकार से इंग्लिश चैनल तैराकी प्रतियोगिता के लिए उस नाम की सिफारिश कर सके।

फिर एक दिन वह अपने स्वप्न को साकार करने उमंग भरे मन से अपने मैनेजर

के साथ विमान द्वारा लंदन और फिर वहाँ से डोवर पहुँच गईं। वहाँ कई दिन तक घंटों लगातार पानी में तैरकर इंग्लिश चैनल को चुनौती देने की तैयारी शुरू कर दी गई। आरती साहा के अनुसार, ''वहाँ जो प्रशिक्षण दिया जाता है, उसके अंतर्गत ज्वार-भाटे के समय पानी के खिंचाव में तैरने की प्रारंभिक जानकारी भी दी जाती है। ब्रिटेन व फ्रांस के बीच इंग्लिश चैनल का सबसे संकीर्ण भाग 21 मील लंबा है, पर ज्वार-भाटे में पानी के खिंचाव के कारण 42 मील से कम तैरे बिना काम नहीं चलता। यदि मौसम साफ रहे तो पानी के उतार के समय तैरना कुछ सरल हो जाता है। लेकिन पानी के खिंचाव या लहरों की गति का कुछ पूर्वाभास नहीं रहता। बाधाएँ न हों तो लंबे फासले का तैराक 20 से 30 मील आसानी से तैर सकता है।

अपनी तैराकी की विजय-यात्रा के दौरान कुमारी साहा दो बार केवल इसलिए नहीं घबरा उठी थीं कि कष्ट या कठिनाइयाँ थीं। इसके पूर्व किनारे के पास आकर वह एक बार असफल हो चुकी थीं, इसलिए जब भी वैसा संकट आ घिरता, उनकी हिम्मत टूटने लगती थी। पर 'करो या मरो' के मंत्र ने पिछली असफलता का रंज धो दिया।

असफलता की यह घटना 27 अगस्त, 1959 को घटी थी। चैनल तैराकी प्रतियोगिता में शामिल होने के लिए आरती फ्रांसीसी तट पर केप ग्रिसनेज पहुँचीं। तट पर तैराकी प्रतियोगिता का प्रारंभ देखने के लिए पत्रकार और दर्शक जमा थे। एक तरफ भीड़ का शोर था, दूसरी तरफ सागर की उत्ताल तरंगें। जो डोंगियाँ साथ चलने वाली थीं, उनमें से कइयों का पता न चल रहा था। अशांत लहरों ने नावों को किनारे नहीं लगने दिया था। प्रतियोगी सोच रहे थे कि इस मौसम में प्रतियोगिता स्थगित कर दी जाएगी। तभी उन्हें प्रतियोगिता शुरू होने का संकेत मिल गया।

जिन प्रतियोगियों की डोंगियाँ आ गई थीं, वे पानी में कूद गए। आरती की डोंगी आने में देर हो गई। प्रतियोगिता में पिछड़ जाने के भय से उसने बिना डोंगी की सहायता के पानी में उतरना चाहा कि डोंगी बाद में उसे खोज लेगी, पर रोक दी गई। एक-एक युग-सा बीतने लगा। डोंगी आने पर जब वह कूदीं तो 40 मिनट पिछड़ चुकी थीं। अतः कूदते ही तेजी से हाथ चलाने शुरू किए कि ध्यान आया, ऐसे तो वह शीघ्र थक जाएँगी, अतः सामान्य गति से बढ़ने लगीं। इसी बीच डोंगी अदृश्य हो गई तो उन्हें एक चिंता ने आ घेरा। तेज लहरों के कारण वह नाव उलट गई थी। नाविक दल व मैनेजर ने अँधेरे में ही लहरों का सामना कर नाव को वापस पलटा, उसमें से पानी उलीचा और फिर आरती की खोज में आगे बढ़े। थोड़ी देर बाद जब डोंगी आगे-आगे दिशा दिखाती हुई पुनः चलने लगी तो आरती की जान में जान आई।

चारों ओर अथाह जल और घना अंधकार। तैरते-तैरते बचपन की स्मृतियाँ और पिता के शब्द 'इंग्लिश चैनल पार करना या उसी की गोद में विलीन हो जाना' आने

लगे। प्रभात होने पर उसने जाना कि ग्रेट एंडरसन के वह पास-पास ही तैर रही थीं। थकान बढ़ चली थी और कष्ट भी। जिह्वा को सूजन ने भी परेशान किया। सुबह 10 बजे के लगभग जब डोवर कैसल दिखाई दिया तो यह सोचकर सांत्वना मिली कि बस, अब 5 मील का फासला तय करना ही शेष है। लेकिन समुद्र में भाटे का समय था। पानी के उतार के कारण प्रवाह बिलकुल उनके विपरीत हो चला। ऐसी स्थिति में 2 मील पार करने में 5 घंटे लग गए और आरती बुरी तरह थक गईं। थोड़ी देर बाद हवा में तेजी आई और लहरों की ऊँचाई बढ़ने लगी। नाव में बैठे व्यक्तियों ने अवरुद्ध कंठ से उन्हें अपना प्रयास छोड़ देने के लिए कहा तो आरती को रोना आ गया, ''मेरे देशवासी क्या कहेंगे? सफलता के इतने निकट आकर प्रयास छोड़ दूँ? यह कैसे हो सकता है?''

उसी समय मैनेजर ने बताया कि लहरों के प्रवाह के कारण वह आगे तैरने की बजाय पीछे खिंची चली जा रही हैं, तो हार मान लेने के सिवाय दूसरा चारा न रहा। आत्मग्लानि के मारे गोता लगाकर जल-समाधि लेने की इच्छा जाग्रत् हो उठी कि तभी नाव के मुखिया ने उन्हें पानी के ऊपर खींच लिया। कैसा दुर्भाग्य था! मंजिल केवल 3 मील दूर रह गई थी। इतने समीप आकर हार! वह फूट-फूटकर रोने लगी थीं। पर भग्न हृदय लेकर जब मार्गेट लौटीं तो यह जानकर उनके आश्चर्य की सीमा न रही कि महिला प्रतियोगियों में उसे तृतीय पुरस्कार प्रदान किया गया था। खोया हुआ साहस पुनः लौट आया और 29 सितंबर वाले विजय अभियान की तैयारियाँ शुरू कर दी गईं। इस पिछली असफलता की याद ने यदि दो बार उनका हौसला पस्त किया था तो 'करो या मरो' की प्रेरणा भी इसी से मिली, जिसका अंत विजय में हुआ।

आरती साहा, जो अब पत्नी, माँ और गृहिणी हैं, की इस विजय के समाचार ने खेल-कूद, तैराकी, पर्वतारोहण आदि की ओर पग बढ़ाती भारतीय तरुणियों के हृदय में कितनी प्रेरणा का संचार किया, इसका संकेत इन क्षेत्रों में निरंतर बढ़ती हुई संख्या से मिलता है। ऐसी चुनौती देती क्रीड़ाएँ, जो जोखिम से भरी हैं और जिनके लिए असाधारण साहस व धैर्य की अपेक्षा है, यदि आज कोमलांगी और घरेलू कही जानेवाली भारतीय स्त्रियों को अस्वीकार नहीं तो आरती साहा जैसी अग्रणी महिलाओं को इसका श्रेय देना ही होगा। उनके इस अद्भुत साहस को भारत सरकार ने 'पद्मश्री' की उपाधि देकर सम्मानित किया था।

□

स्कीइंग द्वारा दक्षिण ध्रुव की प्रथम विजेता

रीना कौशल धर्मशक्तू

29 दिसंबर, 2009 को स्कीइंग के जरिए दक्षिण ध्रुव पहुँचकर रीना ने इतिहास रच दिया और दक्षिण ध्रुव को स्पर्श करनेवाली पहली भारतीय महिला बन गई।

कामयाबी वैसे ही हासिल नहीं होती, इसके लिए अदमनीय हौसला, उत्साह और हाँ, प्रोत्साहन भी जरूरी होता है। स्वयं रीना के शब्दों में, ''इस ऐतिहासिक मुकाम तक पहुँचने में हमारी टीम को बहुत मुश्किलों का सामना करना पड़ा। हमने ऐसी बर्फबारी को पार किया, जिसमें सामने कुछ भी नजर नहीं आता था। वहाँ जेट की गति से हवाएँ चलती हैं, जिनकी रफ्तार 130 किलोमीटर प्रति घंटा से भी ज्यादा होती है। चारों तरफ बरफ-ही-बरफ नजर आती है। आगे गहरा गड्ढ़ा है या खाई, आप अंदाजा नहीं लगा सकते। तापमान माइनस 40 डिग्री सेल्सियस तक रहता है।''

पंजाब में जनमी रीना की पढ़ाई दार्जिलिंग में हुई। वहीं के हिमालयन माउंटेनियरिंग इंस्टीट्यूट से उन्होंने पर्वतारोहण में कोर्स किया और कई पर्वतीय साहसिक अभियानों में भाग लिया। उनकी शुरू से ही यह अभिलाषा थी कि वे कुछ अलग करें। सौभाग्य से कॉमनवेल्थ की स्थापना के 60 साल पूरे होने के मद्देनजर ऐतिहासिक दक्षिण ध्रुव के अभियान की शुरुआत हुई और रीना का

उसके लिए चयन हो गया। लेकिन इसके लिए सरकारी मदद न मिलने पर उनके लिए 10 लाख रुपए का इंतजाम करना कठिन हो गया। अंततः बैंक से कर्ज और दोस्तों से उधार लेकर पैसों की व्यवस्था हुई।

भारत, ब्रिटेन, ब्रुनेई, साइप्रस, घाना, जमैका, न्यूजीलैंड और सिंगापुर की आठ महिलाओं का चयन किया गया था। रीना इनमें एक थीं। रोजाना 8 से 10 घंटे स्की कर इस टीम ने 40 दिनों में 900 किलोमीटर का सफर तय किया। टीम के हर सदस्य के पास भोजन आदि सामग्री सहित करीब 80 किलो वजन था।

इससे पहले रीना लद्दाख के नन और स्टोक कांगरी जैसी हिमालय की सात चोटियाँ फतह कर चुकी हैं। उनके पति लखराज सिंह स्वयं एवरेस्ट विजेता थे। रीना पेशे से आउटडोर इंस्ट्रक्टर हैं और दिल्ली में रहती हैं।

□

ओलंपिक पदक जीतनेवाली प्रथम

कर्णम मल्लेश्वरी

स्वतंत्र भारत के इतिहास में खेलों के महत्त्व को लोकप्रियता के उच्च शिखर तक स्थापित करने के कितने ही प्रयास किए गए हों; स्थानीय, राष्ट्रीय, अंतरराष्ट्रीय क्रिकेट मैचों के दौरान जिस प्रकार अपने घर-बाहर के सब जरूरी कामकाज छोड़कर दर्शक स्टेडियमों में भीड़ जुटाते हैं और घरों में टी.वी. सेटों के सामने जमे रहते हैं, उसे देखते हुए खेलों में अपेक्षित रुचि व जानकारी न रखनेवाले लोग भले ही उसे 'राष्ट्रीय बुखार' की संज्ञा देते हों, इस सबके बीच यह भी एक कटु सत्य है कि कई मायनों में भारत अभी भी विभिन्न खेलों में अंतरराष्ट्रीय स्तर की महारत हासिल नहीं कर पाया है। विशेष रूप से महिलाएँ—पी.टी. उषा, कर्णम मल्लेश्वरी, सानिया मिर्जा जैसे इक्का-दुक्का नाम छोड़कर अभी इस क्षेत्र में बहुत पीछे हैं।

इस दृष्टि से यदि भारोत्तोलक कर्णम मल्लेश्वरी 'ओलंपिक पदक जीतनेवाली भारत की प्रथम महिला' के रूप में सामने आती हैं तो इसे 'देश का गौरव' ही कहा जाएगा। दिसंबर 2000 में भारत के लिए पहला ओलंपिक पदक जीतनेवाली मल्लेश्वरी को 'टाइम' पत्रिका ने 'वर्ष की प्रथम एशियाई महिला' कहकर उनका मान बढ़ाया था।

कर्णम मल्लेश्वरी का जन्म 1 जून, 1975 को श्रीकाकुलम, आंध्र प्रदेश में हुआ। एक रूढ़िवादी पृष्ठभूमि, जहाँ लड़कियों के लिए खेलों में भाग लेने को कोई अहमियत नहीं दी जाती, से आई किशोरी मल्लेश्वरी ने 13 वर्ष की आयु में भारोत्तोलन में अपने राज्य का प्रतिनिधित्व किया था। उन्होंने सिद्ध कर दिया कि जीवन में कुछ करने तथा

आगे बढ़ने का हौसला हो तो मार्ग में आनेवाली बाधाओं को रास्ता छोड़ना ही पड़ता है।

कदम-दर-कदम आगे बढ़ते हुए कर्णम मल्लेश्वरी ने सन् 1992 में थाईलैंड में आयोजित एशियन चैंपियनशिप में भारत का प्रतिनिधित्व कर 'रजत पदक' प्राप्त किया।

सन् 1994 में तुर्की में विश्व चैंपियनशिप में वह दूसरे स्थान पर रहीं; लेकिन कुछ दिन बाद प्रथम स्थान पर घोषित कर दी गईं कि इस प्रतियोगिता में पहले स्थान पर रही चीन की बांग शेक को नशीली दवाओं के सेवन का दोषी पाए जाने पर उन्हें प्रतियोगिता से बाहर कर दिया गया था।

अगले वर्ष कर्णम मल्लेश्वरी ने अपने वर्ग में 54 कि.ग्रा. भारोत्तोलन का नया रिकॉर्ड बनाया और 'क्लीन एंड जर्क' में 113 कि.ग्रा. भार उठाकर विश्व कीर्तिमान स्थापित किया। इसके बाद उन्होंने कोरिया में आयोजित एशियन चैंपियशिप में तीन स्वर्ण पदक जीते।

इसके अगले वर्ष उन्हें भारत में 'राजीव गांधी खेल रत्न पुरस्कार' दिया गया और 1997 में वे राष्ट्रीय अलंकरण 'पद्मश्री' से भी अलंकृत हुईं।

1997 में ही ओसाका में आयोजित एशियन भारोत्तोलन चैंपियनशिप में 63 कि.ग्रा. भार उठाकर मल्लेश्वरी ने 'ओलंपिक बेथ' हासिल की और भारोत्तोलन रिकॉर्ड को अपने पूर्व रिकॉर्ड से बढ़ाकर 69 कि.ग्रा. तक ले गईं। 'क्लीन एंड जर्क' में भी उन्होंने अपने पूर्व रिकॉर्ड 103 कि.ग्रा. को तोड़ दिया और उसे 105, 107.5 से क्रमशः बढ़ाते हुए 125, 130 कि.ग्रा. तक ले गईं। यद्यपि अपने लक्ष्य 137.5 तक वे नहीं पहुँच पाईं, पर उस अंतरराष्ट्रीय प्रदर्शन में उनके समग्र भारोत्तोलन के 240 रिकॉर्ड को पर्याप्त मानकर उन्हें तीसरा स्थान देते हुए 19 सितंबर, 2000 को 'ओलंपिक जीतनेवाली प्रथम भारतीय महिला' घोषित कर दिया गया। स्वतंत्र भारत के महिला खेल इतिहास में मल्लेश्वरी की यह उपलब्धि पहला मील पत्थर गाड़ गई। जब तक कोई अन्य महिला खिलाड़ी इस रिकॉर्ड को नहीं लाँघ पाती, कर्णम मल्लेश्वरी ही महिला खेल जगत् की राष्ट्रीय नायिका बनी रहेंगी।

पर वर्ष 1994 और 1995 में विश्व चैंपियन रहीं मल्लेश्वरी उस समय गहरी पीड़ा से भर उठीं, जब कुछ खेल समीक्षकों ने उन्हें जरूरत से ज्यादा शरीर भारवाली और बीयर की शौकीन कहकर उन्हें निरुत्साहित करने का प्रयास किया। निस्संदेह 1997 में विवाह के बाद उनका शरीर पहले से कुछ ज्यादा भर गया था, पर विवाह के बाद थोड़े ही अंतराल पर 1998 में बैंकॉक एशियन खेलों में भारोत्तोलन का 'रजत पदक' जीतकर तथा अपने ही पूर्व रिकॉर्ड तोड़ते, नए बनाते हुए उन्होंने यह सिद्ध कर दिया कि भरा शरीर उनके भारोत्तोलन कर्म में कतई बाधक नहीं है। इसी तरह अधिक

बीयर पीने के झूठे आरोप को भी सिरे से खारिज करते हुए उन्होंने आलोचकों का मुँह बंद कर दिया।

खेल समीक्षकों के उन आरोपों में कितनी सच्चाई थी, इस पर बहस की गुंजाइश हो सकती है; पर प्रसिद्धि के शिखर छूनेवाले व्यक्तियों के साथ तरह-तरह की चर्चाएँ जुड़ना कोई विरल या अनहोनी बात नहीं है। इससे कर्णम मल्लेश्वरी को यह लाभ हुआ कि आलोचकों को गलत सिद्ध करने के लिए उन्होंने अपना ध्यान अपनी उपलब्धियों के रिकॉर्ड बनाने पर अधिक केंद्रित किया और सफलता अर्जित की। इस सफलता ने ही उन्हें इस क्षेत्र में 'पहल' करनेवाली भारत की अग्रणी महिलाओं की पंक्ति में ला खड़ा किया है।

□

ग्रैंड स्लैम जीतनेवाली प्रथम

सानिया मिर्जा

वर्ष 2006 में घोषित पद्मश्री सम्मानों में एक नाम ने बरबस ही पाठकों का ध्यान आकर्षित कर लिया। यह नाम था भारत में टेनिस की उभरती तारिका 'सानिया मिर्जा' का। उस वक्त उनकी आयु 19 वर्ष से भी कम थी। इतनी कम उम्र में इतना बड़ा सम्मान प्राप्त करना सचमुच बहुत बड़ी उपलब्धि है। अनेक लोग इसका सपना भी नहीं देख सकते, किंतु सानिया ने कम उम्र में ही यह करिश्मा कर दिखाया।

सानिया मिर्जा का जन्म 15 नवंबर, 1986 को मुंबई शहर में हुआ। उनके पिता इमरान मिर्जा पेशे से पत्रकार हैं और खेल पत्रकारिता उनका मनपसंद क्षेत्र है। उनकी माता नसीमा धार्मिक मुसलिम महिला हैं और पूरा परिवार धार्मिक प्रवृत्ति का है। सानिया ने छह वर्ष की छोटी सी उम्र से ही टेनिस खेलना शुरू कर दिया। हैदराबाद में, जहाँ उनका परिवार रहता है, सानिया ने स्थानीय स्तर पर अपनी खेल प्रतिभा का लोहा मनवाया और सन् 2003 में उन्होंने विंबलडन के कनिष्ठ वर्ग में पदार्पण किया।

विंबलडन में उतरने से पूर्व ही वह 2003 के साल में भारत की फेड कप टीम में अपनी जगह बना चुकी थीं और सभी तीन एकल मैच अच्छे अंतर से जीत लिये थे। यही नहीं, विंबलडन में भी उन्होंने गर्ल्स डबल्स खिताब रूस की आलिसा क्लेयबानोवा के साथ मिलकर जीत लिया।

फिर क्या था! अखबारों व समाचार चैनलों की सुर्खियों में सानिया का नाम छाने लगा। उन पर संपादकीय व अग्रलेख लिखे जाने लगे। टेलीविजन चैनलों पर भी उनकी उपलब्धि के बारे में परिचर्चाएँ आयोजित की जाने लगीं। कहने का अर्थ यह कि सानिया

मिर्जा रातोरात भारतीय टेनिस जगत् की स्टार बन गईं।

आज सानिया मिर्जा भारत की सर्वोच्च वरीयता प्राप्त महिला टेनिस खिलाड़ी हैं। सिंगल्स में उन्हें 27वीं और डबल्स में 18वीं वरीयता प्राप्त है। वह भारत की पहली महिला टेनिस खिलाड़ी हैं, जिन्होंने ग्रैंड स्लैम टेनिस प्रतियोगिताओं में अपना स्थान बनाया है। सन् 2004 में उन्होंने एशियाई टेनिस प्रतियोगिता में दूसरा स्थान प्राप्त किया। सन् 2005 में उन्होंने यू.एस. ओपन में मैशोना वाशिंगटन, मारिया ऐलना कैमेरिन और मैरियो बार्टली को पराजित कर चौथे राउंड में अपनी जगह बनाई। उसी वर्ष उन्होंने ऑस्ट्रेलियाई ओपन के तीसरे दौर में अपनी उपस्थिति दर्ज कराई। पर अंततः विश्व चैंपियन सेरेना विलियम्स के हाथों पराजय का सामना करना पड़ा।

फरवरी 2005 में सानिया ने हैदराबाद ओपन के फाइनल मुकाबलों में यूक्रेन की अलीपोना बोंदारेंको को परास्त किया। इस प्रकार उनहोंने डब्ल्यू.टी.ए. एकल खिताब जीतनेवाली पहली भारतीय महिला होने का गौरव प्राप्त किया। अगले वर्ष 2006 में तो सानिया ने अपनी सफलता के झंडे गाड़ दिए। इस साल सितंबर तक उन्होंने स्वेत्लाना कुज्नेत्सोवा, नादिया, पेत्रोवा और मार्टिन हिंगिज जैसी चोटी की खिलाड़ियों को धूल चटाई। 2006 दोहा एशियाई खेलों में उन्होंने महिला एकल वर्ग में रजत पदक अपनी झोली में डाला। मिक्स्ड डबल्स में उन्होंने लिएंडर पेस के साथ मिलकर स्वर्ण पदक जीता। यही नहीं, वह उस महिला टीम में शामिल थीं, जिसने टीम इवेंट में रजत पदक जीता था।

सानिया मिर्जा ने वर्ष 2007 में अपने जीवन का सर्वश्रेष्ठ प्रर्दशन किया। इस साल यू.एस. ओपन में आठवें स्थान पर रहीं। बैंक ऑफ द वेस्ट क्लासिक के फाइनल में अपना स्थान बनाया और इसके डबल्स फाइनल को शहार पीयर के साथ मिलकर जीता। वहीं टीयर-1 एक्यूरा के क्वार्टर फाइनल में अपना स्थान बनाया। यू.एस. ओपन में सानिया तीसरे राउंड तक पहुँची। लेकिन रूस की अनान चकवेतादूजे के हाथों उन्हें पराजय का सामना करना पड़ा। डबल्स में उनका प्रदर्शन कई गुना बेहतर रहा और महेश भूपति के साथ मिलकर क्वार्टर फाइनल में अपना स्थान बनाया।

सानिया ने वर्ष 2008 के बीजिंग ओलंपिक खेलों में भी भारत का प्रतिनिधित्व किया। एकल मुकाबलों में उन्हें शारीरिक परेशानियों के चलते बाहर होना पड़ा। उस वक्त उनका चेक गणराज्य की इवेता बेनेसोवा के साथ काँटे का मैच चल रहा था। डबल्स में वह सुनीता राव के साथ कोर्ट में उतरीं। 16वें दौर में उन्हें रूस की स्वेत्लाना कुज्नेत्सोवा और दिनारा सफीना के हाथों पराज़य का सामना करना पड़ा।

सन् 2008 का साल भी सानिया मिर्जा के लिए मिली-जुली सफलता वाला रहा। इस साल विंबलडन प्रतियोगिता में उन्होंने स्पेन की मारिया जोस मार्तिनेज सांचेज को

कड़ी टक्कर दी। लेकिन भाग्य ने उनका साथ नहीं दिया। बीजिंग ओलंपिक में भी उन्हें कलाई की मोच के कारण मुकाबलों से हटना पड़ा।

वर्ष 2009 सानिया के लिए जीत की कई सौगातें लेकर आया। ऑस्ट्रेलियाई ओपन में महेश भूपति के साथ मिलकर उन्होंने मिक्स्ड डबल्स फाइनल में फ्रांस की नताली डेजी और इजराइल की एंडी रैम को हराकर अपने जीवन का पहला ग्रैंड स्लैम जीता। पट्टाया वूमेंस ओपन बैंकॉक में एक-एक कर सारे मुकाबले जीते और फाइनल में उन्हें बेरा ज्वोनारेवा के हाथों पराजय का मुँह देखना पड़ा।

कहते हैं कि सिर्फ लक्ष्य ही महत्त्वपूर्ण नहीं होता, उसे प्राप्त करने के प्रयासों का भी उतना ही महत्त्व होता है। अंतरराष्ट्रीय टेनिस जगत् में अपने छह वर्षों के अल्पकाल में ही उन्होंने एक विशिष्ट स्थान बना लिया है। खेल विशेषज्ञों और अंतरराष्ट्रीय खिलाड़ियों ने भी उनकी खेल प्रतिभा का लोहा माना है।

सानिया ने अभी तक इस उत्तरदायित्व का बखूबी निर्वाह किया है। उनके सम्मुख अभी लंबा खेल जीवन पड़ा है। आकाश की ऊँचाइयों को छूने की ललक उनमें कूट-कूटकर भरी है। उनका जीवन टेनिस की नई उभरती पौध को प्रेरणा प्रदान कर सकता है। समस्त देशवासियों की शुभकामनाएँ उनके साथ हैं कि वह नित नई प्रतियोगिताओं में जीत हासिल करें और भारत की शान तिरंगे का मान रखें।

□

प्रथम छाताधारी

डॉ. गीता घोष

17 जुलाई, 1959 का एक अविस्मरणीय दिन! भारतीय महिलाओं की एक और छलाँग—ऐसी छलाँग, जो ऊँचाइयों को छूनेवाली सभी पूर्व छलाँगों से भिन्न थी। भिन्न ही नहीं, अद्वितीय भी—इस रूप में कि यह छलाँग ज्ञान-विज्ञान की किसी ऊँचाई को छूने के लिए धरती से आकाश की ओर नहीं वरन् आकाश में बहुत ऊँचे उठकर वहाँ से धरती की ओर, धीरे-धीरे शान से, साहस से उतरने की छलाँग थी।

भारतीय वायु सेना की एक डॉ. कु. गीता चाँदा ने उस दिन यह छलाँग लगाकर भारतीय महिलाओं की प्रगति के इतिहास में एक पन्ना और जोड़ दिया था। डॉ. घोष पहली भारतीय महिला हैं, जिन्होंने वायुयान से छतरी द्वारा उतरने का साहसिक अभियान किया था।

इस प्रथम ऐतिहासिक कूद के एक दिन पूर्व ही मौसम खराब हो गया था। सारी रात खूब वर्षा होती रही। इतनी तूफानी हवाएँ चलीं मानो प्रकृति भी एक कोमलांगी के ऐसे पुरुषोचित प्रयास को चुनौती दे रही हो। दूसरे दिन सुबह आकाश में घटाटोप के बावजूद आगरा हवाई अड्डे पर बहुत से लोग इकट्ठे हो गए थे—यह देखने के लिए कि हवाबाज कैसे अपनी कलाबाजियाँ दिखाते हैं, विशेष रूप से यह देखने के लिए कि एक महिला कैसे छतरी से उतरने का साहस करती है। पहली बार एक महिला की छतरी से कूद! तरह-तरह की शंकाएँ लोगों के मन में उठ रही थीं। उस पर मौसम का रंग देखकर यह शंका और प्रबल हो उठी कि या तो आज की 'कूद' स्थगित हो जाएगी या कोई दुर्घटना हो जाएगी।

आसमान का रंग अजीब था। कभी बादल घुमड़ आते, कभी हवा उन्हें इधर-उधर छितरा देती। वायु का जोर कम होता कि फिर बढ़ जाता। हवा की ऐसी अनिश्चित स्थिति नए प्रशिक्षणार्थियों के लिए भय और खतरे का कारण होती है। सभी प्रशिक्षणार्थियों की आँखें हवा की गति को नाप रही थीं और उनके धड़कते दिलों का उतार-चढ़ाव सहज ही दिखाई दे रहा था। डॉ. गीता भी उन्हीं में से एक थीं—मानसिक हलचलों से भरपूर। फिर दर्शकों की आँखें भी उन्हीं की ओर अधिक लगी थीं, जिससे उनका विचलित होना स्वाभाविक था। पर शांत व गंभीर मुद्रा में खड़ी थीं।

लोग प्रतीक्षा कर रहे थे। हवा की गति 'पहली कूद' के अनुकूल नहीं हो पा रही थी। किंतु यह क्या? हवाई जहाज से एक छतरी निकली, फिर दूसरी—विंग कमांडर ने कूदने का आदेश दे दिया था। जो खतरा न उठाए, वह छाताधारी कैसा? दूसरी छतरी पर अधिक आँखें लगी थीं। जब तक पैराशूट (छतरी) की डोरियाँ खुलीं, उन 3 सेकंड में जैसे हवा भी देखने के लिए थम गई थी। दूसरे ही क्षण वायु में लहराती गुड़िया के समान धीरे-धीरे उतरकर डॉ. गीता पृथ्वी पर आ गईं। उनके जमीन छूने पर जब एकाएक कोई हलचल नहीं हुई तो दर्शकों की साँसें एक बार फिर रुक गईं। पर अगले क्षण ही पैराशूट से स्वयं को मुक्त कर हँसती-हुलसती डॉ. गीता दर्शकों की ओर बढ़ीं और साथ ही बज उठीं सैकड़ों-हजारों हाथों की तालियाँ। तालियों के बीच ही डॉ. गीता ने विशेष मुद्रा के साथ अभिवादन कर अपनी पूर्ण सफलता का संकेत दिया और फिर उसी तरह शांत, गंभीर-सी एक ओर खड़ी हो गईं।

छतरी से उतरने का प्रशिक्षण पूरा करने के लिए हर छाताधारी को सात बार छतरी से उतरना पड़ता है। इनमें से पहली कूद तो रोमांचित होती ही है, वह कूद और भी रोमांचक होती है, जब उसे रात के अँधेरे में कहीं जंगल में अकेले उतरना होता है। डॉ. गीता न पहली कूद में घबराईं, न अन्य कूदों में। और इसी प्रकार सातों कूदें उन्होंने सफलतापूर्वक पूरी कर लीं। प्रशिक्षण के दौरान उनका यह कथन कि ''मैं चाहती हूँ, जल्दी ये कूदें खत्म हों और मैं पूर्ण सफल छाताधारी बन जाऊँ, उनकी उमंग तथा उत्साह को प्रकट करता है। डॉ. गीता के अनुसार, उनकी डॉक्टरी शिक्षा भी इसी साहसी अभियान में काम आई। फिर लगन और नए क्षेत्र में प्रवेश का उत्साह हो तो कौन सा काम कठिन रह जाता है! प्रशिक्षण से पूर्व तो उन्हें और भी कठिन परीक्षाओं के दौर से गुजरना पड़ा था। प्रतिदिन मीलों पैदल चलना, लंबी दौड़ लगाना, बाधा दौड़ लगाना आदि अनेक प्रारंभिक तैयारियों के बाद यह प्रशिक्षण शुरू होता है। फिर डॉ. गीता को तो छाताधारी का प्रशिक्षण लेने के लिए अपना वजन भी 12 पौंड घटाना पड़ा था।

बालिका गीता प्रारंभ से ही खेलों की शौकीन थी। स्कूल में वह हमेशा लंबी दौड़ में भाग लेती थी और सबसे बाजी मार ले जाती थी। बरछा फेंकने की प्रतियोगिताओं में

भी वह सदा जीत जाती थी। कॉलेज की क्रिकेट टीम में भी अग्रणी रही। कलकत्ता विश्वविद्यालय में डॉक्टरी की डिग्री लेकर सन् 1957 में डॉ. गीता ने भारतीय वायु सेना में मेडिकल अफसर का पद सँभाला। फ्लाइट लेफ्टिनेंट कुमारी गीता चाँदा अपनी यूनीफॉर्म में अन्य बंगाली लड़कियों से अलग-थलग दिखाई देती थीं। जैसा रोबीला पद, वैसा ही स्वस्थ और प्रभावशाली व्यक्तित्व।

एक दिन कालीकंडा हवाई अड्डे पर उन्होंने एक परिपत्र देखा, जिससे उन्हें मालूम हुआ कि वायुयान से छतरी द्वारा उतरने की शिक्षा देने के लिए एक स्कूल खोला जा रहा है। पढ़ते ही डॉ. गीता की आँखों में एक सपना तैर गया। उन्हें याद आया कि उन्होंने कहीं पढ़ा था—'एक फ्रांसीसी युवती 800 बार हवाई जहाज से उतरने में सफल रही थी।' फिर भला वह इस काम में क्यों नहीं सफल हो सकतीं! और वह सपना तैरता चला गया। उसी बहाव में एक आवेदन-पत्र लिखा गया और भेज दिया गया।

संबंधित अधिकारियों ने इच्छुक उम्मीदवारों की सूची में एक महिला का नाम देखा तो देखते ही रह गए। उन्हें बहुत समझाया गया, पर वह अपने निश्चय पर अडिग रहीं। आखिरकार उन अधिकारियों को इस महत्त्वाकांक्षी नारी की प्रबल आकांक्षा के आगे झुकना पड़ा।

इसके आगे की सारी कहानी साहस और साधना की कहानी है। अन्य सैनिक अफसरों के साथ 'मेस' में अकेली नारी के रूप में रहकर उन्हें किस प्रकार स्वयं को साधकर चलना पड़ा होगा, इसकी कल्पना ही की जा सकती है। प्रशिक्षण तथा उससे पूर्व की तैयारी के पूरे समय अन्य अफसरों ने उन्हें एक सहपाठी और सहयोगी के रूप में ही पाया। किसी तरह की शिकायत न उन्हें रही, न उनसे डॉ. गीता को ही। अपने व्यवहार से उन्होंने सिद्ध कर दिया कि नारी मात्र नारी नहीं, मानवी भी है। इस नाते एक सहयोगिनी के रूप में वह पुरुष के अधिक निकट है।

फ्लाइंग लेफ्टिनेंट डॉ. गीता चाँदा (विवाह के बाद डॉ. गीता घोष) तब भारतीय वायु सेना के कई मेडिकल अफसरों में से एक थीं; पर प्रथम महिला छाताधारी के रूप में उन्होंने जिस अछूते क्षेत्र को छुआ, जो नया कीर्तिमान स्थापित किया है, उस नाते भारतीय नारी का वह रूप है, जो लक्ष्मीबाई और चाँद बीबी की याद दिलाता है और अपने आप में अलौकिक एवं गौरवमय है।

□

अन्य

प्रथम आई.पी.एस.

किरण बेदी

अपनी इस पुस्तक के लिए जब मैं सभी प्रमुख क्षेत्रों में 'पहल' करनेवाली अग्रणी महिलाओं की खोज कर रही थी, तब तक आई.पी.एस. की परीक्षा में कोई भारतीय महिला बैठी ही न थी, सफल होकर सामने आना तो दूर की बात मानी जाती थी। हाँ, सब-इंस्पेक्टर के रूप में भरती होकर कुछ महिलाएँ इंस्पेक्टर बन गई थीं और आगे तरक्की करके एक महिला श्रीमती शकुंतला वशिष्ठ डी.एस.पी. बन गई थीं। इससे आशा बँधी कि जल्दी ही आई.ए.एस. की तरह आई.पी.एस. में भी महिलाएँ बैठने लगेंगी तथा एक और बंद दरवाजा खुल सकेगा।

फिर वह खुला ही नहीं, ऐसे धमाके के साथ खुला और आने साथ ताजा हवा का ऐसा झोंका लेकर आया कि चारों ओर धूम मच गई और हवा के साथ आई सुगंध से सारा वातावरण एक खुशनुमा अहसास से भर गया। सन् 1972 में सारे देश के समाचार-पत्रों में एक आकर्षक युवती का चित्र छपा, जिसने भारत में सर्वप्रथम आई.पी.एस. (भारतीय पुलिस सेवा) की परीक्षा न केवल पास की थी, प्रथम श्रेणी में प्रथम स्थान प्राप्त करके उसने अपने साथी पुरुष-महिलाओं को पीछे छोड़ दिया था। स्वाधीन भारत में महिला-प्रगति के इतिहास में यह कीर्तिमान एक ऐसा मील का पत्थर साबित हुआ, जिसने इस प्रगति-यात्रा में आगे अन्य अनेक मील के पत्थर लगाए। भारतीय महिलाओं ने इस समाचार को गौरव के साथ सिर ऊँचा उठाकर सुना कि निषिद्ध क्षेत्रों में प्रवेश की सीमाएँ तोड़कर इस प्रतिभाशाली साहसी महिला ने एक अछूते एवं कठिन समझे जानेवाले क्षेत्र में प्रवेश कर अपनी योग्यता द्वारा सीधे ही

डी.एस.पी. (उप-अधीक्षक) का पद ग्रहण किया।

पुलिस का बदनाम महकमा और एक बहुत खूबसूरत, स्मार्ट युवा महिला का उसमें प्रतियोगी प्रवेश! तरह-तरह की शंकाएँ, कानाफूसियाँ, चर्चाएँ। लेकिन चंद दिनों में ही इस छा जानेवाले व्यक्तित्व ने अपनी निडरता, योग्यता और कार्य-कुशलता के झंडे गाड़ दिए। यह अग्रणी युवा महिला थीं—किरण बेदी।

किरण बेदी—एक नाम, जो हर महत्त्वाकांक्षी युवती के लिए प्रेरणा-प्रतीक बन गया। एक सपना, जो एक 'मिथ' की तरह हर लड़की की जुबान पर चढ़ गया—'काश, हम भी··· !' एक जादू, जो सबके सिर चढ़कर बोलने लगा। एक शक्ति-पर्याय, जो हर अबला की सबला बनने की आकांक्षा को, उसके भीतर छिपी क्षमताओं के अनुसार, क्रमशः ऊँचे उठाता गया। और वह 'मिथ', वह जादू, वह प्रभाव अनायास या अकारण ही अस्तित्व में नहीं आ गया था। श्रीमती किरण बेदी को जहाँ, जिस तरह के कार्य या ड्यूटी पर नियुक्त किया गया, उन्होंने अपनी असाधारण योग्यता और क्षमता का परिचय दे वहाँ असाधारण कीर्तिमान कायम किए। तरक्की तो उन्हें मिलनी ही थी, मिलती गई। डी.एस.पी. से एस.पी., फिर डिप्टी कमिश्नर ऑफ पुलिस और जॉइंट कमिश्नर ऑफ पुलिस तक। उन्होंने अब तक जो मिसालें कायम की हैं, उस कार्य-कुशलता के हिसाब से उन्हें अब तक वहाँ तक पहुँच जाना चाहिए था, ऐसा मत व्यक्त करनेवालों की संख्या भी कम नहीं थी।

पर किसी व्यक्ति की सफलता मात्र इससे नहीं आँकी जाती कि वह कितने ऊँचे ओहदे पर है, बल्कि इससे आँकी जाती है कि अपने पद पर रहते हुए उसने उस क्षेत्र विशेष में कितनी सफलता और लोकप्रियता अर्जित की है। श्रीमती किरण बेदी इसी मायने में सफल और लोकप्रिय हैं। राजधानी का जो भी क्षेत्र पुलिस-व्यवस्था व नियंत्रण की दृष्टि से कठिन समझा गया, अकसर किरण बेदी की नियुक्ति वहीं की गई और उन्होंने अपने कार्य के आशातीत परिणाम दिए।

सन् 1982 का वर्ष राजधानी में एशियाई खेलों की दृष्टि से एक ऐतिहासिक वर्ष माना गया। ऐसे समय राजधानी की परिवहन-व्यवस्था को सुचारु रूप से सँभालने के लिए इस कठिन काम की जिम्मेदारी उन्हीं पर डाली गई थी। उन्होंने डिप्टी कमिश्नर ऑफ पुलिस—ट्रैफिक (पुलिस उपायुक्त—यातायात) के रूप में अपने काम को इतनी मुस्तैदी से अंजाम दिया कि राजधानी के परिवहन जगत् में एक तहलका मच गया। मुख्य बाजारों-सड़कों की अनधिकृत कब्जोंवाली पटरियाँ साफ हो गईं। जहाँ-तहाँ बेतरतीब खड़ी की जानेवाली गाड़ियाँ, स्कूटर आदि पुलिस-क्रेन से उठवाए जाने लगे या लोग डरकर स्वयं ही उन्हें यथास्थान खड़ा करने लगे। इस संबंध में एक रोचक बात यह है कि लोग उन्हें किरण बेदी के बजाय 'क्रेन बेदी' कहकर पुकारने लगे। पर किरण

बेदी के ऐसे कठोर कदम भी उन्हें कभी अलोकप्रिय नहीं बना सके तो इसका कारण एक नहीं, अनेक हैं। उनका गहरा संवेदनशील मन, उनकी समाज-सेवा की लगन और समाज-हित में दिखाई गई कठोरता की हद तक भी कार्य-कुशलता उनके प्रति भय से अधिक आदर ही जगाती है। पुलिस की परंपरागत क्रूर छवि के स्थान पर सुरक्षा का आश्वासन देती दुर्गा-सी शक्ति का आभास देती है—आखिर वह पुलिस अधिकारी से पहले एक नारी और एक माँ जो हैं।

समय-समय पर किरणजी से मेरी भेंट होती रही। कभी बाहर किसी संस्था में, कभी दहेज-सर्वेक्षण के सिलसिले में पूछताछ के लिए, कभी किसी विषय पर परिचर्चा हेतु उनके विचार जानने के लिए उनके कार्यालय में तो कभी क्षेत्रीय निरीक्षण के लिए अपनी कॉलोनी में पधारने पर, स्थानीय समस्याओं के निवारण के लिए उनके कामकाज संबंधी चर्चाओं में भाग लेते हुए। हर बार बातचीत में मैंने उन्हें विषय पर केंद्रित, संक्षिप्त, स्पष्ट, दो-टूक बात करते पाया, जो एक सुलझे दिमाग का व्यक्ति ही कर सकता है और जो अत्यधिक व्यस्त व कार्य-कुशल व्यक्ति के लिए अनिवार्य भी है।

''आम शिकायत है कि पुलिसवाले बिना कुछ लिये या बाहर से, ऊपर से कोई दबाव पड़े, मामला दर्ज नहीं करते और गरीब की आसानी से सुनवाई नहीं होती। उन्हें ख्वामखाह तंग भी किया जाता है।'' मेरे इस चिढ़ानेवाले प्रश्न के उत्तर में भी उन्होंने बड़े सहज ढंग से कहा, ''मैं यह नहीं कहती कि सभी पुलिसवाले दूध के धुले हैं। पर लोगों का भी कर्तव्य है कि वह ऐसा न होने दें। अपने अधिकारों के प्रति जागरूक रहें और रिश्वत देकर अपना मतलब (झूठा या सच्चा) साधने, अपना काम निकालने के लिए उन्हें भ्रष्ट न बनाएँ। कम-से-कम मेरे क्षेत्र में तो कभी किसी को शिकायत नहीं मिली होगी कि मामला दर्ज नहीं हुआ या कुछ ले-देकर अपराधी को छोड़ दिया गया।'' फिर उन्होंने चुनौती के से ढंग में कहा, ''मेरे क्षेत्र से संबंधित कोई शिकायत हो तो (मेरे कर्मचारियों के बारे में हो तो वह भी) लाइए, मैं जरूर देखूँगी और आप भी देखिएगा कि उस पर कार्यवाही होती है कि नहीं।''...दहेज संबंधी मामलों के सर्वेक्षण के समय भी उन्होंने बिना महिलाओं का पक्ष लिये दोनों पक्षों की सही स्थितियाँ मेरे सामने रख दी थीं।

कार्यालय में बैठकर बातचीत के समय भी मैंने कभी उन्हें थोड़ी देर के लिए इत्मीनान से बैठे नहीं देखा। फोन आते रहते हैं, कर्मचारियों को आदेश दिए जाते रहते हैं, बातचीत चलती रहती है और फिर अपनी आदत के अनुसार संक्षिप्त दो-टूक उत्तर दे वह यह जा, वह जा। पर जाते-जाते भी अपने कर्मचारियों से यह कहना नहीं भूलेंगी, ''इन्हें फलाँ-फलाँ कागज (रिपोर्ट या केस हिस्ट्रीज की नकल आदि) दे देना और हाँ, चाय भी पिलाना जरूर। मुझे जल्दी है फलाँ जगह पहुँचने की।'' या फिर मुझसे कहेंगी,

"आपको और कितना समय चाहिए? चलिए, मेरे साथ गाड़ी में बैठ जाइए, मुझे मीटिंग में जाने में देर नहीं होगी और आप रास्ते में दस-पंद्रह मिनट बात भी कर सकेंगी।" एक व्यस्त पुलिस अधिकारी और एक आत्मीय बहन का मिला-जुला व्यवहार।

सन् 1982 के नए साल की पूर्व संध्या को दिल्ली दूरदर्शन पर दिखाए गए रंगारंग कार्यक्रम में लहँगा-ओढ़नी के साथ बोरला बाँधे, गोरे चेहरे को साँवला किए, ग्रामीण आभूषणों व सारे राजस्थानी ताम-झाम से लकदक उनके न पहचाने जानेवाले ग्राम-वधू वाले रूप को देखकर दर्शक दंग रह गए थे। काफी देर तक अनुमान लगाने के बाद जब एक होशियार दर्शक ने उन्हें पहचान लिया तो 'क्रेन बेदी' की आवाज के साथ घर-घर में दूरदर्शन के आगे बैठे दर्शकों में हँसी-खुशी की एक लहर दौड़ गई थी और दूसरे दिन पूरे देश में उनके चर्चे थे। एक बार 'सेवा दिल्ली' संस्था की गरीब औरतों के बीच भी उन्होंने अपना वह रंग जमाया था कि पुलिस अधिकारी किरण बेदी के भीतर के इस नारी रूप को देखकर सभी ठगे-से रह गए थे। यद्यपि इस सभा में मुसलमान औरतों की भी बड़ी संख्या थी, उन्होंने निस्संकोच बड़े शक्तिशाली शब्दों में फैमिली प्लानिंग का संदेश दिया और बार-बार तालियाँ बजवाईं। फिर उन्होंने खुद गाने गाए और बुला-बुलाकर दूसरों से गवाए, जिससे सब स्त्रियाँ उनकी मुरीद हो गईं।

पर ऐसे अवसर उनकी अति व्यस्त दिनचर्या में बहुत कम ही रहते हैं। जब से आतंकवाद का साया लोगों के सिर मँडराने लगा और राजधानी में भी सांप्रदायिक दंगों की आग भड़क उठने का अंदेशा बना रहने लगा, तब से तो उनका सारा समय अपने क्षेत्र की शांति बनाए रखने में ही व्यतीत होता रहा। इसलिए जब उन दिनों अवकाश के क्षण ही नहीं थे तो अवकाश के क्षणों में मनोरंजन या हॉबियों के लिए समय का प्रश्न उठाते भी मैं हिचक रही थी। उत्तर भी अपेक्षानुसार ही मिला था, "आजकल तो राहत के क्षण वे ही हैं, जिनमें घर जाकर परिवार से मिलने या मिल-बैठकर खाने का अवसर मिल जाए। अकसर तो समय पर खाने, सोने का ही कोई ठिकाना नहीं रहता।"

"अब इतने वर्ष उत्साह से, लगन से, कर्मठता से काम करने, हर समय की व्यस्तता के बीच बिताने के बाद भी क्या आपको कभी लगता है कि यह क्षेत्र महिलाओं के लिए नहीं है या आपने गलत कैरियर चुना है?"

"नहीं, अभी तक तो कभी ऐसा नहीं लगा, आगे का पता नहीं। ऐसा जरूर है कि हर क्षेत्र हर किसी महिला के लिए नहीं है। केवल पुरुषों के क्षेत्र में प्रवेश करना है, इस प्रतियोगी भावना से नहीं अपनाना चाहिए। हाँ, दबाव काम का ही नहीं होता, राजनीतिक हस्तक्षेप के दबाव-तनाव के बीच काम करना बहुत कठिन होता है। अत: अपने भीतर अतिरिक्त शक्ति, साहस, योग्यता और कार्य-कर्तव्य के प्रति समर्पण भावना रखनेवाली युवतियाँ ही ऐसे क्षेत्रों में सफल हो सकती हैं। इसके साथ ही उन्हें परिवार का सहयोग

भी मिलना चाहिए, अन्यथा वे घर-बाहर दोनों मोरचों पर एक साथ सफल नहीं हो सकेंगी।''

किरण बेदी का जन्म 9 जून, 1947 को अमृतसर में हुआ था। उनकी प्रारंभिक शिक्षा कॉन्वेंट में हुई। स्नातक डिग्री गवर्नमेंट महिला कॉलेज से लेने के बाद राजनीति-विज्ञान में एम.ए. की परीक्षा पास करने में भी उन्होंने पंजाब विश्वविद्यालय में प्रथम स्थान प्राप्त किया। अपने शिक्षण काल में उन्होंने कविता, नाटक, वाद-विवाद प्रतियोगिता, खेलकूद में ढेरों पुरस्कार जीते और एन.सी.सी. का 'बेस्ट कैडेट अवार्ड' प्राप्त किया।

टेनिस चैंपियन के नाते तो उन्होंने बहुत नाम कमाया—'अखिल भारतीय अंतरविश्वविद्यालय टेनिस टाइटल' (1967), 'एशियन लॉन टेनिस' (1972), 'ऑल इंडिया हाई कोर्ट टेनिस' (1974), 'नेशनल वीमेंस लॉन टेनिस' (1976-77), 'ऑल इंडिया इंटर स्टेट वीमेंस लॉन टेनिस टाइटल फॉर देहली' (1977-78) इस तरह सन् 1965 से 1978 तक पूरे देश में क्षेत्रीय और राज्यीय लॉन टेनिस चैंपियनशिप अधिकतर उन्होंने ही जीती और सौ के लगभग पुरस्कार प्राप्त किए। भारत-श्रीलंका के बीच मुकाबले में भी उन्होंने अपने देश के लिए दो बार टेनिस टाइटल जीता।

सन् 1975 का 'महिला वर्ष'। राजधानी में गणतंत्र उत्सव की परेड का नेतृत्व करके श्रीमती किरण बेदी ने भारतीय महिलाओं के लिए एक नया कीर्तिमान स्थापित किया था। सन् 1980 का सातवाँ 'जवाहरलाल नेहरू राष्ट्रीय एकता पुरस्कार' जीतने के साथ वे 'वीमे ऑफ द ईयर' भी कहलाईं। सन् 1982 में दिल्ली में 'एशियाड' के समय ट्रैफिक इंचार्ज का उनका रिकॉर्ड तो अपना सानी नहीं रखता। इसलिए राष्ट्रीय-अंतरराष्ट्रीय ख्याति प्राप्त कर वे इतनी लोकप्रिय हुईं कि अकसर स्व. इंदिरा गांधी के बाद उनका ही नाम लिया जाता रहा। इतनी कम उम्र में इतनी सफलताएँ बिरल महिलाएँ ही प्राप्त कर पाती हैं। इसका श्रेय उनके आकर्षक व्यक्तित्व के साथ असाधारण कार्यक्षमता, निडरता, कार्य के प्रति ईमानदारी और समर्पण-भावना तथा कठोरता व दृढ़ता के बीच भी मानवीय संवेदनशीलता को बचाए रखने की उनकी नारी-सुलभ कोमलता को जाता है।

''इतने कठोर जीवन और अति व्यस्त दिनचर्या के बीच आप समाज-सेवा के लिए भी समय निकाल लेती हैं, जैसे साँसी लड़कियों का उद्धार और नशा-मुक्ति आदि—यह सब कब और कैसे करती हैं?''

उनका वही सहज-सधा उत्तर था, ''अपराध के बाद अपराधी से निबटना ही हमारा काम नहीं, अपराध-निवारण उससे पहले जरूरी है। इस दृष्टि से साँसी लड़कियों को उनके परंपरागत धंधे—वेश्यावृत्ति—से बचाना तो मेरे कार्यक्षेत्र में ही आता है। पर मैंने उन्हें इस ओर से हटाकर दूसरे रास्ते पर डाला तो भी उनके भीतर की चोरी-छिपे अवैध धंधे चलाने की वंशगत प्रवृत्ति पूरी तरह नहीं गई। इस समुदाय की महिलाएँ

स्मैक आदि नशीली चीजें बेचने का अवैध व्यापार करने लगीं तो इस ओर भी ध्यान देना पड़ रहा है। उन्हें इस धंधे से छुटकारा दिलाने के प्रयास चल रहे हैं और धीरे-धीरे उनमें चेतना जाग्रत् भी हो रही है। दूसरी ओर—जिनका जीवन स्मैक आदि से नष्ट हो रहा है, उन्हें इस लत से मुक्ति दिलाने के लिए उपचार केंद्र भी चलाया जा रहा है। सब्जी मंडी क्षेत्र में खोले गए 'ज्योति' नाम के नशा-मुक्ति केंद्र को कभी आकर देखिए, सफलता का अनुमान आप स्वयं लगा सकेंगी।...इस तरह कुछ इस किस्म के समाज-सेवा कार्य तो सीधे मेरे कार्यक्षेत्र के साथ जुड़े हैं, जिनके लिए समय निकालना ही चाहिए और जो भी हो, जहाँ जितना संभव हो सके, करती हूँ; क्योंकि करने की प्रवृत्ति है और करना चाहिए। करने को पुलिस-सीमा के भीतर कम है क्या? करने की भावना ही चाहिए और चाहिए समय, अवसरों की तो कहीं भी, कभी भी कमी नहीं रहती।''

श्रीमती किरण बेदी कुछ समय गोवा में और दिल्ली हेडक्वार्टर में बिताकर अगस्त 1986 से राजधानी के उत्तरी क्षेत्र में तैनात रहीं। उनसे मेरी अगली भेंट वहीं पर हुई थी। संवेदनशील इलाका, संवेदनशील समय। हर समय पुरानी दिल्ली क्षेत्र से तनाव के, दंगे की आशंका के समाचार आते। साथ ही दिल्ली विश्वविद्यालय क्षेत्र में अगले दिन राजनीतिक कारणों से हंगामे की आशंका की उसी समय रिपोर्ट। नियंत्रण और व्यवस्था की जिम्मेदारी क्षेत्रीय उच्च पुलिस अधिकारी के नाते किरण बेदी पर ही। ऐसे समय कार्यालय में ही नहीं, रास्ते चलते सड़क पर भी निरंतर टेलीफोन-पर-टेलीफोन के चलते कितनी बातचीत की जा सकती है? मेरे साथ साढ़े पाँच शाम का समय तय हुआ था। छह बजे तक अर्जेंट मीटिंग चलती रही। फिर एक खबर पर तत्काल निर्णय लिया गया कि पुरानी दिल्ली में कर्फ्यू आज रात दस बजे के बजाय आठ बजे ही लगाना पड़ेगा, इसलिए साढ़े छह बजे चाँदनी चौक, टाउन हॉल में फिर इमरजेंसी मीटिंग होगी। तब भी किरणजी ने भेंट के लिए मना नहीं किया। चलते-चलते अपनी गाड़ी में मुझे साथ बैठा लेती हैं और रास्ते में गाड़ी में बैठे-बैठे ही जितनी बातचीत संभव हो सकती थी, उतनी ही हो पाती है। लेकिन रास्ते में भी निरंतर फोन करते-सुनते हुए साथ बैठे किसी व्यक्ति से इतनी बातचीत कर लेना भी किसी किरण बेदी जैसे व्यक्तित्व के ही बूते की बात है, किसी आम क्या, प्रबुद्ध व्यक्ति की भी नहीं। मैं उनकी न केवल हर स्थिति में उत्तेजनाहीन स्थिरता, दृढ़ता व आत्मविश्वास भरी शैली और असाधारण कार्य-कुशलता की कायल हो रही थी, इस प्रभाव का जादू बाद में भी कई दिन तक मुझ पर छाया रहा था।

फिर तीसरे दिन समाचार मिलता है कि किरणजी ने पूरे क्षेत्र में शांति बनाए रखने के लिए हर मोहल्ले में महिलाओं को संगठित कर उन्हें अपने-अपने स्तर पर यह कार्य सौंप दिया है और उनके कार्य का निरीक्षण करने तथा उनके काम में सहायता पहुँचाने

के लिए तैनात कर दी गई हैं अधीनस्थ पुलिस अधिकारियों की पत्नियाँ। महिला शक्ति का अद्‌भुत प्रयोग और प्रदर्शन! यदि सभी क्षेत्रों में ऐसा हो सके और महिलाएँ माँ, पत्नी, बहन के रूप में अपने आतंकवादी या अपराधी बेटों, पतियों, भाइयों को अपने घरों में ही सँभाल सकें, नियंत्रित कर सकें तो कानून-व्यवस्था की स्थिति सुधारने और स्थायी शांति स्थापित करने में कितनी सहायता मिले, इस पर क्या कुछ कहने की आवश्यकता है?

इसके बाद तिहाड़ जेल में किए गए उनके सुधार-प्रयोग और प्रयोगों की सफलता ने देश का ही नहीं, सारे संसार का ध्यान खींचा और उन्हें 'मैग्सेसे पुरस्कार' से पुरस्कृत किया गया। समाचार-पत्रों में उनके कैदी-सुधार के इन प्रयोगों की धूम रही, जिससे सभी सजग पाठक परिचित हैं। उनकी उल्लेखनीय सेवाओं के लिए मई 1994 में उन्हें 'संयुक्त राष्ट्र मेडल' से भी सम्मानित किया गया। इसके बाद वे संयुक्त राष्ट्र संघ में पुलिस सलाहकार के पद पर कार्यरत रहीं।

'मैग्सेसे पुरस्कार' विजेता किरण बेदी कहती हैं, "सिर्फ अपने देश में ही पुलिस की छवि खराब नहीं है, यह समस्या लगभग सभी देशों में है। दरअसल, अपराध से निबटने के दौरान पुलिस को कई बार कड़े कदम उठाने पड़ते हैं और यहीं से समस्या शुरू होती है। पर पुलिस सख्ती न बरते तो अपराध पर नियंत्रण पाया ही नहीं जा सकता।"

अब श्रीमती किरण बेदी संयुक्त राष्ट्र संघ में पुलिस सलाहकार का अपना कार्यकाल पूरा कर स्वदेश लौट आई हैं। किरण बेदी 2007 में दिल्ली पुलिस से सेवा-निवृत्त हुईं। आज किरण बेदी समाज के लिए ऐसा उदाहरण बन चुकी हैं, जिनसे देश की हर महिला प्रेरणा लेना चाहेगी। वह अपने कार्य-कलापों से समाज में परिवर्तन ला रही हैं। उनके द्वारा चलाए गए एन.जी.ओ. और धारावाहिक 'आप की अदालत' के जरिए वह सामाजिक कार्यों से जुड़ी हुई हैं। वह लोगों को शिक्षा, काउंसिलिंग तथा स्वास्थ्य संबंधी सुविधाएँ उपलब्ध करा रही हैं। उन्होंने लोगों की शिकायत को सरकार तक पहुँचाते हुए सन् 2008 में एक डाक्यूमेंटरी भी बनाई थी, जो उनके जीवन से संबंधित है। आज किरण बेदी देश की उन सशक्त महिलाओं में से हैं, जिन पर भारत को गर्व है।

□

भारतीय वायु सेना की प्रथम एयर मार्शल

एयर मार्शल पद्मावती बंद्योपाध्याय

पद्मावती बंद्योपाध्याय को भारतीय वायुसेना की पहली महिला एयर मार्शल होने का गौरव प्राप्त है। वे चिकित्सा सेवा (वायु) की महानिदेशक रहीं। पद्मावती ने सन् 1968 में भारतीय वायु सेना ज्वॉइन की थी। उनका एकमात्र सपना पायलट बनना था, जिसे उन्होंने वायु सेना में नौकरी करके साकार किया।

तिरुपति (आंध्र प्रदेश) में जनमी पद्मावती ने सन् 1968 में वायु सेना में नौकरी की और 1970 के उत्तरार्द्ध में डिफेंस सर्विस स्टाफ कॉलेज कोर्स पूर्ण किया और एयरोस्पेस मेडिकल सोसाइटी ऑफ इंडिया की सदस्य बन गईं। उन्हें अनुसंधान के लिए भारत-रूस समूह में उत्तर ध्रुव भी भेजा गया। उन्होंने भारतीय वायु सेना सेंट्रल मेडिकल एस्टीबिलिशमेंट (सी.एम.ई.) की कमान भी सँभाली। सन् 1975 में उन्होंने एविएशन मेडिसिन में विशेषज्ञता हासिल की। सन् 2002 में पद्मावती एयर वाइस मार्शल के पद पर पहुँचने वाली भारतीय वायु सेना की पहली महिला अधिकारी बन गईं।

घर में पद्मावती एक सरल माँ बनी रहीं। अपने दो बेटों को वे अन्य माँ की तरह महाभारत और रामायण की कहानियाँ सुनाया करती थीं। वहीं मोर्चे पर डॉक्टर के रूप में घायलों के जख्मों पर मरहम रखती थीं—वहाँ भी उनमें वही मातृत्व भाव मौजूद था। सच, चिकित्सा माँ के हाथों हो तो हरे जख्म जल्दी सूख जाते हैं।

पद्मावती के पति एस.एन. बंद्योपाध्याय भी वायु सेना में एयर कमांडर थे। वे पहले ऐसे पति-पत्नी भी हैं, जिन्हें 1971 के भारत-पाक युद्ध के दौरान उल्लेखनीय

कार्यों के लिए संयुक्त रूप से 'विशेष सेवा पदक' प्रदान किया गया।

बचपन में बात-बात पर आँसू बहानेवाली पद्मावती का चयन जब एयर फोर्स के लिए हुआ, तो उनकी माँ सहित कई लोगों को धक्का लगा—'लड़की और सेना में! अब कोई इससे शादी नहीं करेगा।' लेकिन अपने संकल्प में दृढ़ पद्मावती ने वक्त के साथ सबके मुँह बंद कर दिए और जीवन में उच्च मुकाम हासिल किया।

□

प्रथम आई.ए.एस.

अन्ना राजम जॉर्ज

परतंत्र भारत की आई.सी.एस. (इंडियन सिविल सर्विस) में किसी भारतीय महिला का नाम नहीं मिलता। स्वतंत्रता के बाद की आई.ए.एस. (इंडियन एडमिनिस्ट्रेटिव सर्विस) डायरेक्टरी में भारत की प्रथम महिला आई.ए.एस. नाम खोज लिया गया। पता भी खोज लिया गया। पत्र पर पत्र लिखे, पर उत्तर नदारद।

उन दिनों विभिन्न क्षेत्रों में पहल करनेवाली भारतीय महिलाओं से संबंधित मेरी एक लेखमाला 'अग्रणी महिलाएँ' शीर्षक से 'कादंबिनी' में प्रकाशित हो रही थी। आई.ए.एस. जैसे महत्त्वपूर्ण कैरियर की प्रथम महिला कुमारी अन्ना राजम जॉर्ज को मैं उस धारावाहिक लेखमाला में अवश्य सम्मिलित करना चाहती थी; पर कुमारी अन्ना जॉर्ज की चुप्पी से मन मारकर रह जाना पड़ा।

कभी ध्यान आता, शायद पता बदल गया हो और पत्र उन्हें मिले ही न हों। पर उनके कुछ सहकर्मियों से पूछने पर ऐसी कोई शंका न रही। फिर यह धारणा बल पकड़ती गई कि अपने पद के प्रति गर्वित एक प्रशासनिक अधिकारी की सामान्य आदतवश किसी हिंदी लेखक के पत्र का उत्तर देना वे जरूरी न समझती हों या दक्षिण भारतीय होने के नाते हिंदी में छपने में रुचि ही न लेती हों। पर कुछ वर्षों बाद पुस्तक प्रकाशन के समय दिल्ली में उनसे भेंट होने पर ये सारी शंकाएँ व धारणाएँ निर्मूल सिद्ध हो गईं।

दरअसल, वे इतनी सरल और कार्यनिष्ठ हैं कि किसी भी तरह के आत्म-प्रचार से अलग रहना चाहती हैं। पता चला कि कुमारी अन्ना राजम जॉर्ज गृह मंत्रालय के

पर्सनल विभाग में संयुक्त सचिव के रूप में नियुक्त होकर पुनः दिल्ली आ गई हैं। मैंने उनसे संपर्क स्थापित किया। फोन पर बात करते समय पहले तो वे इंटरव्यू के लिए राजी ही नहीं हुईं। फिर जब उन्हें पुस्तक का महत्त्व बताया गया कि जिन्होंने किसी भी क्षेत्र में पहल की है, वे हमेशा उस क्षेत्र के प्रथम व्यक्ति ही रहेंगे। इस दृष्टि से पुस्तक सामयिक नहीं, स्थायी महत्त्व की होगी। इसी तरह जब अन्य क्षेत्रों के अग्रणी नाम उसमें जा रहे हैं तो प्रशासनिक क्षेत्र के इस महत्त्वपूर्ण कैरियर को सम्मिलित किए बिना यह पुस्तक अधूरी रह जाएगी। तब कहीं जाकर वे इस शर्त पर सहमत हुईं कि उनके चित्र और व्यक्तिगत जीवन के विभिन्न पहलुओं के लिए आग्रह नहीं किया जाएगा। कैरियर में प्रथम नाम सम्मिलित कर लें, पर कैरियर व काम की बात को लेकर ही व्यक्तिगत प्रचार मुझे बिलकुल पसंद नहीं। मैं स्वयं को इस योग्य भी नहीं समझती। वैसे अपने कैरियर से संतुष्ट हूँ। एकदम सफल हूँ, ऐसा तो नहीं कहती, पर प्रशासन-क्षेत्र के विभिन्न जिम्मेदारपूर्ण पदों पर कार्य-अनुभव प्राप्त करती हुई आगे बढ़ी हूँ, इतना कह सकती हूँ।

सुश्री अन्ना राजम जॉर्ज की प्रशासनिक सफलता अपने सभी पदों पर सर्वविदित रही है। अपनी विनम्रता के कारण वे स्वयं को एकदम सफल न कहें, एक महिला प्रशासनिक अधिकारी की सफलता का राज उन्होंने अपनी सहज व स्पष्ट बातचीत में खोल ही दिया, ‘‘जब हम पुरुषों के समान संवैधानिक अधिकारों का उपयोग करना चाहती हैं तो हममें कार्य के प्रति समान निष्ठा और दायित्व भावना भी होनी चाहिए। मैं इस बात के विरुद्ध हूँ कि महिलाएँ अधिक समय व ध्यान माँगनेवाले जैसे जिम्मेदारीपूर्ण पदों पर आसीन होकर महिला होने के नाते विशेष सुविधाओं की माँग करें और घरेलू आवश्यकताओं के कारण अधिक छुट्टियाँ लेना न कार्य के हित में है, न कार्य करनेवाले के।

‘‘इसी तरह यदि उन्हें छोटे बच्चों के कारण या घर की अन्य जिम्मेदारियों के कारण कार्यालय-समय से अधिक समय कार्यालय में ठहरने से, अधिक दौरों से, विशेष क्षेत्रों—ग्रामीण, दंगाग्रस्त या कठिन—में नियुक्ति या बदली से एतराज हो तो प्रशासनिक सेवा में आना ही नहीं चाहिए।

‘‘इसमें संदेह नहीं कि कुछ क्षेत्रों में नियुक्ति से कठिनाइयाँ आती हैं, पर वे पुरुषों के सामने भी समान रूप से आती हैं। समान अधिकार और समान सुविधाएँ प्राप्त कर समान रूप से उनका सामना भी किया जा सकता है, किया जाना चाहिए। स्त्रियों के सामने कुछ विशेष कठिनाइयाँ भी हैं। पुरुष किसी भी क्षेत्र में बदली होने पर अधिकतर परिवार को पास रखने की सुविधा पा सकता है, महिला नहीं। पर इसका यह अर्थ नहीं कि हम पति के कार्य-स्थल के पास ही अपने तबादले की माँग करें। स्त्री, पत्नी और माँ

के नाते विशेष सुविधाओं की माँग करनेवाली कभी सफल प्रशासक सिद्ध नहीं हो सकती। माँ के नाते नारी के अलग कर्तव्य हैं। एक प्रशासनिक अधिकारी को बच्चों की अच्छी व्यवस्था करने के लिए पर्याप्त सुविधाएँ मिलती हैं। अपनी सूझ-बूझ द्वारा वह चाहे तो कम समय देकर भी एक अच्छी माँ और पत्नी के कर्तव्य निभा सकती है। यह तो हर व्यक्ति के अपने संस्कार, स्वभाव, व्यक्तित्व, प्रशिक्षण और अभ्यास से प्राप्त कार्यक्षमता पर निर्भर करता है। किसी के लिए दोहरा दायित्व कठिन हो सकता है, किसी के लिए सरल। पर प्रशासनिक सफलता के लिए निर्विवाद रूप से दोनों दायित्वों को अपनी-अपनी जगह पर पृथक् रखना चाहिए। मिलाकर देखने से ही विशेष सुविधाओं की माँग उठकर आती है और यह माँग कार्यक्षमता को घटाती है। मैं यह नहीं कहती कि इस क्षेत्र में आनेवाली सभी महिलाएँ विवाह न करें। अवश्य करें, पर दोहरा दायित्व निभाने की अपनी क्षमता को तौलकर ऐसे जिम्मेदार कैरियर को अपनाएँ तो ठीक होगा। अमेरिकी स्त्रियाँ इसलिए छोटे सहायक पदों पर ही अधिकतर काम करना पसंद करती हैं।'' केवल प्रथम श्रेणी स्नातक हो जाने से या शान के लिए आई.ए.एस. में प्रवेश करनेवाली युवतियों के लिए कुमारी अन्ना जॉर्ज के ये विचार बहुमूल्य सिद्ध होंगे।

अन्ना जॉर्ज का जन्म कालीकट में 17 जुलाई, 1927 को हुआ। अंग्रेजी साहित्य में एम.ए. करने के बाद अमेरिका की हार्वर्ड यूनिवर्सिटी से उन्होंने 'पब्लिक एडमिनिस्ट्रेशन' में डिप्लोमा लिया। सन् 1950 में आई.ए.एस. की परीक्षा में सफल होनेवाली और 1951 में नियुक्ति पानेवाली वह 'पहली और अकेली भारतीय लड़की' थीं। पुरुष एकाधिकार की परंपरावाले इस क्षेत्र में आने की प्रेरणा उन्हें कैसे मिली, इसके उत्तर में उन्होंने कहा, ''परंपरा तोड़कर पुरुष से होड़ लेने की भावना से तो हरगिज नहीं। अपने लिए एक सर्वोत्तम क्षेत्र का चुनाव करने की दृष्टि से ही मैंने इसे चुना। मैं नहीं समझती थी कि किसी भी ऐसे क्षेत्र में, जहाँ शारीरिक शक्ति-प्रदर्शन की आवश्यकता नहीं, महिलाएँ क्यों न जाएँ? क्या उनमें प्रतिभा या कार्यक्षमता की कमी है? यहाँ है भी तो क्या, वह अलग वातावरण में पलने का ही परिणाम नहीं है?''

प्रारंभिक बाधा या कठिनाइयों के बारे में पूछने पर भी उनका सहज उत्तर था, ''नहीं, पहल करनेवाली अन्य स्त्रियों को प्राप्त कटु अनुभव जैसे कोई अनुभव मुझे नहीं हुए। माँ शिक्षिता थीं। उन्होंने कोई बाधा नहीं दी, प्रोत्साहित ही किया। हाँ, बाद में मेरे विवाह न करने पर परिवारवालों की कुछ नाराजगी व दबाव का सामना अवश्य करना पड़ा; पर मैंने उस पर भी विजय पाई। कार्यक्षेत्र में अब जैसी स्थितियाँ विकसित हो रही हैं, पुरुष-पूर्वधारणा के कारण बेशक तब वैसी नहीं थी, पर व्यक्ति की अपनी कुंठाएँ उसका मार्ग न रोकें तो मैं समझती हूँ, कहीं भी कोई बाधा या कठिनाई नहीं है। मुझे किसी भी विशेष कठिनाई का सामना नहीं करना पड़ा, जो कि मेरे पुरुष सहकर्मियों से

अलग केवल महिला के नाते अनुभव की गई हो। आवश्यक सुविधाएँ व सुरक्षा-व्यवस्था प्राप्त होने के कारण अकेले रहने में या अकेले दौरा आदि करने में भी कोई कठिनाई मैं नहीं देखती।''

कुमारी अन्ना जॉर्ज ने सन् 1951 में तमिलनाडु के एक छोटे शहर में सब-डिवीजनल ऑफीसर के नाते अपना कैरियर प्रारंभ किया। फिर राज्य सरकार व केंद्रीय सरकार के विभिन्न विभागों में प्रवर सचिव, उपसचिव, सचिव रहने के बाद अब गृह मंत्रालय में संयुक्त सचिव के रूप में कार्य कर रही हैं। एक जिलाधीश के नाते सांप्रदायिक व उपद्रवों पर नियंत्रण करने और पुलिस कार्यवाही की जाँच का सामना करने का भी उन्हें पर्याप्त अनुभव है। उनके अनुसार, ऐसे समय सामान्य ज्ञान और निर्णय-क्षमता की परीक्षा हो जाती है, जिससे एक अधिकारी को हमेशा अनुभव-लाभ ही मिलता है। व्यक्तिगत जोखिम जैसे अवसर बहुत ही सीमित होते हैं, अतः उनसे डरने का कोई कारण नहीं।

जीवन को एकदम सहज ढंग से देखने और जीनेवाली सुश्री अन्ना राजम जॉर्ज से बातचीत करते समय मुझे लगता रहा, जैसे जीवन उतना जटिल नहीं है जैसा कि देखने की हमें आदत पड़ गई है। बहुत सी जटिलताएँ हमारी अपनी उपज हैं, जिन्हें हलके ढंग से लेकर जिंदगी को सरल और जीने योग्य बनाया जा सकता है।

सुश्री जॉर्ज की अन्य हॉबियाँ हैं—संगीत और सामान्य अध्ययन, जिनमें अपने फुरसत के क्षणों को डुबोकर व्यस्त दैनिक कार्यक्रम के लिए तरोताजा हो वे सदैव प्रस्तुत रहती हैं। अपनी शासकीय सेवा से अवकाश प्राप्त करके वे अब दिल्ली में स्थायी रूप से रह रही हैं।

□

प्रथम जज

अन्ना चैंडी

''जजों के अनेक बार गलत होनेवाले निर्णय कभी गलत न होते, यदि वे तर्कबुद्धि कम और समझ अधिक रखते।'' किसी महिला जज की सफलता का अनुमान इस चर्चित उक्ति से सही बैठता है। गहरी मानवीय संवेदना और अपनी सामान्य समझ से किसी मामले को भाँपने या कहिए-सूँघने में नारी जितनी निपुण हो सकती है, पुरुष उतना नहीं। हो सकता है, श्रीमती चैंडी की सफलता का भी यही रहस्य हो।

अर्नाकुलम स्थित केरल उच्च न्यायालय की जज श्रीमती अन्ना चैंडी को भारत की ही नहीं, पूरे राष्ट्रमंडल की 'प्रथम महिला जज' होने का गौरव प्राप्त है। उनका जन्म सन् 1905 में अलेप्पी (त्रावणकोर) के एक ख्याति-प्राप्त ईसाई परिवार में हुआ। बालिका अन्ना ने प्रारंभिक विद्यार्थी जीवन में ही अपनी विलक्षण प्रतिभा का परिचय देकर यह सिद्ध कर दिया था कि उन्हें एक साधारण गृहिणी मात्र नहीं बनना है। पूर्व स्थापित परंपराओं को तिलांजलि देकर सन् 1927 में लॉ कॉलेज में प्रवेश लेनेवाली वह पहली छात्रा थीं। सन् 1930 में एक वकील के रूप में अपना नाम रजिस्टर्ड करानेवाली वह त्रावणकोर की पहली महिला थीं और 1938 में जब वह जिला मुंसिफ बनीं तो इस पद पर उनका नाम भारत की पहली महिला के रूप में स्थापित हो गया। इसके बाद तो अपने निरंतर अध्यवसाय व सही निर्णय-क्षमता से सीढ़ी-दर-सीढ़ी बढ़ती गईं। सन् 1943 में एडीशनल डिस्ट्रिक्ट जज बनीं तो 1948 में डिस्ट्रिक्ट जज। इस दौरान प्राप्त सफलताओं से फिर फरवरी 1959 में जब उन्हें केरल हाई कोर्ट बेंच में ससम्मान स्थान दिया गया तो वह 'राष्ट्रमंडलीय प्रथम महिला

हाई कोर्ट जज' कहलाईं। रिटायर होने के बाद अभी हाल तक श्रीमती चैंडी 'भारतीय विधि आयोग' की सदस्या थीं।

दूसरों की बनाई राह पर तो सभी चलते हैं। परंपराओं की गिट्टियाँ तोड़कर और रूढ़ियों के काँटे बीनकर स्वयं अपने लिए नई राह का निर्माण करना बड़े जोखिम और साहस का काम होता है। बाईस वर्षीय अन्ना ने यह काम कर दिखाया था। त्रावणकोर में पहली लड़की के रूप में कानून की शिक्षा ग्रहण करते हुए उन्हें न जाने कितने कड़वे-मीठे अनुभवों से गुजरना पड़ा। कटु आलोचनाओं और व्यंग्यों की कड़वाहट तथा नई राह पर चलने की पुलक और मिठास—इस सबसे भ्रमित या हताश होने के बजाय वह उत्तेजना ग्रहण करतीं। ऐसी उत्तेजना, जो उन्हें निरंतर आगे बढ़ाती गई। अगली सीढ़ियों पर भी वह पहली और अकेली महिला थीं। पहलेपन व अकेलेपन का यह अहसास ही वह संबल था, जो सारी कठिनाइयों को सहज ढंग से लाँघ जाने में उसके साथ बना रहा। हाई कोर्ट की जज होने के साथ महिला वकीलों की विश्व संस्था की कार्यकारिणी की सदस्या बनीं तो अपने उसी अहसास और आत्मविश्वास के कारण ही।

श्रीमती चैंडी को अपने क्षेत्र में पहल करने का संतोष ही नहीं, इस बात का भी गर्व-मिश्रित संतोष था कि इस कैरियर में नई होने पर भी वे सफल रहीं। अपनी इस सफलता व संतुष्टि का श्रेय वे विभिन्न परिस्थितियों और घटनाओं के साथ अपने पति श्री चैंडी को भी देती थीं, जिनके सौहार्द-सहयोग से यह संभव हो सका। उनका विवाह उसी वर्ष हो गया था जिस वर्ष उन्होंने लॉ कॉलेज में प्रवेश लिया था। पति श्री पी.सी. चैंडी तब एक पुलिस इंस्पेक्टर थे, जो बाद में उन्नति करते-करते डिप्टी इंस्पेक्टर जनरल ऑफ पुलिस के पद से रिटायर हुए। दोनों का अपने-अपने क्षेत्र में समान रूप से आगे बढ़ते जाना इस सौहार्द-सहयोग का प्रमाण है।

विवाह के प्रारंभिक वर्षों में ही, जब वे लॉ कॉलेज में वैसे ही अकेली लड़की होने से लड़कों के मजाक का शिकार थीं, उस पर इस घटना ने उन्हें और अजीब स्थिति में डाल दिया था। लड़के उन्हें देखकर सीटियाँ बजाते, फब्तियाँ कसते और छोटे बच्चे के रोने की ध्वनियाँ निकालकर उन्हें घर पर छोड़े शिशु की याद दिलाकर चिढ़ाते। पर श्रीमती चैंडी उस मिट्टी की नहीं बनी थीं कि विचलित हो जातीं। इस पर पति के प्रोत्साहन ने उनका हौसला और भी बुलंद कर दिया था।

अदालत में उनके पहली महिला वकील के रूप में उपस्थित होने पर फिर वही चौंकानेवाला वातावरण उपस्थित था। वैसे ही, पर छोकरे नहीं, प्रौढ़ किस्म के मजाक और रिमार्क। उनकी अभूतपूर्व सफलता देखकर अकसर लोग कह उठते, ''केस जीतने के लिए साड़ी पहनना अनिवार्य है।'' पर उनकी सफलता साड़ी नहीं, प्रतिभा थी। वे सुविधा से नहीं, श्रम और लगन से सीढ़ी-दर-सीढ़ी बढ़ीं। निचली सीढ़ी मुंसिफ के पद से उनका विकास प्रारंभ हुआ, किसी 'शॉर्टकट' से जाकर सीधे ऊपर नहीं पहुँच गईं। ऊँचाई पर जानेवाली

एक-एक सीढ़ी उन्होंने अपने तर्क, कौशल और केस को समझनेवाली गहरी दृष्टि से नापी थी। उनके निर्णयों की क्षमता देखकर त्रावणकोर के दीवान सर सी.पी. रामास्वामी अय्यर इसे 'फिनामिना इन द एंग्लो-सेक्सन वर्ल्ड' कहते थे।

उनके इस कैरियर ने उनके पारिवारिक जीवन में समस्याएँ न खड़ी की हों, ऐसी बात न थी। पति श्री चैंडी की बदली स्थान-स्थान पर होती रहती थी और उन्हें अकसर अलग रहना पड़ता था। श्रीमती चैंडी ने एक बार हँसी-हँसी में इसे 'कानूनी अलहदगी' का नाम दिया था, जो वास्तव में क़ानूनी नहीं, उनके कानून के क्षेत्र को अपनाने से पैदा हो जाती थी। अपने पुत्र की शादी होने तक उन्हें घर-बाहर दोनों की जिम्मेदारियाँ लगभग अकेले ही सँभालनी पड़ीं; पर पति की प्रेरणा और सहानुभूति सदा उनके साथ रही। यह स्थिति उनके साथ पोते-पोतियों की दादी माँ बन जाने तक बनी रही।

श्रीमती चैंडी ने एक अन्य क्षेत्र में भी रूढ़ि को तोड़ा था। उनके समय से पहले किसी भले घराने की कोई लड़की रंगमंच पर अभिनय नहीं करती थी। लड़कियों का अभिनय भी लड़कों को ही करना पड़ता था। त्रावणकोर की तत्कालीन महारानी सेथु पार्वतीबाई से प्रोत्साहन पा अन्ना ने सार्वजनिक रंगमंच पर उतरकर एक बार फिर लोगों को आश्चर्यचकित कर दिया था। जज बनने के बाद भी वे अपने इस शौक को भूलीं नहीं, न ही उन्होंने इसमें किसी प्रकार की शर्म महसूस की। उन्होंने अपनी कुछ साथिनों को साथ लेकर अपने लिखे नाटक 'मर्डर ऑफ दि इंग्लिश लैंग्वेज' (सेक्शन 206, पैनल कोड) का न केवल सफल निर्देशन किया, उसमें स्वयं अभिनय भी किया। श्रीमती चैंडी को अध्ययन व लेखन का भी पर्याप्त शौक रहा। उन्होंने 'श्रीमती' नामक केरल की पहली महिला पत्रिका का संपादन-संचालन कर पत्रकारिता के क्षेत्र में भी ख्याति अर्जित की। वे त्रावणकोर विधान परिषद् की सदस्या भी रहीं। एक विधायक व पत्रकार के नाते उन्होंने महिला अधिकारों के लिए जमकर लड़ाई लड़ी और केरल की महिलाओं के शासन व नौकरियों में जाने का मार्ग सुगम बनाया।

एक कैथोलिक के नाते उन्हें चर्च और प्रार्थना में अत्यधिक विश्वास था। जीवन में इतनी ऊँची उठकर भी गर्व उन्हें छू नहीं पाया था और वे चर्च व पति के प्रति उसी प्रकार समर्पिता रहीं जैसे कोई भी सामान्य नारी, बल्कि उससे भी कहीं अधिक! पति की पसंद के पकवान बनाना उनका प्रिय शौक थी। सिलाई आदि घरेलू कार्यों में भी उनकी रुचि थी। मलयालम साहित्य में 'वल्लतोल' की कविताएँ पढ़ना उन्हें अच्छा लगता था। सफेद साड़ी उनकी प्रिय पोशाक थी।

सादगी, सरलता और स्पष्टता की मूर्ति श्रीमती अन्ना चैंडी का कहना था, "एक वकील को कानून से ज्यादा कानून में निहित भावना को समझने का प्रयत्न करना चाहिए।" उनकी यह भी मान्यता थी कि कानून का अध्ययन सामान्य शिक्षा का अंग होना चाहिए।

□

प्रथम सेनाधिकारी

सुहासिनी दासगुप्ता

"यदि कामकाजी नारी का अपना मानसिक विकास ठीक हो तो उसकी शिकायतों का हल उसी के पास मिल जाता है। हमने जब कार्यक्षेत्र में कदम रखा था, कदम-कदम पर बाधाएँ थीं। आज जैसी सुविधाएँ तब कहाँ थीं?" कुमारी सुहासिनी दासगुप्ता ने अपनी बात जारी रखते हुए कहा, "कोई व्यक्ति जब तक अपने काम के प्रति पूरी तरह समर्पित नहीं होगा, उसके साथ न्याय कर ही नहीं सकता। घर-परिवार अपनी जगह, काम अपनी जगह। जिस वक्त जो सामने हो, उसके प्रति निष्ठा हो—बस। समस्याओं के हल का मैं तो यही एक समाधान देखती हूँ। काम कोई भी हो, क्षेत्र कोई भी हो, यदि हमारे कैरियर के साथ राष्ट्र-निर्माण की भावना जुड़ी है तो वह ठीक ही संपन्न होगा और कोई बाधा सामने नहीं आएगी।"

नेशनल कैडेट कोर के डायरेक्टरेट जनरल में महिला विंग की इंचार्ज और प्रशासन में असिस्टेंट डायरेक्टर के पद पर नियुक्त कुमारी सुहासिनी दासगुप्ता के इन आदर्श, किंतु व्यावहारिक विचारों और एन.सी.सी. की मूल भावना में कितना साम्य है!

कलकत्ता से प्राइवेट बी.ए. करने के पश्चात् दूसरे विश्व युद्ध के दौरान सन् 1942 में उन्होंने 'बुआक्स' (उस समय की 'वीमेन ऑग्जीलियरी कोर सर्विस) की ब्रिटिश सैनिक सेवा से अपना कैरियर शुरू किया था। भारतीय विमानभेदी टुकड़ी के केंद्रीय संचालन-कक्ष में काम करनेवाली वह प्रथम भारतीय महिला कर्मचारी थीं। फिर 1944 में कमीशन प्राप्त कर कैप्टन बनीं। 1947 में 'बुआक्स' भंग कर दी गई। पर कुमारी दासगुप्ता इससे पहले (सन् 1946 में) उसे छोड़ चुकी थीं। तत्पश्चात् इंडियन नेशनल

एयरवेज और दूसरी संस्थाओं में कार्य करती रहीं। 1948 में नेशनल कैडेट कोर की स्थापना हुई और 1949 में ही महिला विंग का प्रश्न उपस्थि ति होने पर केंद्रीय लोक सेवा आयोग द्वारा चुनी जाकर वे इस कार्य को सँभालने के लिए रक्षा मंत्रालय में आ गईं। ब्रिटिश शासन काल में 'वीमेन ऑग्जीलियरी सर्विस' में चार वर्षों तक कार्य करके महिला प्रशिक्षण केंद्र की प्रशिक्षण अधिकारी के रूप में जो अनुभव उन्होंने प्राप्त किया था, उसी के आधार पर उन्हें नेशनल कैडेट कोर की महिला शाखा स्थापित करने का दायित्व सौंपा गया। तब से आज तक एन.सी.सी. की महिला शाखा प्रांतीय व स्थानीय अनेकानेक उपशाखाओं में फूटती हुई निरंतर बढ़ती-फैलती गई और इस सारे कार्यक्रम का संचालन-सूत्र थामे रहीं कुमारी दासगुप्ता—पहले लेडी ऑफिसर के रूप में, फिर कैप्टन के पद से लेकर मेजर के रैंक के बराबर असिस्टेंट डायरेक्टर के रूप में।

स्वतंत्रता के शीघ्र बाद भारत में एन.सी.सी. की महिला शाखा की स्थापना, संचालन और विस्तार करना कोई सरल कार्य न था। उन्होंने बताया, ''हमें घूम-घूमकर लड़कियों के अभिभावकों को बड़ी मुश्किल से इसके लिए राजी करना पड़ता था। अभिभावकों को मुख्य आपत्ति यह थी कि पुरुषों की तरह ड्रेस पहनने और परेड करने से उनके विवाह में बाधा आएगी। आज जब उन्हीं लड़कियों को माताओं के रूप में मैं देखती हूँ तो हँसी भी आती है और यह विचार भी कि सचमुच स्थिति कितनी बदल गई है और हम महिलाओं ने आजादी के बाद कितनी तेजी से प्रगति की है!

''शुरू में हमने कलकत्ता, नागपुर और लुधियाना—इन तीन नगरों में प्रयोग के तौर पर अपना कार्य किया। कॉलेजों की प्राध्यापिकाओं में से चुनकर नौ महिला अधिकारियों की नियुक्ति की और फिर कार्य का क्रमशः विस्तार किया। इस विस्तार-प्रक्रिया में भी बाधाएँ आनी स्वाभाविक थीं। पर उन पर विजय पाई गई। परिणाम सामने हैं—पहले बैच में जहाँ केवल 270 संख्या थी, बाद में यह संख्या लाखों तक पहुँच गई।''

सुहासिनी की मानसिक तैयारी में उनकी माँ का विशेष योगदान रहा है। पिता पुलिस में उच्चाधिकारी थे और माँ अशिक्षित होते हुए भी एक प्रगतिशील नारी थीं। उनकी उच्च नैतिक शिक्षा ही उन्हें मर्यादा और अनुशासन में बाँधे रही, अन्यथा सैनिक सेवा में पुरुषों के बीच रहकर व्यक्तित्व बिखरने से बचाना शायद संभव न होता। उन दिनों आम भारतीय लड़की की तरह आम बंगाली लड़की पर भी कम बंधन नहीं थे। पर उनकी माता ने उन पर बंधन लगाने के बजाय उन्हें जीवन की हर स्थिति, हर क्षेत्र में स्वयं निर्भर हो सफल जीवन-यापन के लिए मानसिक रूप से तैयार किया। बचपन का यह निर्माण और किशोरावस्था से तरुणाई तक मानसिक तैयारी ही वह पाथेय है, जिसे लेकर कोई भी व्यक्ति अपना जीवन-पथ आप चुन सकता है और उस पर सफलतापूर्वक

चल सकता है। कुछ दशक पहले की यह अशिक्षित माँ क्या आज की शिक्षित माताओं के लिए भी एक प्रेरणा नहीं है?

कुमारी दासगुप्ता ने प्रश्नसूचक दृष्टि से मेरी ओर ताका। असहमति का इसमें प्रश्न ही कहाँ उठता है! संभवत: यही वह प्रेरणा है, जो एन.सी.सी. की पूरी महिला शाखा का सफल संचालन कर रही है और इसके माध्यम से देश की हर युवती को 'सधे हुए कदमों से प्रगति की ओर' बढ़ते जाने की प्रेरणा दे रही है।

कुमारी सुहासिनी दासगुप्ता अपने छह भाई-बहनों में सबसे बड़ी हैं। वह अपने इस ध्येय को सामने रखकर आजीवन कुमारी रहने का व्रत लेकर चली हैं। ''विवाह मैंने खूब सोच-समझकर और जानबूझकर ही नहीं किया। किशोरावस्था की शपथ की बात को गंभीरता से न भी लें, पर बाद में भी कभी मुझे अपना यह निर्णय गलत नहीं लगा। रही अकेलेपन की बात, तो मैं अकेली नहीं हूँ, बहुत बड़े परिवार की सदस्या हूँ। उनमें से कोई-न-कोई मेरे पास बना रहता है। मेरा पशु-प्रेम भी मुझे अकेलापन नहीं खलने देता। घरेलू जानवर पालना और उनसे खेलना मेरी हॉबी है। टेनिस, घुड़सवारी, राइफल चलाना, मित्र बनाना और समाज-सेवा मेरी अन्य हॉबियाँ हैं।

''पर मेरी सबसे बड़ी हॉबी तो एन.सी.सी. का मेरा काम ही है। अपने लगाए हुए इस छोटे से पौधे को फैलाकर आज जब मैं वट-वृक्ष के रूप में देखती हूँ तो मेरा हृदय संतोष से भर उठता है। एन.सी.सी. का यह सारा परिवार भी तो मेरा परिवार ही है!

''सब बातों की एक बात कि अपने कार्य के प्रति समर्पित कोई भी व्यस्त नारी कभी अकेली नहीं होती। हाँ, जब काम नहीं कर पाऊँगी, उस समय की बात मैं नहीं कह सकती। पर ऐसा अवसर शायद ही आए। कर्मठ व्यक्ति के जीवन में ऐसा समय नहीं आ सकता, न ही आना चाहिए।'' उन्होंने बताया था।

कुमारी सुहासिनी दास गुप्ता अब रिटायर हो चुकी हैं और सामाजिक कार्यों में संलग्न रहने के साथ प्राणि-मित्र संस्था की भी एक सक्रिय कार्यकर्त्री हैं। एन.सी.सी. के क्षेत्र में उनकी सेवाओं के लिए वर्ष 1971 में गणतंत्र दिवस के अवसर पर उन्हें 'पद्मश्री' की उपाधि से विभूषित किया गया था।

□

बोलपट की प्रथम नायिका

देविका रानी

भारतीय फिल्म संसार में एक नए युग का सूत्रपात करनेवाली देविका रानी सन् 1945 में फिल्म जगत् से संन्यास ले चुकी थीं, पर आज आधी शताब्दी बाद भी उनका नाम लोग भूले नहीं हैं। देविका रानी बोलती फिल्मों की प्रथम अभिनेत्री थीं। 'बॉम्बे टॉकीज' जैसी ख्याति-प्राप्त फिल्म संस्था की स्थापना और संचालन में तो उनका महत्त्वपूर्ण योगदान रहा ही, 'अछूत कन्या', 'वचन', 'जीवन नैया'' 'जीवन प्रभात', 'सावित्री', 'किस्मत', 'इज्जत', 'बसंत', 'पुनर्मिलन' जैसी अमर फिल्मों की चर्चित और अपने समय की सर्वश्रेष्ठ अभिनेत्री के नाते आज भी उनका नाम बड़े आदर से लिया जाता है।

देविका रानी रवींद्रनाथ टैगोर की भानजी की पुत्री थीं। पिता कर्नल एम.एन. चौधरी मद्रास में प्रथम भारतीय सर्जन जनरल थे तथा देविका रानी के जन्म के समय अपनी पत्नी लीला चौधरी के साथ वाल्टेयर में रहते थे। इंग्लैंड में पढ़ते समय ही देविका रानी ने लंदन की रॉयल अकादमी ऑफ ड्रामेटिक आर्ट से अभिनय में पुरस्कार प्राप्त किया था। पढ़ाई के बाद व्यावहारिक कला में 'टेक्सटाइल डिजाइनिंग' का कोर्स पास करके उन्होंनें 'आर्किटेक्चर' में भी डिप्लोमा लिया और फिर लंदन के एक प्रमुख आर्ट स्टूडियो में 'डिजाइनर' के रूप में काम करने लगीं।

वहीं सन् 1928 में 'द लाइट ऑफ एशिया', 'शीराज' जैसी प्रसिद्ध फिल्मों के निर्माता श्री हिमांशु राय से उनकी भेंट हुई। हिमांशु राय ने देविका रानी के व्यक्तित्व और कला से प्रभावित हो उन्हें अपनी प्रोडक्शन यूनिट में शामिल होने के लिए प्रेरित किया। इस

यूनिट द्वारा बाद में भारतीय फिल्मों के निर्माण, विकास और प्रसार की योजना की बात सुनकर वह राजी हो गईं। हिमांशु राय तब 'थ्रो ऑफ डाइस' नामक इंग्लिश फिल्म बना रहे थे। देविका रानी ने उस फिल्म की सेट-सज्जा और वेशभूषा की कलाकार के नाते एक समझौते पर हस्ताक्षर कर फिल्म क्षेत्र में प्रवेश किया, जो बाद में उनके जीवन का महत्त्वपूर्ण मोड़ साबित हुआ।

भारत आकर अगले वर्ष 1929 में ही हिमांशु राय और देविका रानी विवाह-सूत्र में बँध गए। विवाह के शीघ्र बाद जब हिमांशु राय एक प्रसिद्ध जर्मन फिल्म कंपनी यू.एफ.ए. के प्रोड्यूसर बनकर बर्लिन गए तो देविका रानी को वहाँ मेकअप, सेट-सज्जा, वेशभूषा आदि में आगे और प्रशिक्षण लेने का अवसर मिला। वहीं उन्होंने अभिनय कला में भी कुशलता प्राप्त की। जब हिमांशु राय और देविका रानी यू.एफ.ए. में फिल्म-निर्माण कार्यों में व्यस्त थे, तभी वहाँ मूक फिल्मों को बोलती फिल्मों में बदलने की नई तकनीक का विकास हो रहा था। अपने पति के साथ देविका रानी को इस सारी प्रक्रिया के अध्ययन व निरीक्षण का अवसर मिला। देविका रानी ने यू.एफ.ए. की एक फिल्म में अभिनय भी किया और उस सिलसिले में उन्हें स्कैंडेनेवियन देशों की यात्रा का अवसर मिला, जहाँ पति-पत्नी दोनों का खूब सम्मान किया गया।

जर्मनी से लौटकर हिमांशु राय ने प्रथम भारतीय बोलती फिल्म 'कर्म' का निर्माण किया। 'कर्म' अंग्रेजी और हिंदुस्तानी दोनों भाषाओं में बनाई गई थी, जिसमें अंग्रेज व जर्मन विशेषज्ञों का भी सहयोग प्राप्त किया गया था और जो भारत, इंग्लैंड व अन्य देशों में एक साथ रिलीज हुई थी। देविका रानी इसकी प्रमुख अभिनेत्री थीं। 'कर्म' रिलीज होने के साथ ही भारतीय फिल्म जगत् में एक सनसनी, एक धूम मच गई। इस प्रथम बोलती फिल्म के साथ भारतीय फिल्म जगत् में एक नए युग का सूत्रपात हुआ और देविका रानी भी एकाएक जनता की आँखों में समा गईं। विदेशों में भी उनकी चर्चा इतनी चली कि उन्हें बी.बी.सी. की 'शॉर्ट वेव' को भारत तक पहुँचाया गया तो भारत के लिए प्रथम कार्यक्रम का उद्घाटन भी उन्हीं से करवाया गया।

'कर्म' की ख्याति के बाद हिमांशु राय ने 'हिमांशु राय इंडो-इंटरनेशनल टॉकीज लिमिटेड' नाम से एक फिल्म संस्था का निर्माण किया, जो बाद में बॉम्बे टॉकीज' के एजेंट के रूप में सामने आई। फिर 1934 में मलाड, बंबई में 'बॉम्बे टॉकीज' का एक 'पब्लिक लिमिटेड कंपनी' के रूप में निर्माण किया गया। बॉम्बे टॉकीज का इतिहास और भारतीय फिल्मों के विकास का इतिहास अलग नहीं है। विदेशी विशेषज्ञों के सहयोग से इस संस्था ने अभिनय, तकनीक, उद्योग सभी क्षेत्रों में एक क्रांति ला दी। तकनीक और अभिनय में ऊँचे मानदंड स्थापित करते हुए यह संस्था आज के अनेक प्रसिद्ध कलाकारों व तकनीशियनों

के निर्माण में सहायक हुई और इस सबका श्रेय है हिमांशु राय व देविका रानी को।

बाम्बे टॉकीज की प्रमुख अभिनेत्री और भारत की सर्वश्रेष्ठ अभिनेत्री के रूप में 'अछूत कन्या', 'वचन', 'इज्जत' आदि में उनके अभिनय को इतने वर्षों बाद भी श्रेष्ठ अभिनय कहा जाता है। देविका रानी ने अभिनय कला के ऊँचे-से-ऊँचे शिखरों को छुआ था और ऐसी ही ऊँची ख्याति पाई पर जब कि वह अपनी ख्याति की चरम सीमा पर थीं, उन्होंने फिल्म क्षेत्र छोड़ दिया।

सन् 1936-40 के दौरान 'भारतीय फिल्म जगत् की प्रथम महिला' के रूप में उन्हें फिल्म उद्योग, प्रेस की ओर से और जन समारोहों में अनेक पुरस्कार, मेडल और सम्मान मिले। फिर 1940 में हिमांशु राय की मृत्यु हो गई। देविका रानी पर बॉम्बे टॉकीज का सारा भार आ पड़ा। चीफ कंट्रोलर और डायरेक्टर के नाते उन्हें स्टूडियो व्यवस्था से लेकर बिजनेस तक का सारा काम देखना पड़ा। पर अपने निर्देशन में बनी किसी भी फिल्म का स्तर उन्होंने गिरने नहीं दिया। 'पुनर्मिलन', 'किस्मत' जैसी फिल्में उसी समय की देन हैं। इसी तरह दिलीप कुमार, मधुबाला, मुमताज, शांति अभिनेता-अभिनेत्री भी। न जाने कितने फिल्म-लेखकों, कलाकारों एवं तकनीशियनों ने उनसे प्रेरणा और सहायता पाकर इस क्षेत्र में नाम पैदा किया। लेकिन अपनी रुचि के क्षेत्र अभिनय से कटकर केवल संचालन-व्यवस्था जैसे बोझिल कार्य से वे ऊब उठी थीं।

सन् 1945 में प्रसिद्ध रूसी चित्रकार श्री स्वेतोस्लाव रेरिख से विवाह कर उन्होंने फिल्म जगत् से संन्यास ले लिया और अपने सुंदर पहाड़ी घर के शांत वातावरण में रहकर उन सभी रुचिकर कामों की ओर उन्मुख हो गई थीं, जो उनकी व्यवस्था के दौरान छूट गए थे। इनमें कई सरकारी, अर्ध-सरकारी तथा सामाजिक व सांस्कृतिक संस्थाओं की सदस्यता भी शामिल थी।

20 अक्तूबर, 1970 को 'भारतीय बोलपट की इस प्रथम नायिका' को भारतीय फिल्मों में विशिष्ट योगदान के लिए 'दादा साहब फाल्के पुरस्कार' प्रदान करने की घोषणा की गई। भारत सरकार ने एक प्रशस्ति-पत्र के साथ 11,000 रुपए का यह राष्ट्रीय पुरस्कार उसी वर्ष श्री फाल्के की स्मृति में आरंभ किया था, जो प्रतिवर्ष दिया जाता है। इसके पूर्व जनवरी 1958 में राष्ट्रपति की ओर से देविका रानी को 'पद्मश्री' की उपाधि से भी सम्मानित किया गया। पर भारतीय फिल्म कला उद्योग को उनकी देन जितनी व्यापक है और देश-विदेश से जितना व्यापक सम्मान उन्हें जीवन में मिला, उसे देखते हुए ये सम्मान उनके स्तर की पुष्टि भर ही थे। देविका रानी अब नहीं रहीं। अभिनेत्रियाँ आएँगी और जाएँगी, पर देविका रानी का नाम फिल्म-संसार में अमर रहेगा। □

प्रथम उपन्यासकार

स्वर्णकुमारी देवी

तेरह वर्ष की उम्र में गीतों और कहानियों का लेखन तथा इक्कीस वर्ष की उम्र तक ख्याति-प्राप्त लेखिका—वह भी उस युग में, जबकि महिलाओं के लिए शिक्षा ही एक अजूबा समझी जाती थी। श्री रवींद्रनाथ टैगोर की बड़ी बहन स्वर्णकुमारी देवी बँगला की प्रथम प्रसिद्ध लेखिका ही नहीं, भारत की पहली महिला उपन्यासकार भी हैं।

स्वर्णकुमारी देवी ने बारह-तेरह वर्ष की आयु में लिखना शुरू किया और सतहत्तर वर्ष की आयु में अपनी अंतिम साँसों तक लिखती रहीं। उन्होंने छोटी-बड़ी कहानियाँ, ऐतिहासिक-सामाजिक उपन्यास, नाटक, गीत, कविताएँ, मुहावरे आदि सभी कुछ लिखे। पाठ्य-पुस्तकों के अतिरिक्त सत्ताईस ग्रंथों की रचना की, पुस्तक समीक्षाएँ लिखीं। 'भारती' पत्रिका का सात वर्षों तक संपादन किया। बँगला के अतिरिक्त संस्कृत व अंग्रेजी में भी लिखा। समाज-सेवा के क्षेत्र में भी उल्लेखनीय कार्य किया, पर विशेष ख्याति उन्हें कथाकार के रूप में मिली। उन्हें बँगला साहित्य की पहली अच्छी लेखिका के रूप में याद किया जाता है। पर उनकी यह ख्याति बंगाल तक ही प्राय: क्यों सीमित रही, इसका कारण संभवत: यह रहा कि टैगोर ने अपनी जीवनी तथा अन्य रचनाओं में अपनी इस लेखिका बहन का उल्लेख न के बराबर किया है। 'भारत की प्रथम महिला उपन्यासकार' के रूप में तो शायद बंगाल में भी उन्हें कम जाना जाता है।

सन् 1876 में प्रकाशित 'दीप-निर्वाण' उनका प्रथम उपन्यास है, जो उनकी इक्कीस वर्ष की आयु में प्रकाशित हुआ। इसमें पृथ्वीराज व संयोगिता की कहानी है।

पहला उपन्यास होने पर भी भावनाओं की अभिव्यक्ति व शैली में यह साधारण नहीं था, इसलिए इसके प्रकाशित होते ही उनकी ख्याति चारों ओर फैल गई थी। इस प्रोत्साहन के प्रभाव से अगले वर्ष सन् 1877 में ही 'मिबारराज' नामक उनका दूसरा ऐतिहासिक उपन्यास प्रकाश में आ गया। फिर सन् 1879 तक 'मालती' और 'छिन्नमुकुल' सामने आए। 'छिन्नमुकुल' में भाई-बहन के प्रेम के रूप में बँगला रोमांस को एक नया रूप दिया गया था। 'हुगलीर इमामबाड़ी' सन् 1887 में प्रकाशित हुआ, जिसमें मोहम्मद मोहसिन की जीवनी को उपन्यास का विषय बनाया गया है। सन् 1890 में 'विद्रोह' तथा 1894 में 'फूलेरमाला' नामक दो अन्य ऐतिहासिक उपन्यास प्रकाशित हुए। इसी बीच सन् 1893 में उनका एक सामाजिक उपन्यास 'स्नेहलता' प्रकाशित हुआ, जिसने उन्हें बंगाल की पहली अच्छी लेखिका के पद पर बैठा दिया। 'स्नेहलता' आधुनिक समाज (तत्कालीन बँगला समाज) की समस्याओं पर आधारित उनका पहला उपन्यास था। इस उपन्यास की खूब चर्चा विषय-वस्तु व चरित्र-चित्रण को लेकर रही। आज भी यह उनका सर्वश्रेष्ठ उपन्यास माना जाता है।

इसके बाद सन् 1898 में रोमांटिक प्रेम कहानीवाला एक उपन्यास 'कहा के' (किसको) प्रकाशित हुआ और बीच में एक अंतराल के बाद 1920 से 1925 तक फिर उनके तीन अन्य उपन्यास प्रकाश में आए। इनमें से 'विचित्रता' के 1920 में, 'स्वप्नवाणी' के 1921 में तथा 'मिलन रात्रि' के 1925 में प्रकाशित होने का उल्लेख मिलता है। इतने सारे उपन्यास! और उपन्यास के क्षेत्र में किसी महिला द्वारा नए प्रयोग में!

इस आश्चर्य का उत्तर देता है उनका परिवेश। स्वर्णकुमारी देवी महर्षि देवेंद्रनाथ टैगोर की पुत्री थीं और कवींद्र रवींद्रनाथ टैगोर की बड़ी बहन। उनका स्थान श्री देवेंद्रनाथ की चौदह संतानों में दसवाँ था। बचपन से ही वह ऐसे संबंधियों से घिरी थीं, जिनके घराने की विद्वत्ता से सभी परिचित हैं। शान-शौकत, शिष्टाचार, देशी-विदेशी भाषाओं व साहित्य का अध्ययन, अध्यात्म, संगीत, चित्रकला व अन्य ललित कलाएँ—सभी कुछ उन्हें सांस्कृतिक विरासत के रूप में मिला था। उनका परिवार पूर्व व पश्चिम की संस्कृतियों का संगम-स्थल ही नहीं, दोनों के 'सर्वोत्तम' से विभूषित था। इतिहास, भूगोल, प्राकृतिक विज्ञान, साहित्य—सभी क्षेत्रों में अधिकतम ज्ञान-प्राप्ति की प्रतियोगिता ही वहाँ नहीं चलती थी, विचारों व भावनाओं की अभिव्यक्ति की भी समुचित शिक्षा और प्रेरणा उपलब्ध थी। ऐसे वातावरण में कोई प्रतिभा प्रस्फुटित हुए बिना कैसे रह सकती थी? उनकी जन्मजात प्रतिभा का प्रमाण इससे मिलता है कि बहुत छोटी उम्र में ही इस बालिका को माइकेल मधुसूदन तथा ईश्वर गुप्त की बहुत सी कविताएँ पूरी तरह याद थीं और वह उन्हें सुनाती ही चली जाती थीं।

स्वर्णकुमारी देवी की शिक्षा घर में शुरू होकर घर पर ही समाप्त हुई। उनके परिवार में परदा था। प्रतिष्ठित घरानों की लड़कियाँ तब घरों से बाहर नहीं जाती थीं। विद्वान् पिता की देखरेख में प्रसिद्ध विद्वानों और अपने बड़े भाई द्वारा ही उन्होंने शिक्षा ग्रहण की। उनका विवाह भी तेरह वर्ष की आयु में हो गया। इस प्रकार यद्यपि वे ऐसी सामाजिक परिस्थितियों में पली थीं, जो स्त्रियों को उच्च व स्वतंत्र शिक्षा प्राप्त करने में बाधक थीं, फिर भी उन्हें समय के अनुसार सर्वोत्तम शिक्षा मिली। बचपन में उन्होंने बँगला व संस्कृत पढ़ी। विवाह के कुछ समय बाद जब वह अपने भाई के पास बंबई में थीं, उन्होंने अंग्रेजी साहित्य का भी अध्ययन किया। पश्चिमी संस्कृति का प्रभाव उनपर अंग्रेजी साहित्य के अध्ययन से पूर्व भी पड़ चुका था, क्योंकि उनके परिवार के बौद्धिक व्यक्ति पश्चिम की किसी अच्छी चीज का केवल अभारतीय होने से बहिष्कार नहीं करते थे। इस अध्ययन और परिवेश ने मिलकर उन्हें भारतीय नारी के सामाजिक स्तर को ऊँचा उठाने की प्रेरणा दी। हिंदू स्त्रियों की सामाजिक अयोग्यताओं का उन्होंने अपनी लेखनी द्वारा तथा क्रियात्मक रूप में भी विरोध किया। वह देखती थीं कि उनके पिता का घर कलाओं का मंदिर ही नहीं, अध्यात्म का ऐसा मंदिर भी था, जहाँ मानव-मानव में कोई भेद नहीं समझा जाता था। मानवता की सेवा को अपना मुख्य धर्म समझा जाता था। पिता द्वारा रूढ़ियों के निवारण और सामाजिक-धार्मिक सुधार को उन्होंने ध्यान से देखा था। इस सबसे प्रभावित होकर उन्होंने स्वयं भी 'सखी-समिति' नामक एक महिला संगठन बनाया, जो विधवाओं और गरीब लड़कियों की शिक्षा, आर्थिक सहायता, रूढ़ियों के खिलाफ संघर्ष आदि कार्यक्रम चलाता था। इससे उनके यश व प्रतिष्ठा में और वृद्धि हुई।

'भारती' पत्रिका का बँगला साहित्य और साहित्यकारों के विकास में महत्त्वपूर्ण स्थान रहा है। शरतचंद्र की पहली कहानी 'भारती' में छपी थी। 'भारती' का प्रकाशन प्रारंभ होने तक स्वर्णकुमारी लेखिका के रूप में प्रसिद्ध हो चुकी थीं। उन्होंने न केवल 'भारती' में निरंतर लिखा, बल्कि आगे चलकर सन् 1908 से 1914 तक उसका संपादन भी किया। इसके बाद तो उनकी ख्याति इतनी फैल चुकी थी कि सन् 1921 में 'बंग साहित्य सम्मेलन' के उन्नीसवें अधिवेशन में उस सम्मेलन के अध्यक्ष श्री रवींद्रनाथ टैगोर की अनुपस्थिति में सर्वसम्मति से उन्हें ही अध्यक्ष बनाया गया। एक महिला साहित्यकार के रूप में उन दिनों उनकी यह सफलता निश्चय ही स्पर्धा का विषय थी।

स्वर्णकुमारी देवी के नाटक व गीत इतने प्रभावशाली नहीं बन पड़े जितने कथा-साहित्य। कहानी, उपन्यास और वर्णनात्मक निबंधों में उनकी शैली सरल व प्रभावपूर्ण थी। उन्होंने कुछ शब्दों व मुहावरों का रवींद्रनाथ से पहले प्रयोग किया, इस दृष्टि से

कुछ लोग रवींद्र साहित्य पर उनका भी कुछ प्रभाव मानते हैं; यद्यपि रवींद्रनाथ ने इसे कहीं स्वीकार नहीं किया है। एक सुधारक दृष्टिकोण की लेखिका होने से उनकी शैली हास्य-व्यंग्य प्रधान है। उसमें घरेलू बोलचाल के शब्दों व शुद्ध संस्कृत के शब्दों का अद्‍भुत मिश्रण है। अपनी सरल, मनोरंजक व ंग्यात्मक शैली से वह लोगों को घायल किए बिना आनंदित करती थीं। उनकी सफलता और लोकप्रियता का रहस्य भी शायद यही था। किंतु उनकी यह शैली मौलिक और जनप्रिय होकर भी साहित्यिक क्षेत्र में विशेष प्रशंसित नहीं हुई। इसका कारण है उस समय बंगाल में चमत्कारपूर्ण आलंकारिक शैली का प्रयोग और प्रभाव। अब जबकि यह प्रभाव नहीं रहा, इस प्रथम महिला उपन्यासकार की कृतियों का उस विशेष परिवेश के संदर्भ में अध्ययन व मूल्यांकन किया जाना चाहिए।

□

प्रथम अधिवक्ता, समाज-सुधारक व लेखिका

कोर्नेलिया सोराबजी

देश में जिन दिनों स्वतंत्रता संग्राम जोर पकड़ रहा था, उन्हीं दिनों कोर्नेलिया सोराबजी एक विख्यात विधिवेत्ता और अधिवक्ता की रूप में उभरीं। उन्हें भारत की पहली महिला अधिवक्ता होने का गौरव प्राप्त है। वह महिलाओं की शिक्षा की प्रबल पक्षधर थीं। उनका मानना था कि अगर वास्तव में समाज को सुधारना है तो उसके लिए सबसे पहले नारियों को शिक्षित करना होगा। साथ ही वह पारंपरिक भारतीय जीवन-शैली और संस्कृति को भी पसंद करती थीं। आधुनिक शिक्षा और परंपरा का ऐसा अद्‌भुत संगम विरले ही देखने को मिलता है।

कोर्नेलिया का जन्म 15 नवंबर, 1866 को नासिक शहर में हुआ था। उन दिनों महाराष्ट्र राज्य बॉम्बे प्रेजिडेंसी के नाम से जाना जाता था। कोर्नेलिया कुल नौ भाई-बहन थे। पिता सोराबजी करसेदजी एक सम्मानित पारसी ईसाई थे तथा माता फ्रांसिना फोर्ड एक भारतीय महिला थीं, जिनका पालन-पोषण एक ब्रिटिश दंपती ने किया था।

कोर्नेलिया की माता का मानना था कि शिक्षा घर से ही प्रारंभ हो जानी चाहिए और महिला को इसमें महत्त्वपूर्ण भूमिका निभानी चाहिए। अपनी इसी विचारधारा के चलते उन्होंने पूना (वर्तमान पुणे) में लड़कियों के लिए अनेक विद्यालयों-पाठशालाओं की स्थापना की। उनकी ख्याति इस प्रकार की थी कि आस-पड़ोस की स्थानीय महिलाएँ उनके पास विरासत व संपत्ति के अधिकारों से जुड़े मामलों पर चर्चा करने आतीं। नन्ही कोर्नेलिया को ये सब चर्चाएँ सुनना अच्छा लगता था। इन कानूनी चर्चाओं ने उनके बाल मन पर ऐसा गहरा प्रभाव डाला कि उन्होंने स्वयं भी वकील बनने की ठान ली।

कोर्नेलिया की आरंभिक शिक्षा-दीक्षा घर पर ही हुई। उनके पिता मिशनरी पाठशाला चलाते थे। कुछ बड़ी होने पर कोर्नेलिया भी इसी विद्यालय में शिक्षा ग्रहण करने लगीं। वह बचपन से ही पढ़ाई-लिखाई में मेधावी थीं। 1892 में उन्हें 'बैचलर ऑफ सिविल लॉ' की परीक्षा में बैठने की विशेष अनुमति मिल गई। यह परीक्षा इंग्लैंड में आयोजित की जाती थी। कोर्नेलिया इस परीक्षा में बैठने और इसे उत्तीर्ण करनेवाली पहली भारतीय महिला थीं।

सन् 1894 में कोर्नेलिया भारत लौट आईं। अब वह बाकायदा प्रशिक्षित अधिवक्ता थीं। उन दिनों घर की महिलाओं को पराए पुरुष के साथ बातें नहीं करने दी जाती थीं। यह प्रथा हिंदू व मुसलमान दोनों धर्मों में समान रूप से लागू थी। कोर्नेलिया ने ऐसी ही महिलाओं की आवाज बनने का निश्चय किया। अकसर इन नारियों के पास अकूत धन-संपत्ति होती थी। लेकिन अशिक्षित होने के कारण और कुछ धार्मिक पाबंदियों के चलते कुटिल रिश्तेदार उनकी संपत्ति हड़प लेते थे। कोर्नेलिया ने उन्हीं नारियों की आवाज को न्यायालय तक पहुँचाने का बीड़ा उठाया।

उन्होंने काठियावाड़ और इंदौर रजवाड़ों में नियुक्त ब्रिटिश एजेंटों के सम्मुख पर्दानशीन नारियों की फरियाद पहुँचाने हेतु विशेष अनुमति प्राप्त की। लेकिन तब भी एक कठिनाई थी। वह इन नारियों को न्यायालय में न्याय नहीं दिला सकती थीं। इसका कारण था कि उन दिनों भारतीय न्याय व्यवस्था में महिला अधिवक्तओं का कोई स्थान नहीं था। अत: कानूनी मान्यता प्राप्त करने के लिए कोर्नेलिया ने 1897 में बंबई विश्वविद्यालय में एल-एल.बी की परीक्षा और 1899 में इलाहाबाद उच्च न्यायालय की प्लीडर्स (याचिकाकर्ता) परीक्षा में बैठने का निश्चय किया। इन दोनों ही परीक्षाओं में उन्होंने अच्छी सफलता प्राप्त की। किंतु फिर भी उन्हें अधिवक्ता के रूप में मान्यता प्राप्त करने के लिए लंबी प्रतीक्षा करनी पड़ी। महिलाओं द्वारा न्यायालय में वकालत करने पर कानूनी रोक थी। इस कानून को सन् 1924 में परिवर्तित किया गया। इस कानून को बदलवाने में भी कोर्नेलिया ने महत्त्वपूर्ण भूमिका निभाई।

सन् 1902 से ही उन्होंने लंदन स्थित इंडिया ऑफिस में याचिका भेजनी शुरू कर दी थी कि प्रांतीय अदालतों में महिलाओं व अवयस्कों के प्रतिनिधित्व का प्रावधान किया जाए। सन् 1907 में उन्हें बंगाल की बाल अदालत में लेडी असिस्टेंट (महिला सहायक) नियुक्त किया गया। सन् 1907 तक कोर्नेलिया बंगाल, बिहार, उड़ीसा और असम राज्यों में वकालत का कार्य कर रही थीं। उन्होंने लगभग 20 वर्षों तक इन राज्यों में कानूनी सेवाएँ दीं। इस दौरान उन्होंने 600 से अधिक महिलाओं व अनाथ बच्चों को अदालतों से न्याय दिलाया और बदले में कोई शुल्क भी नहीं लिया।

आगे चलकर उन्होंने अपनी पुस्तक 'बिटवीन द ट्विलाइट्स' और अपनी दो

आत्मकथाओं 'इंडिया कॉलिंग' (1936) व 'इंडिया रीकॉल्ड' (1936) में ऐसे अनेक मामलों का वर्णन किया है। सन् 1924 में महिलाओं को अदालतों में वकालत करने की अनुमति मिल गई। कोर्नेलिया ने कलकत्ता में वकालत आरंभ कर दी। लेकिन पुरुषों के पूर्वग्रहों व भेदभाव के चलते उनका कार्य अत्यंत सीमित रहा। वह अदालत में चल रहे मामलों पर केवल राय तैयार करतीं। अदालत में सीधे जिरह करने का उन्हें अधिकार नहीं था। इन सबके चलते उन्होंने पाँच साल बाद ही 1929 में उच्च न्यायालय से अवकाश ग्रहण कर लिया। सेवानिवृत्ति के पश्चात् वह लंदन में बस गईं। वहीं 6 जुलाई, 1954 को उनके घर नॉर्थंबरलैंड हाउस में 88 वर्ष की अवस्था में उनका देहांत हो गया।

कोर्नेलिया सोराबजी को आज एक समाज-सुधारक के रूप में जाना जाता है। उन्होंने महिलाओं व बच्चों की भलाई के लिए आजीवन संघर्ष किया। बाल विवाह रोकने तथा विधवाओं की दशा सुधारने में अपना योगदान दिया। वह राष्ट्रीय महिला परिषद् की बंगाल शाखा से जुड़ी रहीं। विश्वविद्यालय महिला संघ और महिलाओं के लिए समाज सेवा की बंगाल लीग की सदस्य भी रहीं। भारतीय नारियों के उत्थान व उनकी सेवाओं के लिए उन्हें 1909 में 'कैसर-ए-हिंद' स्वर्ण पदक से सम्मानित भी किया गया।

अपने पूरे जीवन में उन्होंने भारतीय नारियों के स्वशासन का प्रबल समर्थन किया। नारियों के उत्थान के लिए उन्होंने अकसर अपनी सखी और समाज-सुधारक पंडिता रमाबाई के साथ मिलकर कार्य किया। वह मानती थीं कि शिक्षा महिला की दशा सुधारने का पहला सोपान है। उन्होंने भारत व अमेरिका की अनेक यात्राएँ भी कीं। वह भारत में महिलाओं व छोटे बच्चों की भलाई के लिए लीग फॉर इन्फैंट वेलफेयर, मैटरनिटी ऐंड डिस्ट्रिक्ट नर्सिंग नामक संस्था बनाना चाहती थीं, पर उनका यह स्वप्न अधूरा ही रह गया।

□

प्रथम टी.वी. प्रोड्यूसर

जय चंदीराम

टेलीविजन या दूरदर्शन कार्यक्रम तब भारत में नया था। केवल दिल्ली और बंबई तक सीमित था, इसलिए तब तक कुछ थोड़ी सी महिलाएँ ही इस क्षेत्र में आ पाई थीं। शीघ्र ही नए केंद्र खोलकर योजना को विस्तार दिया जाना था। विस्तार योजना के अंतर्गत प्रशिक्षित व्यक्तियों की उपलब्धि के लिए पूना के फिल्म प्रशिक्षण संस्थान में दूरदर्शन प्रशिक्षण कार्यक्रम चलाने की व्यवस्था की जा रही थी, जिससे अनेक महिलाओं को इसमें अपनी कला और प्रतिभा दिखाने का अवसर मिलता। पर विदेश में प्रशिक्षण पा भारत में दूरदर्शन की स्थापना के साथ ही जिसने सर्वप्रथम इस क्षेत्र में पदार्पण किया और भारत के विविध क्षेत्रों की अग्रणी महिलाओं के साथ जिसे स्मरण किया जाता रहेगा, वह नाम है जय चंदीराम।

कुमारी जय चंदीराम से यह पूछने पर कि जब भारत में टेलीविजन था ही नहीं, इसमें प्रशिक्षण पाने की प्रेरणा या सूझ आपको कहाँ से मिली ? उन्होंने तुरंत उत्तर दिया, ''अदृश्य से। और फिर भाग्य मुझे यहाँ ले आया।'' अदृश्य और नियति की बात पर आश्चर्य होना स्वाभाविक था। कुमारी जय चंदीराम ने बात का खुलासा किया, ''लेडी इरविन कॉलेज, नई दिल्ली से अध्यापन प्रशिक्षण में डिप्लोमा लेने के बाद बाल-मनोविज्ञान में आगे अध्ययन के लिए अमेरिका गई थी। पर वहाँ जाकर विचार बदल गया। मेरा थिएटर का शौक देख डीन ने सुझाया—थिएटर, रेडियो, टेलीविजन विषय ले लो तो तुम्हारी रुचि का विस्तार होगा और भारत लौटने पर तुम्हें काम का अवसर भी शीघ्र मिल जाएगा। शीघ्र ही वहाँ टेलीविजन जाने वाला है। थोड़ा सोचने के बाद बात

मुझे भी जँच गई और भाग्य ने मुझे उस दिशा की ओर प्रेरित कर दिया, जो इसके पूर्व मैंने कभी सोचा ही न था। है न अदृश्य की प्रेरणा और भाग्य का संबल!'' मानना पड़ा। अदृश्य की प्रेरणा तो सबसे बड़ी प्रेरणा है और बहुतों के साथ जब ऐसा होता है तो वे सफल भी खूब होते हैं। कुमारी जय चंदीराम की सफलता इसका सुबूत दे रही थी।

उन्होंने बताया कि ब्रियारक्लिफ कॉलेज 'एसोसिएटशिप ऑफ आर्ट्स' लेने के बाद जब उन्होंने फ्लोरिडा यूनिवर्सिटी से बी.ए. किया तो थिएटर व रेडियो विषयों में टेलीविजन भी एक विषय था। बी.ए. करने के बाद वे भारत लौट आई थीं। उसी वर्ष 1961 में दूरदर्शन की स्थापना हुई। उन्हें काम मिल गया। शुरू में शैक्षणिक कार्यक्रम में लगाया गया, फिर बारी-बारी से दूसरे विभागों में भी और उनका व्यावहारिक प्रशिक्षण होता गया। पर नियमित कार्य और अच्छा पद पाने के लिए अधिक प्रशिक्षण की आवश्यकता थी। छात्रवृत्ति पाकर जय चंदीराम सन् 1965 में फिर विदेश गईं। इस बार 'स्कूल ऑफ जर्नलिज्म एंड कम्युनिकेशन' में प्रवेश लेकर दूरदर्शन विषय में एम.ए. किया। इस पाठ्यक्रम में दूरदर्शन के कला पक्ष, तकनीकी पक्ष, व्यवस्था पक्ष, नीति-निर्धारण, प्रशासन आदि सभी में सैद्धांतिक और व्यावहारिक प्रशिक्षण की व्यवस्था है। कुमारी जय चंदीराम का शोध विषय था—'एजुकेशनल टेलीविजन इन इंडिया'।

भारत लौटकर वे फिर दूरदर्शन कार्यक्रम से संबद्ध हो गईं। प्राय: सभी विभागों में कार्य का अनुभव ले चुकी थीं। जनवरी 1970 से बाल कार्यक्रम विभाग में प्रोड्यूसर के पद पर कार्य कर रही थीं। सन् 1972-73 में दूरदर्शन केंद्र में प्रशिक्षण कार्य भी सँभाल रही थीं।

नए क्षेत्र में प्रवेश करने पर स्त्रियों को प्राय: जिन कठिनाइयों का सामना करना पड़ता है, प्रगतिशील परिवार की और विदेश में शिक्षित लड़की होने के नाते जय चंदीराम को वैसा कोई कठिन अनुभव नहीं हुआ। न ही यह ऐसा क्षेत्र है जिसमें अतिरिक्त साहस की अपेक्षा हो। फिर भी, पुरुष-बहुल और कार्य-बहुल इस कार्यक्षेत्र में वे स्वयं को बहुत सहज नहीं पाती थीं। मम्मी को अकसर शिकायत होती है कि इस लाइन में काम ज्यादा है। दफ्तरों के निर्धारित कार्य-घंटों से अधिक कार्य उन्हें पसंद नहीं। मैं भी कभी कभी थक-सी जाती हूँ, पर ऊब इसमें नहीं है। कार्य का संतोष ही अधिक कार्य का पुरस्कार है और कुछ करके दिखाने की लगन ही उसकी प्रेरणा। फिर यह तो कला क्षेत्र है। इसमें कार्य को निश्चित घंटों की सीमा में नहीं बाँधा जा सकता। भारत में यह कार्यक्षेत्र अभी नया भी है। प्रारंभ की योजनाओं, प्रयोगों, उनके प्रभावों-परिणामों के विश्लेषण और मूल्यांकन में ही विस्तार की संभावनाएँ निहित होती हैं तो सफलता के लिए कलाकार को परीक्षणों, आलोचनाओं और आत्मालोचनाओं से गुजरना ही होगा। उससे की गई अपेक्षा एक ओर उसे कठिनाइयों से गुजारती है तो दूसरी ओर

उसकी कला के साथ उसके व्यक्तित्व को भी निखारती-सँवारती चलती है।

कुमारी जय चंदीराम की कला और अनुभूति उनके व्यक्तित्व के माध्यम से भी बोल रही थी। वह अपने कार्य में सहज थीं, बातचीत में सहज थीं और पुरुष-प्रधान इस कला क्षेत्र में, जहाँ लंबे कार्य घंटों में निरंतर श्रम, ध्यान और सतर्कता के कारण पर्याप्त मानसिक व शारीरिक तनाव-थकान में से गुजरना पड़ता है, अपनी कार्य-क्षमता के प्रति आश्वस्त दिखीं।

पर एक सफल कलाकार और अपने कार्यक्षेत्र की सफल अधिकारी होने के बावजूद व्यक्तिगत रूप से वे मानती थीं कि नारी का प्रथम स्थान उसका घर है और उसका प्रथम कर्तव्य है एक अच्छे घर-परिवार का निर्माण। भारतीय संस्कृति में, पश्चिमी संस्कृति के विपरीत, जो घर को प्रथम और कैरियर को द्वितीय स्थान दिया गया है, वह उचित ही है। कैरियर की सफलता घर की कीमत पर नहीं आँकी जा सकती। इस दृष्टि से अधिक ध्यान और अधिक समय माँगनेवाला यह कार्यक्षेत्र किसी भी सामान्य महिला के लिए उपयुक्त नहीं हो सकता। विशेष प्रतिभा-क्षमता से संपन्न युवतियों को ही इस ओर आना चाहिए।

अब तक देश में दूरदर्शन केंद्रों और कार्यक्रमों का काफी विस्तार हो चुका था और एक स्टेशन डायरेक्टर के रूप में उसकी जिम्मेदारी अपेक्षाकृत बढ़ चुकी थी। कुमारी जय चंदीराम की जुलाई 1987 से दिल्ली दूरदर्शन की स्टेशन डायरेक्टर के रूप में पदोन्नति एक ओर हम सब महिलाओं के लिए गौरव की बात थी, दूसरी ओर उनके लिए एक अपेक्षाकृत बड़ी चुनौती का प्रश्न भी। पर उनसे मिलकर ऐसा नहीं लगा कि वे विशेष चिंतित या तनावग्रस्त हैं। खूब मेहनत की उन्हें आदत है। 8.30 बजे से कार्यालय आकर बैठ जाती थीं और देर रात तक काम करती रहती थीं। उनके पास गहरा आत्मविश्वास भी दिखा, कार्यक्रमों में उत्तरोत्तर सुधार के लिए विशेष परिकल्पनाएँ भी। शादी उन्होंने नहीं की थी, करने का इरादा भी नहीं बताया था। कार्य-कुशल व कार्य के प्रति समर्पित ('महत्त्वाकांक्षी' शब्द पर उन्हें आपत्ति थी) युवतियों के लिए यह कोई अनिवार्यता नहीं। क्या महिला स्टेशन डायरेक्टर के रूप में भी वह भारत में प्रथम हैं? पूछने पर उन्होंने कहा, "नहीं, कटक और मद्रास स्टेशनों पर इसके पूर्व महिलाओं की नियुक्ति हो चुकी है। कुमारी जय चंदीराम इसके पूर्व मलेशिया में रहकर एशिया पेरीलिक इंस्टीट्यूट फॉर ब्रॉडकास्टिंग में रहकर पूर्वेशियाई देशों के लिए प्रशिक्षण कार्यक्रम चला रही थीं।

□

प्रथम न्यूज-रीडर

रोशन मेनन

आकाशवाणी के अंग्रेजी समाचार विभाग से 'हियर इज द न्यूज रीड बाई रोशन मेनन' की उद्घोषणा के साथ एक मधुर नारी कंठ गूँजता और फिर 15 मिनट तक देश-विदेश के ताजे समाचार सुनाता हुआ श्रोताओं को अपने साथ बहा ले जाता। अठारह लंबे वर्षों तक इस मधु-भीनी, तैरती-सी किंतु सुस्पष्ट आवाज ने हजारों-लाखों सुननेवालों को अपने साथ बाँधे रखा। लोग इस आवाज से इतने परिचित थे, इतने परिचित कि परदे के पीछे छुपे इस आवाजवाले चेहरे की अनेक परिचित परिकल्पनाएँ भी उनके मन में बन गई थीं। स्वयं रोशन मेनन के शब्दों में, ''जब कभी किसी समारोह में लोगों से साक्षात्कार हो जाता तो 'आप ही हैं रोशन मेनन, जिनकी आवाज हम रोज रेडियो पर सुनते हैं?' की बार-बार दोहराई जानेवाली शब्दावली से मुझे जितनी खुशी होती, उसका मूल्य इस कार्य के कुल श्रम और वेतन, संतोष और आनंद सबसे बढ़कर होता। मुझे गर्व है कि उनकी परिकल्पनाओं के अनुरूप न होकर भी मैं उन्हें निराश नहीं करती थी।''

श्रीमती रोशन मेनन के इन शब्दों में कोई गर्वोक्ति नहीं थी। उनका व्यक्तित्व भी उनकी आवाज की तरह प्रभावशाली था—शालीन और कलात्मक। वेशभूषा, चाल-ढाल, बातचीत, रहन-सहन सभी में एक कला, एक सूझ, एक निखार और एक अंदाज। उनके घर की साज-सज्जा भी उनके व्यक्तित्व व रुचियों के अनुकूल ही मिली—कहीं अपने हाथ की बनी पेंटिंग्स तो कहीं देश-विदेश से चुनकर लाई गई अनोखी कलाकृतियाँ। इसी तरह पुस्तकें और पत्रिकाएँ भी उनकी सुरुचि की परिचायक। पति का पद और

व्यक्तित्व भी शानदार और पति-पत्नी दोनों मिलकर राजधानी के विभिन्न सामाजिक व सांस्कृतिक समारोहों में जान डालनेवाले महत्त्वपूर्ण व्यक्तियों में शुमार।

पता चला था, रोशन मेनन भारत की ही नहीं, विश्व की भी पहली महिला 'न्यूज रीडर' थीं। उनसे पहले विश्व में किसी भी महिला को आकाशवाणी से समाचार सुनाने का काम नहीं दिया जाता था, यद्यपि उद्घोषक कुछ महिलाएँ थीं। रोशन मेनन ने भी उद्घोषक या अनाउंसर के रूप में ही अपना यह कैरियर शुरू किया था। फिर दो साल बाद उनकी आवाज व प्रतिभा देखकर श्री पी.सी. चौधरी, सेक्रेटरी ऑफ इन्फॉरमेशन, ब्रॉडकास्टिंग ने उन्हें प्रयोग के तौर पर पहले-पहल यह काम सौंपा। यह नया कदम उठाने से पूर्व अधिकारियों में जो कुछ मतभेद और आशंकाएँ थीं, रोशन मेनन ने अपने संतोषजनक ही नहीं, असाधारण रूप से अच्छे कार्य से शीघ्र ही दूर कर दीं। समय बीतने के साथ फिर उन्हें अपेक्षाकृत कठिन कार्य भी सौंपे जाने लगे—संसद्-समीक्षा, महत्त्वपूर्ण बुलेटिन, खेल-कमेंट्री, स्वतंत्रता दिवस का आँखों-देखा हाल और कठिनतम बजट बुलेटिन भी। पर यह सारी सफलता एकाएक ही उन्हें नहीं मिल गई थी। मधुर आवाज ईश्वरीय देन थी, उसकी उत्तरोत्तर माँज उनकी अपनी साधना। अनेक बार अपनी आवाज को टेपरिकॉर्ड कर वे स्वयं सुनतीं, ध्यान से कई बार सुनतीं और फिर गलतियाँ नोट कर उन्हें सुधारतीं। इसी तरह साधते और माँजते कुछ वर्षों में उनकी आवाज इतनी सध-मँज गई कि विशेषज्ञ उसे 'एक करोड़ में एक आवाज' की संज्ञा देते थे। स्पष्टता, गहराई, तरलता, मधुरता सभी कुछ तो उसमें था, विशेष रूप से वह सब जो 'माइक्रोफोन' के अनुकूल होता है। और यह आवाज ही उनकी लोकप्रियता का सबब थी।

पर इतनी प्रशंसा और इतनी सफलता पाने पर भी रोशन मेनन अपनी नौकरी से संतुष्ट नहीं रहीं और उसी असंतोष के उग्र हो जाने पर उन्होंने अपनी अठारह साल पुरानी नौकरी से इस्तीफा दे दिया था। पूछने पर उनका कड़वा उत्तर था, ''दुर्भाग्य से हमारे यहाँ काम की और योग्यता की कद्र नहीं। उन्नति के अवसर यहाँ गुणों के आधार पर नहीं बँटते, तिकड़मबाजी और चापलूसी से मिलते हैं, इसलिए।'' जिस मधुर आवाज को लाखों श्रोता पहचानते और प्रशंसा करते थे, जिसे प्रतिदिन अनेक शुभचिंतकों के पत्र मिलते थे और जिसके कार्य की अधिकारी भी सराहना करते थे, उस कलाकार के मुख से ऐसा उत्तर सुनकर आश्चर्य होना स्वाभाविक ही था।

रोशन मेनन का जन्म एक पारसी परिवार में हुआ। पिता श्री मानिकशाह मेहता रेलवे अफसर थे और रोशन उनकी इकलौती बेटी। प्राइवेट गवर्नेंस से शिक्षा लेकर उन्होंने सीनियर कैंब्रिज की परीक्षा पास की, फिर उच्च शिक्षा के लिए दो वर्ष इंग्लैंड में बिताए। बंबई लौटकर एक वर्ष सामाजिक कार्यों में संलग्न रहीं, फिर 1944 में विवाहोपरांत

दिल्ली आ गईं और आकाशवाणी से संबद्ध हो गईं। यहीं 'अनाउंसर' से 'जूनियर न्यूज रीडर' और फिर 'चीफ न्यूज रीडर' तक पहुँचीं।

रोशनजी के अन्य शौक थे—चित्रकला, संगीत, भ्रमण और शिकार। प्रसिद्ध वाद्य संगीतज्ञ श्री जबीन मेहता की रिश्ते में बहन लगती थीं और स्वयं भी वाद्य संगीत सुनने की शौकीन शिकार पर अकसर जाती थीं और जापान, यूरोप, अमेरिका आदि देशों में पर्यटन कर चुकी थीं। एक बार तो लॉस एंजेल्स से न्यूयॉर्क तक 4,000 मील की यात्रा मोअर से कर उन्होंने स्थान-स्थान पर विदेशी जन-जीवन से परिचय प्राप्त किया। अपने अनुभव सुनाती हुई वे कहती थीं, "अमेरिका का जन-जीवन वही नहीं है, जो हम रंगीनी चमकीले पन्नोंवाली विदेशी 'ग्लैमर मैगजीनों' में देखते हैं, उससे कुछ और बहुत कुछ अलग भी है।" भ्रमण की शौकीन रोशन मेनन भारत भर में भी घूमी थीं और भारतीय व विदेशी संस्कृति का अच्छा तुलनात्मक अध्ययन रखती थीं। वैसे पढ़ने में उनकी रुचि का पहला विषय राजनीति था, जिस पर शाम को घंटे-दो घंटे मित्र-मंडली के बीच बहसों में उन्हें बहुत आनंद आता था। उनके अनुसार, "एक सफल समाचार-पाठिका के लिए राजनीति का विस्तृत ज्ञान होना आवश्यक है, अन्यथा उससे गलती हो सकती है। इसी तरह उसका सामान्य ज्ञान भी बढ़ा-चढ़ा होना चाहिए।" पर आवाज के बारे में उनका यह भी मत था कि यह ईश्वरीय देन है, जिसे मेहनत से, साधना से निखारा तो जा सकता है, प्राप्त नहीं किया जा सकता।

सन् 1985 में यह कलाकार अपनी सफलताएँ और शिकायतें साथ लेकर इस संसार से चली गईं। पर उनके आस-पास व कार्यालय के लोग आज भी उन्हें भूले नहीं हैं।

□

प्रथम बैंक मैनेजर

शांता कुमारी

सन् 1965 के शुरू में राजधानी में जब पहले महिला-बैंक का उद्घाटन हुआ था, तब मैं उपस्थित थी। बैंक मैनेजर सुश्री पद्मजा कुलकर्णी ने बातचीत के दौरान बताया था कि सिंडीकेट बैंक लिमिटेड (मैसूर राज्य) ने ही सबसे पहले इस दिशा में कदम उठाया है और भारत में अब तक इस बैंक की चार महिला शाखाएँ खुल चुकी हैं। दिल्ली स्थित शाखा पाँचवीं है। उन्होंने यह जानकारी भी दी थी कि सन् 1962 में जब इस बैंक की पहली शाखा खुली थी तब वह 'विश्व की पहली महिला बैंक शाखा' थी। उनके अनुसार, बाद में इंग्लैंड, चीन व पाकिस्तान में भी ऐसी शाखाएँ खुलीं। अब तो लंदन में एक ऐसी बैंक शाखा भी खोली गई है, जो न केवल महिलाओं द्वारा संचालित है, बल्कि केवल महिलाओं के लिए ही है।

तब महिला बचत योजना हमारे देश में अभी नई ही थी। कुछ समय पूर्व तक आभूषण और दहेज की वस्तुएँ ही स्त्री धन मानी जाती थीं। यदि जेवरों के अलावा स्त्रियों के पास अपना कुछ रुपया होता भी तो उसे मटकों में भरकर घरों में गाड़ दिया जाता था। नहीं तो वह तिजोरियों में बंद पड़ा रहता था। यह गड़ा धन न देश के काम आता था, न उनके; क्योंकि किसी आसन्न संकट के अलावा स्त्री-जेवर बेचना अप्रतिष्ठा की बात थी। नारी शिक्षा, जागृति और वैधानिक समानता से स्थिति बदली। काफी संख्या में स्त्रियाँ स्वतंत्र रूप से धन अर्जित करने लगीं तो उनकी निजी बचत भी बैंकों में पहुँचने लगी। फिर धीरे-धीरे परिवार व देश-हित में घरेलू स्त्रियों ने भी बचत के महत्त्व

को समझा और वे भी अपने निजी खाते खोलने लगीं। सरकार द्वारा चालित घरेलू अल्प बचत योजना के प्रसार-प्रचार का भी असर पड़ा और बैंकों में अपना खाता खोलनेवाली स्त्रियों की संख्या बढ़ चली। लेकिन पढ़ी-लिखी महिलाएँ तो बैंकिंग-पद्धति समझ सकती थीं। शेष क्या करें? उनके काम में सहायता पहुँचाकर उन्हें बचत के लिए प्रोत्साहित करने के उद्देश्य से प्राय: सभी बड़े बैंकों में महिला कर्मचारी भी नियुक्त की जाने लगीं। महिला काउंटरों की व्यवस्था हो जाने से अपना बचत खाता खोलनेवाली अनपढ़ और संकोची स्त्रियों के लिए भी सुविधा हो गई तथा स्त्रियों के लिए बैंकिंग का नया कार्यक्षेत्र भी खुल गया।

लेकिन काउंटर पर बैंक के किसी विभाग को सँभालना और बात है, पूरे बैंक की जिम्मेदारी लेना और बात। इतना बड़ा हिसाब-किताब और इतना बड़ा दायित्व। निश्चय ही बैंक मैनेजर का पद किसी महिला को सौंपना एक बड़ा क्रांतिकारी कदम था। इसलिए बैंकों में महिला कर्मचारियों की नियुक्ति तो हुई, मैनेजर का पद उन्हें नहीं सौंपा गया। जब सिंडीकेट बैंक ने पहले-पहल प्रयोग के तौर पर 'विश्व की प्रथम महिला बैंक शाखा' खोलने का निश्चय किया और वह भी भारत जैसे विकासशील देश में, तो उससे सनसनी फैलना स्वाभाविक था। प्रयोग सफलीभूत हुआ। भारत में और विदेशों में भी इसके बाद अन्य महिला शाखाएँ खुलने लगीं और उनके माध्यम से कई महिलाएँ बैंक मैनेजर के भारी जिम्मेदारीवाले पदों पर आसीन हो गईं।

उन्हीं दिनों चूँकि मैं इस पुस्तक की योजना पर काम करते हुए सभी क्षेत्रों में पहल करनेवाली महिलाओं पर शोध कर रही थी, मेरे मन में यह जिज्ञासा उठनी स्वाभाविक थी कि पहली महिला शाखा का चार्ज सँभालनेवाली 'भारत की पहली महिला बैंक मैनेजर' कौन है? मेरे आश्चर्य व आनंद का ठिकाना न रहा, जब सुश्री पद्मजा कुलकर्णी ने अपने पास बैठी महिला की ओर इशारा कर दिया, "आप ही हैं शांता कुमारीजी, भारत की ही नहीं, विश्व की पहली महिला बैंक मैनेजर। दिल्ली शाखा के उद्घाटन के सिलसिले में कल ही शेषाद्रिपुरम् (बंगलौर) से यहाँ पधारी हैं। यहाँ की शाखा का काम चालू करवाकर लौट जाएँगी।" उस दिन तो उद्घाटन की भीड़भाड़ में उनसे कुछ विशेष बातचीत नहीं हो सकी। बाद के संपर्क में मालूम हुआ कि वह एक बहुत ही सुलझे हुए मस्तिष्क व संतुलित व्यक्तित्ववाली नारी हैं। तभी तो प्रयोगधर्मा जिम्मेदारीवाला पहला पद उन्हें सौंपा गया। प्रयोग सफल रहा और महिलाओं के लिए जिम्मेदारी के पदों की एक और नई राह खुल गई।

शांता कुमारीजी ने जब मैसूर विश्वविद्यालय के विज्ञान में स्नातक की डिग्री ली, तब उन्हें स्वप्न में भी ध्यान न था कि वे बैंक में काम करेंगी। शिक्षा प्राप्त करने के बाद

नौकरी उनकी आवश्यकता थी। पहले वे अध्यापिका बनीं, फिर क्लर्क, लेकिन भीतर से कचोट उठती रही कि वह इन कामों के लिए नहीं बनी हैं। उन्हें तो ऐसा क्षेत्र चाहिए, जहाँ कुछ करके दिखाने का अवसर मिले और वे अवसर की तलाश व प्रतीक्षा करने लगीं। इस तलाश में भी बैंक की ओर उनका ध्यान कभी नहीं गया था। उनके शब्दों में, ''इसके पूर्व मैंने चेक को कभी आँखों से भी न देखा था—और दो वर्ष बाद ही मैं बैंक मैनेजर थी।''

बैंक की नौकरी उन्हें संयोगवश ही मिली। एक बड़े अधिकारी ने उनके सामने प्रस्ताव रखा और उन्हें पसंद आ गया। वे दूसरे कार्यालय की नौकरी छोड़ बैंक में आ गईं। तब भी उन्हें इस बात का कतई आभास न था कि यह नौकरी उनके लिए तरक्की की नई राह खोलनेवाली साबित होगी अथवा इसमें उन्हें अपने बुद्धि-कौशल के परीक्षण और निखार के अवसर प्राप्त होंगे। तब तक सिंडीकेट बैंक लिमिटेड के पास महिला बैंक शाखा की कोई योजना भी न थी। एक साधारण बैंक कर्मचारी के नाते ही उनका कार्य शुरू हुआ; पर शीघ्र ही अधिकारी उनकी प्रतिभा का लोहा मान गए। सन् 1960 में उन्होंने कार्य प्रारंभ किया। पहले बैंकिंग के स्टाफ ट्रेनिंग कॉलेज में प्रशिक्षण चला, फिर सिंडीकेट बैंक की विभिन्न शाखाओं में कार्यानुभव द्वारा व्यावहारिक प्रशिक्षण। और फिर नियुक्ति के दो वर्ष बाद उन्हें बैंक मैनेजर बनने का सुअवसर प्राप्त हो गया।

उन्हीं दिनों, यानी सन् 1962 में सिंडीकेट बैंक ने प्रयोग के तौर पर पूर्णतया महिला स्टाफ द्वारा संचालित एक महिला शाखा खोलने का निश्चय किया था। सोचा गया कि इससे उन महिलाओं को भी अपने बचत खाते खोलने की प्रेरणा मिलेगी, जो किसी कारण या संकोचवश स्वयं बैंक नहीं जातीं। शेषाद्रिपुरम् (बंगलौर) में विश्व के इस प्रथम महिला बैंक की स्थापना के साथ ही यह प्रयोग प्रारंभ हुआ, जो आगे चलकर पर्याप्त सफल रहा। देश में एक सर्वथा नई चीज हो तो मनोविज्ञान की दृष्टि से लोगों के गले वह शीघ्र नहीं उतरती। चर्चाएँ और उत्तेजना, कड़ा परिश्रम और कठिनाइयाँ, कच्चा अनुभव और बड़ी जिम्मेदारी। पर मैनेजर शांता कुमारी अपनी परीक्षा में सफल रहीं। महिला बैंक शाखा न केवल चल निकली, उसका खुलकर स्वागत हुआ, जिससे प्रेरणा पा देश में अन्य महिला शाखाएँ भी खुलने लगीं।

अगले तीन वर्षों में शांताजी ने साथ-साथ सी.ए.आई.बी. नामक बैंकिंग की परीक्षा भी पास कर ली। जैसे-जैसे उन्हें अपने काम में सफलता मिलती गई, उन्हें लगने लगा कि तलाश व्यर्थ नहीं गई। यही उनकी पसंद का क्षेत्र है, जिसमें बुद्धि व प्रतिभा को माँजने का पर्याप्त अवसर है। और फिर यह पसंद विकसित होती गई। एक प्रशासकीय

जिम्मेदारी ही संभवत: उनकी वास्तविक पसंद थी। उनके अनुसार, ''यह एक ऐसा क्षेत्र है, जिसमें जन-मनोविज्ञान के आधार पर जन-संपर्क द्वारा ही सफलता हासिल की जा सकती है। संपर्क भी किसी विशेष वर्ग से नहीं, गरीब और अमीर, विनम्र और उद्दंड' संतुष्ट और असंतुष्ट सभी लोगों से, जिनकी विविधता की सूची लंबी है।''

महिला बैंक के अपने अनुभव सुनाते हुए उन्होंने कहा, ''शुरू-शुरू में तो यह बात लोगों को बड़ी अजीब लगी। स्त्रियों को बैंक की राह दिखाने के लिए हमें बड़े धैर्य, परिश्रम और सूझ-बूझ से काम लेना पड़ा। पर जब कार्यशील महिलाओं के साथ घरेलू स्त्रियाँ और अनपढ़ नौकरानियाँ, मजदूरनियाँ, सब्जी-भाजी बेचनेवालियाँ, सड़क पर मिट्टी-पत्थर तोड़नेवाली तक अपनी छोटी-छोटी बचतें बैंक में रखने के लिए आने लगीं तो हमारा मन प्रसन्नता व संतोष से भर उठा। उनकी सुविधा के लिए हमने सर्वथा दो नई योजनाएँ चालू कीं—एक, चार आने तक भी जमा के लिए स्वीकार करना; दूसरे, अपना चपरासी भेजकर घरों से भी हर माह इन छोटी बचतों को एकत्रित करना, जो काफी लोकप्रिय हुईं।

''सभी काउंटरों पर तथा ऑफिस में महिला स्टाफ को ही देखकर आनेवाली स्त्रियों का चेहरा गर्व व संतोष से चमक उठता। यही हमारी सफलता थी। पर मैं जब भोली-भाली अनपढ़ स्त्रियों को अपने हाथ की पास बुक को कुबेर के खजाने की तरह सँभाले देखती और उनकी आँखों में एक बार गर्व-मिश्रित संतोष और दूसरी बार बैंकिंग कार्य-प्रणाली को समझ न पाने का निरीह भाव क्षण-क्षण बदलते देखती तो मेरी आँखों के आगे भारत का समूचा अतीत एक बार घूम जाता। उनकी खुशी और चिंता में शामिल हो उनकी कठिनाइयाँ दूर करने में जो सुख मिलता तो अपनी सारी कठिनाइयाँ भूल जाती।'' इसमें शक नहीं कि मेरे मार्ग में कठिनाइयाँ थीं, बाधाएँ थीं, विशेषतया पुराने विचार के व्यापारी वर्ग की ओर से, जिनका सहयोग हमें देर से मिला; पर यह याद नहीं पड़ता कि एक महिला के नाते बैंकिंग पद्धति में या वित्तीय व्यवस्था में कोई बड़ी भूल मुझसे हो। यह लोगों का निरा भ्रम था कि मैनेजर की वित्तीय लेन-देन संबंधी भारी जिम्मेदारी किसी स्त्री को नहीं सौंपी जा सकती। इसी भ्रमपूर्ण धारणा के कारण प्रारंभ में थोड़ी सी घबराहट जरूर हुई थी, पर उत्तरोत्तर सफलता से वह शीघ्र ही दूर हो गई और अब तो मैं एक खासी अनुभवी मैनेजर हूँ। मेरी अन्य बहनें भी अब विभिन्न महिला शाखाओं का अकेले चार्ज सँभाल रही हैं। कहीं, किसी भी शाखा पर ऐसी कोई कठिनाई सामने नहीं आई, जिसमें स्त्रियों को इस पद के अयोग्य ठहराया जा सकता। मुझे आशा है, निकट भविष्य में अधिक संख्या में स्त्रियों को यह जिम्मेदारी सौंपी जा सकेगी।''

सुश्री शांता कुमारी एक व्यस्त प्रशासकीय अधिकारी होने के बावजूद अपने

खाली समय में खूब पढ़ती थीं। उनके अनुसार, ''पढ़ने की तो मुझे इतनी धुन है कि सामने पड़ जानेवाला सभी तरह का साहित्य मैं पढ़ जाती हूँ। मेरी रुचि के विषय सीमित नहीं हैं। मनोरंजन मात्र भी ध्येय नहीं है। अपना सामान्य ज्ञान बढ़ाने के लिए व्यक्ति को सभी कुछ पढ़ना चाहिए, ऐसा मैं मानती हूँ।'' बैंकिंग-कैरियर में जिम्मेदारी का पद लेने की इच्छुक युवतियों के लिए उनका संदेश था कि पहले स्वयं को परखें, तौलें, फिर इस क्षेत्र में आएँ। यह कार्यक्षेत्र उनसे जन-संपर्क योग्यता की माँग करता है।

कुछ वर्ष तक सिंडीकेट बैंक की करोल बाग, नई दिल्ली स्थित महिला शाखा की मैनेजर के पद पर काम करने के बाद शांता कुमारीजी हैदराबाद में कार्यरत थीं।

□

प्रथम वन्य प्राणीविद्

ज्योति मेहता

वन्य प्राणी जीवन के अध्ययन के लिए भारत में अभी कहीं किसी विधिवत् प्रशिक्षण की व्यवस्था नहीं है। प्राणिविज्ञान (जूलॉजी) की स्नातक व स्नातकोत्तर शिक्षा में 'जू' का व्यावहारिक प्रशिक्षण शामिल नहीं है और वेटरिनरी प्रशिक्षण पालतू जानवरों-जंतुओं तक सीमित है। इसलिए वन्य प्राणीविद् पुरुष भी हमारे देश में इने-गिने हैं, स्त्रियों की तो बात ही क्या?

सर्कस में काम करनेवाली रिंग-मास्टर कुछ स्त्रियाँ हैं, जो चीते, भालू जैसे हिंसक वन्य पशुओं को वश में करने का गुर जानती हैं। विशेष रूप से भालू की नकेल प्राय: स्त्री के ही हाथ आती है, कठिनता के प्रदर्शन के लिए; पर जिस पशु के साथ उनका खेल-प्रदर्शन नियत होता है, उनका ज्ञान भी उसी तक सीमित रहता है, उन्हें वन्य प्राणीविद् नहीं कहा जा सकता।

ज्योति बेन मेहता भारत की ही नहीं, एशिया की पहली और अकेली महिला हैं, जिन्होंने इस अछूते क्षेत्र में रुचि ले अद्‍भुत साहस का परिचय दिया।

ज्योति बेन मेहता के शौक विविध हैं—शास्त्रीय संगीत, रवींद्र संगीत, उर्दू शायरी, साहित्य-अध्ययन और विविध भाषाएँ सीखना। पर उनका सर्वोपरि शौक है—विविध जीव-जंतुओं से दोस्ती और उनका स्वभावगत अध्ययन। उनके इस शौक में विकराल वन्य और हिंसक जानवरों से लेकर नन्हे-नन्हे नयनाभिराम पक्षी तक शामिल हैं। बचपन में पिता के खेत पर पालतू पशु-पक्षियों के साथ खेल से लेकर अहमदाबाद के प्रसिद्ध प्राणी-संग्रहालय बाल वाटिका विभाग और नेचुरल हिस्ट्री म्यूजियम की

लेडी ऑफिसर के रूप में चिड़ियाघर के पशु-पक्षियों की देखरेख तक, फिर भारत भर में तथा अफ्रीका के विश्व-विख्यात जंगलों में घूमकर विविध वन्य प्राणियों को निकट से देखने-समझने तक उन्होंने जो अनुभव प्राप्त किए हैं, उनकी कहानियाँ बड़ी रोमांचक हैं।

ज्योति बेन के पास इन रोमांचक अनुभवों का इतना खजाना है कि सुनाते समय क्या सुनाएँ, क्या न सुनाएँ, यही निश्चय नहीं कर पा रही थीं। शुरुआत बाल वाटिका से ही ठीक होगी। वे कहती हैं, ''प्रेम, सहानुभूति, निर्भयता और आत्मविश्वास ही वे गुण या गुर हैं, जिनसे इन प्राणियों को वश में किया जा सकता है। पर उनके साथ जागरूकता भी बहुत जरूरी है। गफलत के लिए इस दोस्ती में गुंजाइश नहीं है। जरा सी लापरवाही या गलती कभी-कभी प्राणलेवा भी साबित हो सकती है। कुछ उदाहरण देती हूँ।

''हमारे संग्रहालय में दो मादा चिंपांजी हैं। महीनों तक लगातार उनकी खुराक, देखभाल, खेल आदि खिलाने का जिम्मा लेकर मैंने उनसे मैत्री की थी। वे मेरे साथ खूब हिली-मिली थीं और मुझे देखते ही खिल उठती थीं। फिर भी, एक दिन जब मैं उनमें से बड़ी चिंपांजी 'एमिली' को खाना खिला रही थी, मेरे एक परिचित मुझसे मिलने आए। मैंने 'एमिली' को खाना देते हुए ही उनका कुशल-क्षेम पूछ लिया। बस, फिर क्या था। उसके प्यार और समय में दूसरे का एक हिस्सा हो और उसकी उपेक्षा हो, यह उसे सहन नहीं हुआ। उसने क्रोध से हाथ का खाना उछालकर फेंक दिया। वही हाथ पिंजरे से बाहर निकाल उसने मेरे बाल एक झटके से पकड़ लिये और उन्हें खींचने लगी। मैं घबराई। फिर पुचकारा भी, फटकारा भी; पर वह कहाँ छोड़ने वाली थी। इसी खींचतान में उसने मेरे बालों का एक गुच्छा उखाड़ ही लिया। उसने मेरी ऐसी दुर्गति की, पर फिर भी जब मैंने उसकी परिचर्या में कोई कमी नहीं आने दी तो एक-दो दिन बाद वह फिर पूर्ववत् मेरी मित्र बन गई। गलती मेरी थी, मैंने गफलत की थी। वन्य प्राणियों के संपर्क में ऐसी गफलत नहीं होनी चाहिए, न ही ऐसी दुर्घटनाओं से हतोत्साहित होना चाहिए, तभी सफलता हाथ लगती है।

''दूसरी बात है, प्रत्येक वन्य प्राणी के अलग-अलग मिजाज की जानकारी। हमारे पास एक हथिनी है—'सुमित्रा'। जब से वह यहाँ आई है, उसका लालन-पालन मैं ही कर रही हूँ। इसलिए वह मेरे साथ बहुत प्रसन्न रहती है। मुझे अपनी सूँड़ पर उठाकर अपने ऊपर बैठा लेती है। मैं उसकी सूँड़ में एक छोटा-सा माउथ ऑरगन देती हूँ तो उसे सूँड़ से फूँककर बजाती है और खुशी से झूमती है। मुझसे इतना प्रेम रखते हुए और हर रोज मेरे साथ खेलते हुए भी कभी-कभी वह मुझे उठाकर फेंक देती है। मैं उसके इस मिजाज से परिचित हूँ और मिजाज देखकर सावधानी बरतती हूँ।

''सर्प अत्यंत डरपोक, पर उतने ही क्रोधी होते हैं, इसलिए उनका विश्वास कभी नहीं किया जाता। अत्यंत विषधर सर्प और मगर सबसे ज्यादा खतरनाक होते हैं। मैं विषधर को गले में धारण कर लेती हूँ, मगर पर सवार हो जाती हूँ, उसकी दुम पकड़कर घसीट भी लेती हूँ; पर असावधान कभी नहीं रहती, अन्यथा मगर की पकड़!

''अब हमारे बाघ 'राजू' की कहानी सुनिए। बचपन से मैंने ही उसे पाला था। उसका नाम 'राजू' भी मैंने ही रखा था। मुझसे वह इतना हिल-मिल गया था कि एकांत में ही नहीं, सार्वजनिक पार्क में भी जंजीर के साथ उसे खुलेआम घुमाती और खिलाती थी। दो वर्ष का हो जाने पर भी उसने कभी उपद्रव नहीं किया था। फिर एक बार भारतीय वृत्तचित्र विभागवाले प्राणी जीवन से संबंधित डॉक्यूमेंटरी की शूटिंग करने हमारी बाल वाटिका में आए। दृश्य में 'राजू' को अपने अंक में ले उसे दुलारना था। एक तो वैसे ही पब्लिक पार्क, जहाँ रोज बालकों और दर्शकों की चहल-पहल रहती है, उस पर फिल्म शूटिंग। इर्द-गिर्द लोगों का जमघट लग गया। हमेशा शांत रहनेवाला राजू इस शोरगुल से घबरा उठा। उसने मुझे फरियाद की निगाहों से देखा। पर उसके पास वाणी न थी और मेरा ध्यान शूटिंग पर था। बस, शूटिंग के दौरान ही उसने अपने तीक्ष्ण दाँत मेरी जाँघ में गड़ा दिए। तुरंत खून बहना शुरू हो गया। पर तीव्र वेदना को दबाकर मैंने शॉट दे दिया। आज भी वह चिह्न मौजूद है। उस अवसर पर शॉट की बात जाने दें, तब भी यदि मेरा धैर्य छूट जाता और मैं उसे कुछ कह बैठती तो फिर बिफरे बाघ के क्या न कर गुजरने की कल्पना आप कर ही सकते हैं। तो इन प्राणियों से दोस्ती करते हुए धैर्य, मनोबल और जागरूकता की आवश्यकता तो हमेशा ही रहती है, भले ही आपका प्रेम कितना ही प्रगाढ़ हो।''

इन छोटे-मोटे, कड़वे, मीठे अनुभवों की दास्तान सुनाने के बाद ज्योति बेन अपने समृद्ध अनुभवों की गठरी खोलती हैं और अपनी इस धरोहर को लेकर उनकी आँखों की चमक बढ़ जाती है।

''जैसे-जैसे वन्य प्राणी सृष्टि से मैं परिचय बढ़ाती गई वैसे-वैसे उनके जीवन की अनेकानेक विलक्षणताओं के प्रति मेरा ध्यान आकृष्ट होता गया। अफ्रीका के जंगलों में संसार का सर्वाधिक समृद्ध वन्य-जीवन है, ऐसा मैं जानती थी। अब उसे निकट से देखने की मेरी इच्छा दिनोंदिन बलवती होती गई। संकल्प कर लिया, एक बार जीवन में अफ्रीका की वन्य-संपत्ति का अवश्य अवलोकन करूँगी। तभी ध्यान आया, उसके पहले भारत के प्रसिद्ध गिर, नलसरोवर, बाँदीपुर सेंचुरी और काजीरंगा सेंचुरी जैसे सुरक्षित वन्य प्राणी-विहार और बड़े चिड़ियाघरों का निरीक्षण जरूरी है, और मैंने इन सभी स्थानों का भ्रमण किया। फिर सन् 1963 में अफ्रीका यात्रा के लिए बंबई रवाना हो गई।

"अफ्रीका के वन्य प्राणियों के विश्व-विख्यात रक्षित विस्तारों की पर्याप्त जानकारी मैंने एकत्र कर ली थी। नैरोबी पहुँचकर मैंने अपने पूर्व परिचित भारतीयों से भेंट कर उन्हें अपने अफ्रीका प्रवास का आशय बताया। सभी ने मेरे अफ्रीका आगमन का स्वागत किया, पर प्रवास का उद्देश्य जानकर आश्चर्यचकित रह गए। उन्होंने मुझे डराया, प्रोत्साहन नहीं दिया। मैं बड़े असमंजस में पड़ गई, अब क्या करूँ? तभी मुझे एक ऐसे व्यक्ति की याद आ गई, जिनसे मैं अपनी अहमदाबाद की बाल वाटिका में मिल चुकी थी। वे थे भारत के पूर्व ब्रिटिश हाईकमिश्नर श्री माल्कम मैक्डोनॉल्ड, जो उस समय पूर्व अफ्रीका में गवर्नर जनरल के पद पर नियुक्त थे। मैंने उनसे संपर्क स्थापित किया तो वे मेरी योजना से प्रभावित हुए, खुश भी। उन्होंने मुझे न केवल आवश्यक सहायता दी, बल्कि अपनी पुत्री कुमारी जेन को भी इस जंगल-यात्रा में मेरे साथ कर दिया।

"हमने अफ्रीका की 20,000 मील भूमि पर फैले हुए सभी (17) विस्तारों को देखा। इनमें से पाँच अधिक प्रसिद्ध हैं—रॉयल नेशनल पार्क, नैरोबी; पार्क सावा; सारंगेटी नेशनल पार्क; लेक मनीआरा नेशनल पार्क और क्वीन एलिजाबेथ नेशनल पार्क। विख्यात गोरोंगारो क्रेटर नाम की उस रम्य घाटी को भी देखा जो 9,000 फीट की उँचाई के पर्वतीय प्रदेश में 2,000 फीट की निचाई पर बसी हुई है। यह अफ्रीकी आदिवासी मसाई लोगों की बस्ती है। ये लोग घाटी में अपने दुधारू पशुओं के साथ झोंपड़ियों में रहते हैं। देखकर आश्चर्य होता है कि इधर आदिवासियों क पालतू पशु चर रहे हैं और उधर सिंहों के झुंड भी विचर रहे हैं। वे आदिवासियों से डरते हैं या उनके साथ वैसे ही हिल-मिल गए हैं, यह ठीक-ठाक अनुमान नहीं हो सकता।

"अफ्रीका के इन जंगलों को कभी अंधकारमय प्रदेश कहा जाता था। आज अनेक सड़कें, जल-मार्ग और हवाई-अड्डे बन गए हैं। संसार भर से अनेक प्रवासी हर वर्ष इस विलक्षण और वैविध्यपूर्ण प्राणी सृष्टि का निरीक्षण करने आते हैं। उनके लिए सुविधाएँ उपलब्ध हैं। यहाँ तक कि हिंसक पशुओं से युक्त निविड़ वनों में आनेवाले प्रवासियों के लिए वृक्षों के ऊपरी भाग में निवास-स्थान भी बनाए गए हैं, जिन्हें 'टी टॉप्स होटल' कहते हैं। रात के समय वन्य पशुओं को देखने के लिए बहुत अच्छी व्यवस्था की गई है। इस सारी वनश्री का वर्णन शब्दों में करना कठिन है। एक पार्क से दूसरे पार्क के बीच का मार्ग मीलों तक फैला है, जहाँ सफेद धूल की आँधियाँ आती रहती हैं। कुछ मार्ग इतने घने जंगल में से होकर जाते हैं, जहाँ सूर्य-किरण कभी दिखाई ही नहीं देती। सारा मार्ग सिंह, चीते आदि हिंसक पशुओं से आक्रांत है। कई बार गाड़ी के साथ-साथ फर्लांगों तक ये भी दौड़ लगाते हैं, इसलिए किसी भी प्रवासी को बंद गाड़ी से नीचे उतरने की मनाही होती है।

"पूर्व अफ्रीका की भूमि अपने सिंहों के लिए विख्यात है। ये मानव-भक्षी और आक्रमणकारी सिंहों के साथ कुछ अन्य विलक्षणताएँ भी रखते हैं। सुना था कि अर्ध-शताब्दी पूर्व जब सावा नेशनल पार्क में केन्या-युगांडा रेलवे लाइन बिछाई जा रही थी, तब दिन भर के परिश्रम के बाद रेलवे के डिब्बों में सोए पड़े 135 मजदूर एक साथ इन सिंहों के शिकार हो गए थे। उस दुर्घटना की याद में रेल का डिब्बा अभी भी वहाँ रखा हुआ है। अमेरिका में शिकागो के म्यूजियम में उन सिंहों के माउंट रखे गए हैं।

"मैंने वहाँ का प्रसिद्ध बॉटेनिकल गार्डन और वह 'ऑरफनेज ज़ू' भी देखा, जिसमें निराश्रित पशु-शावकों को रखकर पाला जाता है। तीन महीने के इस प्रवास में रोमांचक अनुभव भी कम नहीं हुए। एक बार हमारी गाड़ी मार्ग में रुकी हुई थी। आस-पास कोई हिंसक पशु दिखाई नहीं दे रहा था, न कोई आवाज सुनाई दे रही थी। मैं थोड़ी देर को नीचे उतरकर इधर-उधर की वनश्री निहारने लगी, तभी अचानक समीप के एक बड़े वृक्ष की डालियों में छिपे बैठे एक सिंह ने छलाँग लगाई। मेरे सहप्रवासी ने तुरंत मुझे गाड़ी में खींच लिया और एक क्षण में उसका दरवाजा बंद कर लिया। यहाँ यह बता देना आवश्यक है कि बड़े वृक्षों की डालियों पर चढ़ बैठना इन अफ्रीकी सिंहों की एक विशेषता है। प्रवास के दौरान कभी हमें एक सरकते आते काले पहाड़ के आगे अपनी गाड़ी को रोकना पड़ जाता। उस समय हम सब एकदम निःशब्द हो जाते। यह पहाड़ सैकड़ों जंगली हाथियों का एक झुंड होता, जो समूह बनाकर ही घूमते हैं।

"एक बार तो हम विपत्ति में फँस गए। अँधेरी रात, घना जंगल। चारों ओर सिंहों की गर्जनाएँ और गाड़ी खराब। ड्राइवर ने कहा, यदि गाड़ी को धक्का देकर थोड़ी दूर तक धकेल दिया जाए तो यह शायद चालू हो सकती है। सर्चलाइट की भाँति वन्य-पशुओं की चमकती आँखें थोड़ी दूरी पर से दिखाई दे रही हों और दहाड़ों की आवाजें कानों में आ रही हों तो नीचे उतरकर गाड़ी को धक्का कौन दे? फिर भी सावधानी बरतते हुए चार जने नीचे उतरे, राम-राम करके गाड़ी को थोड़ी दूर तक धकेला और फिर गर्जना सुनते ही लपककर गाड़ी में चढ़ गए। ऐसा कई बार करना पड़ा। उन धक्का लगानेवालों में मैं भी थी। सारी रात के इस तनाव और दहशत भरे परिश्रम के बाद प्रातःकाल हम कहीं सुरक्षित स्थान पर पहुँचे।

"अफ्रीका की वन्य प्राणी सृष्टि में सिंहों के परिवार, हाथियों के झुंड, अनेक प्रकार के वन हिरणों के झुंड, ऊँची-लंबी गरदनवाले जिराफ, चीते, कई तरह के वानर, दोपाये चिंपांजी और कद्दावर गोरिल्ला, पंख होते हुए भी न उड़ सकनेवाले पक्षियों में सर्वाधिक बड़े शाहमृग, नदी तटों पर सैकड़ों-हजारों की संख्या में फैले मगर, नदियों

में तैरते हुए विशालकाय हिप्पोपोटैमस, विशालकाय गैंडे, जेब्रा, जंगली सुअर, वार्टहोग आदि। युगांडा के पिग्मीज भी मैंने देखे और उनके बारे में आवश्यक जानकारी प्राप्त की।

"इस प्रकार वनों में विचरनेवाले मुक्त विहारी पशु-पक्षियों और चिड़ियाघर में लाकर रखे गए बंदी, किंतु सुरक्षित पशु-पक्षियों के तुलनात्मक अध्ययन से मैंने पाया कि जीवन-रक्षा के लिए कड़ा परिश्रम करनेवाले और आक्रमणकारी शत्रुओं से रक्षा के लिए हर समय संघर्षरत रहनेवाले मुक्त वन-प्राणी अधिक स्फूर्त, चपल, शक्तिशाली और प्रसन्न हैं। चिड़ियाघर के प्राणियों को नियमित आहार मिलता है, सुरक्षा और देखभाल मिलती है, रुग्णावस्था में चिकित्सा मिलती है, शुश्रूषा भी। सुविधाजनक आवास स्थान मिलता है। इसलिए वे अधिक सुखी, निश्चिंत और दीर्घजीवी होते हैं। पर इसी अनुपात में वे सुस्त, काहिल, निष्क्रिय भी बन जाते हैं। यदि इन्हें चुनाव की स्वतंत्रता हो तो निश्चय ही ये सुविधाजनक, निश्चिंत और सुरक्षित जीवन के मुकाबले अस्तित्व के लिए संघर्षरत, चिंतायुक्त किंतु मुक्त जीवन को चुनना पसंद करेंगे।

लगा, वन्य प्राणियों के माध्यम से ज्योति बेन मेहता अपना जीवन-दर्शन भी कह गई हैं। उनके अनुसार, "वैवाहिक जीवन पति-पत्नी का संयुक्त जीवन होता है, जो जीवन में ऊँचे लक्ष्यों और महत्त्वाकांक्षाओंवाली नारी के लिए निभाना असंभव है, इसीलिए मैंने इस ध्येय में आनेवाली सभी बाधाओं को आत्मबल और कर्तव्य-भावना से दूर रखते हुए अविवाहित रहना निश्चय किया है। मेरी माताजी अकसर कहा करती हैं, गूँगे प्राणियों की सेवा-शुश्रूषा बड़े पुण्य का काम है। इनसान बेवफा हो सकता है, लेकिन इन मूक प्राणियों की नसों में हमेशा वफा का खून बहता रहता है। मनुष्यों और पशु-पक्षियों में तीन मूल प्रवृत्तियाँ समान हैं—क्षुधा-तृषा निवृत्ति की, जीवन-रक्षा और वंश-वृद्धि की। मानव बुद्धि से संचालित और सामाजिक-नैतिक मर्यादाओं से प्रेरित होकर भी मानसिक असंतुलन के क्षणों में जब स्वीकृत मर्यादाओं का उल्लंघन कर जाता है तो इन बुद्धि-रहित प्राणियों से अपनी मूल प्रवृत्तियों में बाधा उपस्थित होने पर कभी-कभार जो गलती हो जाती है, उसे मैत्री और वफादारी का उल्लंघन नहीं मानना चाहिए।"

ज्योति मेहता गुजराती वाङ्मय की प्रसिद्ध भूमि नाडियाड नगर की देन हैं। उनके नाना गुजराती साहित्य में उर्दू गजल को लानेवाले पहले गजलगो और प्रसिद्ध कवि हैं। विद्याध्ययन और साहित्य का शौक उन्हें मातृपक्ष से मिला, पशु-पक्षियों की सार-सँभाल पिता की प्रेरणा से। पिता ने अपने 150 एकड़वाले फार्म पर अच्छी नस्ल के कई घोड़े, गाय, बैल, हिरण, खरगोश, विलायती कुत्ते, पर्शियन और सियामी बिल्लियाँ, तोता-मैना-बतखें आदि पाल रखे थे। ज्योतिजी को बचपन में इनसे खेलने और इनसे

दोस्ती कर उनके स्वभाव आदि से परिचित होने का अवसर मिला। साहसिक वृत्ति भी उन्हें पिता से मिली। बड़ौदा कॉलेज में इंटर साइंस में पढ़ रही थीं कि सन् 42 के 'भारत छोड़ो आंदोलन' में पढ़ाई छोड़कर कूद पड़ीं। पिता अवकाश-प्राप्त सैनिक अफसर थे। उन्होंने बेटी की साहसिक वृत्ति और देश-भक्ति को देखकर उसे द्वितीय विश्व युद्ध में लड़कर जख्मी हो रहे घायल भारतीय सैनिकों की सेवा की ओर मोड़ दिया। ज्योति ने सेना-नर्सिंग की ट्रेनिंग ली और युद्ध मोर्चे पर घायलों की सेवा के लिए भेज दी गईं।

युद्ध-मोर्चे का अपना अनुभव भी वे बड़े रोमांचक ढंग से सुनाती हैं, ''ट्रेनिंग पूरी होने पर मुझे आशा थी कि पूना या नासिक भेजा जाएगा। उस समय मेरी आयु केवल अठारह वर्ष थी। घर से दूर कभी गई नहीं थी। अचानक असम के मणिपुर रोड पर युद्धभूमि में नियुक्ति का तार मिला। साथ ही बंबई से मेरे लिए फर्स्ट क्लास का टिकट भी आ गया तो एकबारगी मैं घबरा गई। पर पिताजी ने धीरज बँधाया, प्रोत्साहन दिया और स्वयं जाकर छोड़ भी आए। पिताजी कलकत्ता तक ही जा सकते थे। मेरी उस समय की कमजोरी देखकर उन्होंने उच्चाधिकारी से युद्ध मोर्चे तक जाने की अनुमति प्राप्त कर ली। कष्टप्रद लंबे प्रवास और कुछ आंतरिक भय से शायद मैं बीमार हो गई, पर पिताजी एक दिन से अधिक ठहर न सकते थे। उन्होंने मुझे अंग्रेजी कमांडिंग अफसर के सुपुर्द कर विदा ली। बाद में मुझे हॉस्पिटल की अंग्रेज मैट्रन के सुपुर्द किया और दो दिन बाद स्वस्थ होते ही मुझे मेरी ड्यूटी से जोड़ दिया गया।

''आग उगलता हुआ अंधकारपूर्ण आकाश, बमों की गर्जना। प्रतिक्षण मौत का खतरा, घायलों का चीत्कार और आर्तनाद। और नई-नई भरती हुई मैं अकेली भारतीय लड़की। उस समय वहाँ कोई भारतीय नर्स न थी। थोड़ी सी परिचारिकाएँ इंग्लैंड से आई हुई थीं और काम बहुत ज्यादा था। जख्मी भारतीयों के अलावा अन्य कोई भारतीय नजर न आता था। रोजाना सैकड़ों घायल आते। काम का कोई निश्चित समय न था। लगभग दिन-रात काम। कोई अपना हमदर्द पास नहीं। बाँस की कच्ची झोंपड़ी का निवास और मिलिटरी मेस का भोजन, जो मुझ शाकाहारी ब्राह्मण को रास न आता। जो कुछ शाकाहारी भोजन मिल जाता, उसी से काम चला लेती और घायलों की सेवा में जुटी रहती। उनको ही अपना स्वजन समझती और कर्तव्य के संतोष से अपने अभाव को भरती रहती। मैंने समय पर घायलों को अपना खून तक दिया। अभ्यस्त हो जाने पर कठिन जीवन कठिन न रहा और अपने भारतीय घायल सैनिकों के लिए मैं कुछ कर रही हूँ, यह भाव मुझे दृढ़ता से अपने कर्तव्य पर आगे बढ़ाता रहा। आज भी उन दिनों की याद मेरे लिए एक गौरव की बात है। तीन साल बाद लड़ाई बंद हो गई। मैं मणिपुर, कोहिमा, इंफाल, डिब्रूगढ़, लिडो और शिलांग से ट्रांसफर होती दिल्ली

आ गई। दिल्ली से रुड़की, बरेली, अहमदाबाद होती हुई सात वर्ष के बाद अवकाश प्राप्त कर घर आ गई। पिताजी घर पर सख्त बीमार हुए, फिर चल बसे तो मुझे आकर छोटे भाई-बहनों की जिम्मेदारी उठानी पड़ी। लड़ाई बंद होने से नौकरी छोड़ने में कोई बाधा नहीं आई। फिर कुछ दिन टेलीफोन ऑपरेटरी भी की, जिसमें मन नहीं लगा। इसलिए काम के बाद मैं नासिक भोंसले सैनिक स्कूल में शूटिंग, राइडिंग के शौक पूरे करती रही।

''पशु-पक्षियों से जो संपर्क बचपन में छूट गया था, घर आकर फिर स्थापित हो गया। मैं अवकाश का समय उनके बीच जाकर बिताने लगी। अब 1960 से इसी बाल वाटिका में हूँ। वन्य-प्राणीशास्त्र की भारत में कोई व्यावहारिक ट्रेनिंग न होने से इस विषय में डिग्रीधारी नहीं हूँ। अपने अध्यवसाय और शौक से जो ज्ञान तथा अनुभव मैंने अर्जित किया है, वही मेरी पूँजी है, प्रेरणा भी। यही प्रेरणा वन्य प्राणियों के बारे में अधिक-से-अधिक जानने की मेरी जिज्ञासा को बढ़ावा देती रहती है। इन मूक प्राणियों की मैत्री मुझमें आत्मबल और विश्वास भरती रहती है।''

□

प्रथम व्यावसायिक पायलट

कैप्टेन प्रेम माथुर

26 फरवरी, 1950। महिला प्रगति के इतिहास का एक सुनहरा दिन। सभी पत्रों में एक समाचार छपा—राष्ट्रीय विमान दौड़ प्रतियोगिता में एक महिला की शानदार विजय। 'एयरो क्लब ऑफ इंडिया' द्वारा कलकत्ता में आयोजित इस प्रतियोगिता में कुल 12 प्रतियोगी थे—11 पुरुष और 1 अकेली नारी। यही नहीं, सभी पुरुष विमान-चालन में अनुभवी, ढाई से 5,000 घंटे उड़ान का रिकॉर्ड रखनेवाले और महिला नौसिखिया, मुश्किल से 100 घंटे उड़ान भरी थी तब तक उसने। दौड़ थी कलकत्ता से जमशेदपुर, जमशेदपुर से आसनसोल और वहाँ से वापस कलकत्ता। सबसे आगे निकलकर अपने विमान को सर्वप्रथम सुरक्षित उतारनेवाली यह महिला थीं—कुमारी प्रेम माथुर: भारत की पहली महिला व्यावसायिक पायलट।

विमान से उड़ने और शौक के लिए विमान चलाना सीखने में तो भारतीय महिलाओं ने प्रारंभ से ही रुचि ली है। सन् 1929 में लेडी दिनशा पैंट्टि ने अपने भाई श्री जे.डी. टाटा से विमान चलाना सीखा था। उसके बाद भी टाटा परिवार की एक महिला तथा कुछ रानियों द्वारा विमान चलाने का उल्लेख मिलता है। कुल मिलाकर अब तक लगभग 100 महिलाएँ इस ओर कदम उठा चुकी हैं और अब अंतरराष्ट्रीय महिला विमान चालक संघ—'नाइंटी नाइंस' की एक शाखा के रूप में बंबई में भारतीय महिला विमान चालकों का एक छोटा सा संगठन भी काम कर रहा है। किंतु कैरियर की दृष्टि से तब तक केवल दो ही भारतीय महिलाएँ इस क्षेत्र में

प्रविष्ट हुई थीं। पहली—प्रेम कुमारी माथुर और दूसरी—कुमारी दूर्वा बैनर्जी, जो पाँच वर्ष बाद इस क्षेत्र में प्रविष्ट हुई थीं। 'बी' लाइसेंस प्राप्त कर पूर्णरूपेण व्यावसायिक विमान-चालक बनने में पहल करने का श्रेय कुमारी प्रेम माथुर ने ही प्राप्त किया था।

पायलट बनने पर उन्हें देश-विदेश से अनेक बधाई संदेश मिले। 20 जुलाई, 1948 को मॉस्को से श्रीमती विजयलक्ष्मी पंडित का उल्लास-प्रोत्साहन भरा पत्र मिला था। सन् 1950 में राष्ट्रीय विमान दौड़ प्रतियोगिता में प्रथम आने पर तत्कालीन वायु सेनाध्यक्ष जनरल करियप्पा ने उन्हें बधाई संदेश भेजकर प्रोत्साहित किया था। प्रतियोगिता के 3,000 के पुरस्कार के अतिरिक्त उन्हें ढेरों प्रशंसा-पत्र और उपहार मिले थे। इसी शानदार विजय पर सन् 1955 में अंतरराष्ट्रीय संस्था 'नाइंटी नाइंस' द्वारा उन्हें 5,000 डॉलर का पुरस्कार प्रदान करने की भी घोषणा की गई, किंतु इस सबके वावजूद उनकी प्रगति की कहानी एक निरंतर संघर्ष और मूक वेदना की कहानी बन गई। कुमारी प्रेम माथुर के शब्दों में—"महिला विमान उड़ा सकती है, उड़ान में पुरुषों से ज्यादा सावधानी बरत सकती है, रॉकेट में बैठकर अंतरिक्ष यात्रा कर सकती है; पर एक यात्री विमान की कैप्टन पायलट नहीं बन सकती। विश्व में अभी तक कोई नहीं बन सकी, क्योंकि यात्री उस विमान में चढ़ने से घबराते हैं जिसकी कमान एक महिला के हाथ में हो और अधिकारी समझते हैं कि महिला होने के नाते आपात स्थिति में वह घबरा जाएगी और विमान को शायद सँभाल नहीं पाएगी। शीला स्कॉट ने विमान में अकेले विश्व यात्रा की। बेलेंतिना तेरेश्कोवा ने अंतरिक्ष की खोज में उड़ान भरी, पर वे अकेली थीं। साथ में अन्य यात्री नहीं थे। द्वितीय विश्व युद्ध में महिलाओं ने युद्ध विमान भी उड़ाए, पर यात्री विमानों में अभी तक किसी भी महिला को कैप्टन पायलट का स्थान नहीं दिया गया।"

अपने इस क्षेत्र में आने और आगे के संघर्ष की कहानी सुनाते हुए उन्होंने कहा था,—"मेरे बड़े भाई पायलट थे और उनसे छोटे हवाई जहाजों का व्यापार करते थे। आठ वर्ष की अवस्था से ही मुझे अपने बड़े भाई के साथ वायुयान में उड़ने का अवसर मिला और यह शौक धीरे-धीरे बढ़ता गया। मन में इच्छा जागती कि मैं भी भाई साहब की तरह वायुयान चलाऊँ और आकाश में उन्मुक्त पक्षी की तरह विचरण करूँ। पर हिम्मत करके बात करती तो भाई टोक देते, 'यह लड़कियों का काम नहीं है।' बात ठीक भी थी। तब ऐसी कल्पना भी संभव न थी। विवश हो चुप रह जाती।

"लेकिन चाह को राह मिल ही जाती है। इसे मेरा सौभाग्य ही कहना चाहिए कि मेरे दूसरे भाई ने एक वायुयान का सौदा किया और उसे श्रीलंका पहुँचाने का काम सुंदरलाल अटल नाम के एक युवक पायलट को सौंपा। यह अटल साहब हमारे

घर ही ठहरे थे। मैं उस समय बी.ए. में पढ़ रही थी। एक दिन उन्होंने कहा, 'चलो, तुम्हें वायुयान की सैर करा लाऊँ। जहाज उड़ाने में उन्होंने मेरी इच्छा देखकर मुझे यंत्रों की जानकारी दी और उन्हें सँभालने के लिए कहा। मैं बिना झिझके या घबराए उन्हें सँभाल रही थी। यह देखकर वह आश्चर्यचकित हो बोले, 'प्रेम, तुम पायलट क्यों न बनो!'

"अंकुर फूट गया था। उनके इन शब्दों पर विश्वास न करते हुए भी मैं पायलट बनने का सपना देखने लगी। घर पर चर्चा चली तो बड़े भाई साहब ने फिर झटक दिया। पर श्री अटल के समझाने पर पिताजी सहमत हो गए। फिर सन् 1948 में इलाहाबाद में 'हिंद फ्लाइंग क्लब' खुल जाने से मेरे जीवन का भी नया अध्याय शुरू हो गया। मैं क्लब की सदस्या बन गई, पर प्रारंभिक 'ए' लाइसेंस प्राप्त करने के लिए भी बड़ी तपस्या करनी पड़ी। कई-कई घंटे हवाई अड्डे पर प्रतीक्षा करने के बाद मुझे जहाज उड़ाने के लिए मिलता। वे लोग समझते, शौक पूरा करना चाहती हूँ, ट्रेनिंग लेना नहीं। बहुत श्रम व प्रतीक्षा के बाद ही मैं इसमें सफल हो सकी।

"1950 में विमान दौड़ प्रतियोगिता में प्रथम आने पर यह उत्साह और बढ़ गया। लखनऊ फ्लाइंग क्लब में उड़ान के घंटे पूरे करने के बाद सन् 1951 में मैंने 'बी' लाइसेंस प्राप्त कर लिया, जिसका अर्थ होता है—व्यावसायिक जहाजों के चालन की प्रामाणिक योग्यता। सपना पूरा हुआ। अब मैं पूरी तरह कमर्शियल पायलट कहलाने योग्य थी। पर उत्साह की बढ़ती मात्रा यहाँ आकर रुक गई। आगे की कहानी हीनता और निराशा की कहानी बन गई।

"जहाँ भी मैंने नौकरी के लिए प्रार्थना-पत्र दिया, उत्तर इनकार में मिला। 'भारत की प्रथम महिला व्यावसायिक 'पायलट' होने के नाते मुझे ख्याति मिली, प्रशंसा मिली; पर 'पहला कदम' कितना कठिन होता है, यह पायलट बनने के बाद ही पता चला। मैं इसे कैरियर बनाना चाहती थी नौकरी चाहती थी—पर अधिकारीगण मुझे केवल शौक पूरा करने का निःशुल्क अवसर प्रदान करने की उदारता ही दिखाते थे। बड़ी कठिनाई के बाद 'दक्कन एयरवेज' ने डकोटा में मुझे सह-चालक के रूप में लेना स्वीकार किया, वह भी बिना वेतन के। छह महीने काम करके मैंने छोड़ दिया।

"हवाई कंपनियों का राष्ट्रीयकरण हो जाने के बाद मैंने आवेदन किया तो वहाँ भी अवैतनिक रूप से सह-चालक का काम ही मिला। उत्तर मिलता, 'कुमारी जी, संसार में कहीं भी किसी महिला को कैप्टन पायलट नहीं बनाया गया, आप कैसे आशा करती हैं? यात्री विमान की उड़ान के लिए कोई भी वायुयान कंपनी अकेले किसी महिला पर विश्वास नहीं कर सकती।' इस प्रकार 'बी' लाइसेंस पाने व दो

सौ पचास उड़ान घंटे पूरे करने के बाद भी मुझे सवेतन काम नहीं दिया गया। इसके एक वर्ष बाद श्री जी.डी. बिरला के निजी डकोटा में ही मुझे सर्विस मिल सकी। वहाँ मैंने छह वर्ष तक 'को-पायलट' के रूप में सवेतन काम किया। कैप्टन-पायलट बनने की हसरत थी, पर पूरी नहीं हो सकी।''

अपनी इस पहली सवेतन नौकरी की चर्चा करते हुए उन्होंने एक मार्मिक अनुभव सुनाया, ''मुझे पिलानी से वायुयान के मालिक बिरलाजी को लेकर बंबई पहुँचना था। पिलानी पहुँचकर मैं 'कॉकपिट' से बाहर नहीं निकली। सोचती थी, मेरी यह नौकरी भी निश्चित नहीं है। पता नहीं एक धनी उद्योगपति महिला-चालित विमान में अपनी यात्रा सुरक्षित समझे या नहीं? पता नहीं मुझे देखकर उनकी क्या प्रतिक्रिया हो? पर बाद में लगा, मेरा यह भय निराधार था।''

सचमुच ही उनका यह भय पूर्व अनुभव पर आधारित था, जो बाद में बिलकुल निराधार साबित हुआ। कांग्रेस के कलकत्ता अधिवेशन में जब कुमारी माथुर तत्कालीन अध्यक्ष श्री ढेबर के साथ सर्वश्री लालबहादुर शास्त्री, गुलजारीलाल नंदा, जगजीवन राम, स्वर्णसिंह, श्रीमन्नारायण जैसे मंत्रियों व महत्त्वपूर्ण व्यक्तियों को विशेष वायुयान 'गगन बिहारी' में लेकर दिल्ली से कलकत्ता पहुँचीं तो वहाँ पत्रकारों द्वारा उनका आश्चर्य व हर्ष-मिश्रित स्वागत किया गया। लेडी माउंटबेटन, इंग्लैंड के श्रममंत्री श्री बेविन व उनकी पत्नी, श्री मोरारजी देसाई व इंदिराजी भी प्रेम द्वारा चलाए गए वायुयान पर यात्रा कर चुके हैं। कभी कोई संदेह प्रकट नहीं किया गया। इससे धीरे-धीरे उनमें आत्मविश्वास बढ़ा, पर 'कैप्टन-पायलट' का चांस उन्हें फिर भी नहीं मिला। फिर मार्च 1965 से रिटायर होने तक उन्होंने 'इंडियन एयरलाइंस कॉरपोरेशन' में सहायक वायु सुरक्षा अधिकारी के रूप में कार्य किया। शौक के लिए कभी भी उड़ान भर लेती थीं; पर उनमें पहले जैसा उत्साह अब नहीं रहा था।

कुमारी प्रेम माथुर इलाहाबाद के एक प्रिंसिपल की पुत्री हैं। माँ शैशव में ही छोड़कर चल बसी थीं। पाँच भाई-बहनों में वे सबसे छोटी थीं। उदार प्रकृति के पिता ने पुत्र की तरह उन्हें पाला-पोसा और पढ़ाया। बचपन से ही लड़कों जैसे खेल खेलती थीं। शिक्षा भी सह-शिक्षा संस्था में हुई, जो उन्हें निडर व साहसी बनाने में सहायक हुई। एनी बेसेंट स्कूल व सेंट मेरी कॉन्वेंट से जूनियर कैंब्रिज तक शिक्षा प्राप्त करने के बाद मैट्रिक प्राइवेट किया। फिर इंटरमीडिएट व बी.ए. इलाहाबाद यूनिवर्सिटी से। कॉलेज में भी तैराकी व खेलों में सदा आगे रहतीं। सन् 1942 के 'भारत छोड़ो' आंदोलन में भी खूब भाग लिया, पर लड़कियों की तरह संगीत और घर के काम-काज में रुचि कम न थी। बी.ए. में पहुँचकर जब विमान-चालन की ओर झुकीं, तब तो पढ़ाई से बचा लगभग सारा समय इसी में बीतने लगा। दूसरे क्लब, सोसाइटियाँ

छोड़कर फ्लाइंग क्लब ही उनकी रुचि का प्रमुख केंद्र बन गया और श्री अटल की प्रेरणा, पिता के प्रोत्साहन एवं बड़े भाई के निर्देशन में वह आगे बढ़ती गईं।

उनके धैर्य व साहस की एक-दो घटनाएँ उल्लेखनीय हैं। सन् 1950 की विमान दौड़ प्रतियोगिता में जीत के बाद 1951 की प्रतियोगिता के लिए उन्हें फिर निमंत्रित किया गया; किंतु उन्होंने इनकार कर दिया। लखनऊ फ्लाइंग क्लब के इंस्ट्रक्टर उनके बड़े भाई, जिनका रिकॉर्ड 6,000 घंटे उड़ान का था, स्वयं उसमें एक प्रतियोगी थे और कुमारी प्रेम को उनके जीतने की पूरी आशा थी। उन दिनों वह 'बी' लाइसेंस के लिए तैयारी भी कर रही थीं। 17 फरवरी को प्रतियोगिता हुई। दौड़ के प्रारंभ में उनके भाई ने विभिन्न कलाबाजियाँ दिखाकर अपना कौशल प्रदर्शित करना चाहा कि दुर्घटना घट गई। प्रेमजी व अन्य संबंधियों की उपस्थिति में उनका जहाज नीचे आ गिरा। जीत की आशा गहरे शोक में बदल गई। इससे ठीक दो दिन बाद 19 फरवरी को ही कुमारी प्रेम माथुर की 'बी' लाइसेंस की परीक्षा थी। सबको लग रहा था कि इस दुर्घटना से प्राप्त घबराहट और शोक की छाया में वह असफल न हो जाएँ; पर कुमारी प्रेम ने असीम धैर्य और दृढ़ता का परिचय दिया, सफल हुईं और लाइसेंस प्राप्त किया।

वायुयान चलाते समय दो बार वह खराब मौसम के कारण खतरे में फँस गई थीं—एक बार श्री बिरलाजी व मोरारजी देसाई को बंबई, सांताक्रुज पर उतारते समय तथा दूसरी बार इंदिराजी (प्रधानमंत्री बनने से पूर्व) को दिल्ली से इलाहाबाद ले जाते समय। पर दोनों बार उनके धैर्य व साहस ने उनका साथ दिया और वायुयान सकुशल नीचे उतार लिया गया।

पुरुषों की तरह साहसी और निडर प्रेमजी बंदूक की निशानेबाजी में भी रुचि रखती हैं; पर उनसे मिलने और बातचीत करते समय ऐसा कभी नहीं लगा कि इससे उनके नारीत्व को कोई क्षति पहुँची है। बातचीत में मधुर और स्वभाव से कोमल यह नारी किसी सामान्य कामकाजी नारी से अपेक्षाकृत अधिक मीठा और धीरे बोलनेवाली है। इसलिए जब वह बताती हैं कि बचपन से वह लड़कों के साथ खेली व पढ़ी हैं और साहस के कार्य उनकी प्रिय 'हॉबी' रहे हैं तो सहसा उस पर विश्वास नहीं होता। उनकी सफलताओं पर विश्वास करने के बाद भी लगता है, कहीं पर उनकी 'नारी' उनके 'पायलट' से फिर भी प्रबल है। तभी तो उड़ने-उड़ाने का, 'नाइंटी-नाइंस' की सदस्यता का मोह त्यागकर वायु सुरक्षा सहायक अधिकारी की कुरसी पर जा बैठीं, अन्यथा कैप्टन-पायलट न सही, फ्लाइंग क्लब की इंस्ट्रक्टर तो बन ही सकती थीं। 'सोलो फ्लाइंग' (पहली अकेली उड़ान) में जरा भी न घबरानेवाली, आठ प्रकार के जहाजों पर पहले वर्ष में ही कलाबाजियाँ दिखानेवाली और केवल 100 उड़ान-

घंटों के अनुभव पर ही प्रतियोगिता में कुशल चालक पुरुषों से बाजी मार ले जानेवाली पायलट के लिए विमान-चालन का कार्य सँभाल लेना आश्चर्य की ही बात थी। पर उनके कटु अनुभवों से परिचित होने पर आश्चर्य नहीं लगता। कटु अनुभवों की इस शृंखला का एक मार्मिक उदाहरण है—'नाइंटी नाइंस' क्लब का 5,000 डॉलर का पुरस्कार लेने कैलीफोर्निया न जाना, केवल इसलिए कि उनके जाने की कहीं से व्यवस्था न हो सकी और वह स्वयं अपने खर्च से जाने में असमर्थ थीं। इस प्रकार न जा पाने के कारण वह इस पुरस्कार राशि से भी वंचित रह गईं।

कुमारी माथुर के शब्दों में—"पिताजी ने सर्विस के साथ पुस्तकें लिख-लिखकर कड़ी मेहनत से कमाए पैसों से मुझे पढ़ाया, मेरे विमान चलाने के शौक पर हजारों रुपए व्यय किए तो बाद में यह संभव न था कि मैं पायलट बनने के बावजूद शौकिया अवैतनिक काम करती रहती और उन पर बोझ बनी रहती। इंस्ट्रक्टर का काम मुझे पसंद नहीं था और कैप्टन-पायलट बनना भाग्य में नहीं था।" और फिर उनकी नारी बोल पड़ी, "शौक के लिए ठीक है। कैरियर बनाना स्त्रियों के लिए कठिन ही है।"

"क्यों? इतनी कठिनाइयों पर विजय पाने के बाद भी आपकी यह धारणा क्यों?" मेरे इस प्रश्न के उत्तर में उनके भीतर की 'नारी' और पायलट में कुछ कहा-सुनी हुई, थोड़ी देर खामोशी रही और फिर दोनों में समझौते का संकेत देती एक मिश्रित-सी वाणी गूँजी, "इसलिए कि इसके लिए अच्छा स्वास्थ्य, बहुत अच्छी दृष्टि, पुरुषोचित साहस चाहिए। ये सब जुट जाएँ तो भी परंपरा आड़े आएगी। पर परंपराएँ बदलती भी हैं। निर्भीकता, लगन और निष्ठा से ही उन्हें बदला जा सकता है। कुमारी दूर्वा बैनर्जी भी को-पायलट के रूप में ही कार्य कर रही हैं। हो सकता है, कल को उन्हें या किसी और महिला को कैप्टन-पायलट बनने का अवसर मिल जाए। फिर भी, मानना होगा कि सामान्य नारी के लिए यह क्षेत्र नहीं है।"

लेकिन मैं समझ नहीं पाई कि इस द्विविधापूर्ण मिश्रित वाणी को मैं नारीत्व की जीत मानूँ या परिस्थितियों द्वारा नारीत्व पर चोट, जिसने एक पायलट की जीत को नारी-पायलट की हार में बदल दिया?

अब तो सुश्री प्रेम माथुर अपनी नौकरी से अवकाश ग्रहण कर चुकी हैं। सन् 1984 में जब वह सेवानिवृत्त हुईं, तब 'डिप्टी मैनेजर फ्लाइट सेफ्टी' के पद पर काम कर रही थीं। अपने काम के प्रति समर्पण के कारण उन्होंने विवाह नहीं किया तो अब रिटायर होने पर कैसा अनुभव करती हैं? पूछने पर उनका उत्तर था, "छूटे संगीत का शौक पूरा कर रही हूँ। जो एयर पास मिलते हैं, उनका उपयोग कर भारत-भ्रमण कर रही हूँ। फुरसत का समय पढ़ने और मित्र-मंडली में गुजारती हूँ। फिर भी कभी-कभी सन्नाटा काटने दौड़ता है। मैंने फ्लाइंग क्लब के अध्यक्ष से दो बार अनुरोध

किया कि वेतन न देकर केवल वाहन अलाउंस पर ही मुझे काम करने का चांस दिया जाए; पर मेरी प्रार्थना पर गौर नहीं किया गया। आजकल अवसर नए युवा लोगों के लिए ही नहीं।'' यही नहीं, देश के वर्तमान हालात तथा नए क्षेत्रों में आनेवाली प्रवृत्तियों में से अधिकांश की नैतिक सरोकारों के प्रति बेपरवाही से भी वह काफी क्षुब्ध लगीं।

□

परिवार नियोजन कार्यक्रम में प्रथम

धनवंती रामाराव

जनसंख्या की समस्या आज भारत की सर्वप्रमुख समस्या है और 'परिवार नियोजन' सर्वाधिक चर्चित शब्द। एक समय था जब जन्म-नियंत्रण विषय पर बात करना अनैतिक और अभद्र समझा जाता था, ऐसे समय संतति-निग्रह जैसे कार्य का प्रचार करनेवाले कार्यकर्ताओं को घृणा की नजर से देखा जाना स्वाभाविक ही था। लेकिन यह कठिन कार्य भी कुछ साहसी महिलाओं ने कर दिखाया। हर नए विचार के प्रणेता की तरह उन्होंने कष्टों और विरोधों का हँस-हँसकर सामना किया तो अंत में विजयश्री को भी उनके स्वागतार्थ आना पड़ा।

विश्व इतिहास में 'बर्थ कंट्रोल' शब्द के साथ जिस प्रकार श्रीमती मार्गरेट का नाम जुड़ा है, उसी प्रकार भारत में 'परिवार नियोजन' शब्द के साथ श्रीमती धनवंती रामाराव का। अंतर इतना ही है कि श्रीमती सेंगर से श्रीमती रामाराव तक आते-आते इस कार्य का प्रचार 'अपराध' से घटकर 'अनैतिक' तक आ गया। पर अपराध न होकर भी इस तथाकथित अनैतिकता या अभद्रता का भारतीय परिस्थितियों में प्रचार कोई कम खतरे का काम नहीं था। श्रीमती रामाराव ने उसी खतरे को उठाने में पहल की थी।

लेडी रामाराव के नाम से सुविख्यात श्रीमती धनवंती रामाराव भारत की अग्रणी महिलाओं में से एक हैं। पाँच दशकों तक विभिन्न समाज कल्याण प्रवृत्तियों में सक्रिय रहने पर भी परिवार नियोजन के क्षेत्र में उनका योगदान इतना महत्त्वपूर्ण रहा कि लोग उनकी अन्य अनगिनत सेवाओं को लगभग भूलकर 'परिवार नियोजन' कार्यक्रम की

प्रणेता के रूप में ही उन्हें जानते-पहचानते हैं। श्रीमती रामाराव को इस एकांगी मान्यता से भी अत्यंत संतोष था।

श्रीमती धनवंती रामाराव एक कश्मीरी महिला थीं। उनका जन्म 10 मई, 1893 को हुबली में हुआ। पर माता-पिता इलाहाबाद में आकर बस गए थे। मद्रास विश्वविद्यालय से एम.ए. (ऑनर्स) की परीक्षा पास कर वहीं क्वीन मैरी कॉलेज में लेक्चरर के रूप में उन्होंने अपना जीवन शुरू किया। फिर सन् 1917 में 'वीमेंस इंडियन एसोसिएशन' की प्रारंभिक स्थिति में ही उसकी एक सक्रिय सदस्या के रूप में वे सामाजिक कार्यक्षेत्र में आ गईं। महिला मताधिकार की माँग लेकर तत्कालीन वायसराय एवं सेक्रेटरी ऑफ स्टेट से मिलनेवाले प्रथम महिला प्रतिनिधिमंडल में भी वह सम्मिलित थीं।

सन् 1927-28 में 'शारदा बिल' के समर्थन के लिए स्थापित 'अखिल भारतीय बाल विवाह निरोध समिति' की सदस्या के रूप में तथा 'परदा विरोधी महिला समिति' की सेक्रेटरी के रूप में उन्होंने कुरीतियों के निवारण में योग दिया। फिर सन् 1929 से 1938 तक अपने पति के साथ इंग्लैंड में रहकर लंदन में अखिल भारतीय महिला सम्मेलन का प्रतिनिधित्व किया। इस अवधि में उन्होंने इंग्लैंड के सभी भागों में भारतीय महिलाओं की स्थिति एवं प्रगति पर व्याख्यान दिए और विभिन्न महिला संस्थानों से संपर्क बनाया। सन् 1929 में बर्लिन में हुए 'अंतरराष्ट्रीय महिला मताधिकार लीग' के सम्मेलन में उन्होंने भारतीय महिला प्रतिनिधिमंडल का नेतृत्व किया तथा लीग की कार्यकारिणी की सदस्या चुनी गईं। सन् 1938-39 में, जब उनके पति श्री बेनेगल रामाराव दक्षिण अफ्रीका में भारतीय हाई कमिश्नर नियुक्त होकर गए, तो श्रीमती रामाराव ने डरबन में 'भारतीय महिला संघ' की स्थापना की।

सन् 1938 में ही उनकी सामाजिक सेवाओं से प्रभावित होकर भारत सरकार द्वारा उन्हें 'कैसरे सरे हिंद' स्वर्ण पदक से सम्मानित किया गया। यह स्वर्ण पदक उन्हें बकिंघम पैलेस में किंग जॉर्ज षष्ठम ने स्वयं प्रदान किया था।

सन् 1946-47 में श्रीमती रामाराव 'अखिल भारतीय महिला सम्मेलन' की अध्यक्षा चुन ली गईं। इसके पूर्व वे सम्मेलन की 'सेव द चिल्ड्रन कमेटी' तथा 'ग्रामीण जाहन स्वास्थ्य सेवा कमेटी' की अध्यक्षा के रूप में काम कर चुकी थीं। वे बंबई शाखा की अध्यक्षा भी रह चुकी थीं तथा सन् 1943-44 में बंबई एवं बंगाल के अकालग्रस्त क्षेत्रों में व्यापक सहायता कार्य में हाथ बँटा चुकी थीं। इस प्रकार परिवार नियोजन के क्षेत्र में प्रवेश करने से पूर्व एक प्रमुख महिला नेत्री के रूप में वे ख्याति प्राप्त कर चुकी थीं। किंतु बाद में मिली ख्याति इस ख्याति को लाँघ गई और लेडी रामाराव का नाम परिवार नियोजन के साथ हमेशा के लिए जुड़ गया।

अपनी इस प्रेरणा के बारे में उनका कहना था, ''प्रथम विचार सन् 1912 में श्रीमती मार्गरेट सेंगर के मन में आया। सन् 1914 में जब उन्होंने 'द वीमेन रिबेल' नामक पत्रिका का प्रकाशन कर उसमें इस विचार को प्रकाशित किया तो इसके विरोध में उठे बवंडर, फिर उनके द्वारा प्रथम क्लीनिक की स्थापना पर चले मुकदमे और श्रीमती सेंगर की उनके पति एवं बहन सहित गिरफ्तारी की चर्चा ने सारे संसार का ध्यान आकर्षित किया था। सन् 1917 में 'न्यूयॉर्क ट्रिब्यून' के संपादक ने लिखा था—''सन् 1967 में कोई इस बात पर यकीन भी नहीं करेगा कि केवल पचास वर्ष पूर्व एक स्त्री को इसलिए गिरफ्तार कर लिया गया कि वह प्रजनन के शारीरिक अंगों एवं उनकी प्रक्रिया की जानकारी देकर स्त्रियों को बाधित मातृत्व से मुक्ति दिलाना चाहती थी।''

उस समय अमेरिका और इंग्लैंड में जनसंख्या समस्या, योजनाबद्ध परिवार और महिला कल्याण पर विचार-मंथन चल रहा था। हम भारतीय महिलाएँ इस तरह की प्रत्येक चर्चा और प्रगति के प्रत्येक चरण का बड़े ध्यान से अध्ययन कर रही थीं। उनके महिला मताधिकार आंदोलन और स्त्री स्वास्थ्य रक्षा के लिए नियोजित परिवार जैसी विचारधारा ने मुझे विशेष रूप से प्रभावित किया। भारतीय महिलाओं की प्रसव के समय मृत्यु संख्या तथा स्वास्थ्य की गिरी दशा देख-देखकर एक सपना मेरे मन में पलने लगा।

बड़ा कठिन कार्य था। अशिक्षा, रूढ़ियाँ तथा धार्मिक विश्वास मुख्य बाधक थे। उस पर महात्मा गांधी की कृत्रिम संतति-निरोध विरोधी विचारधारा का भी जनमत पर प्रबल प्रभाव था। आशा बहुत कम थी। पर सपना कब तक सपना रहता? श्रीमती सेंगर की विचारधारा में बल तो था ही, उनकी सफलता ने आशा की क्षीण ज्योति को भी प्रज्वलित कर दिया और सपना साकार होने के लिए मचलने लगा। अनेक कारणों से श्रीमती सेंगर सन् 1922-27 में दो बार भारत आती-आती रह गईं। फिर सन् 1936 में अखिल भारतीय महिला सम्मेलन के निमंत्रण पर उनके त्रिवेंद्रम अधिवेशन में जब वे आईं तो भारतीय महिलाओं के मन में आशा का मंत्र फूँक गईं। कार्य प्रारंभ करने का यह उपयुक्त अवसर था, फिर भी अनेक बाधाओं के कारण सन् 1949 के पूर्व योजना कार्यान्वित नहीं हो सकी।

श्रीमती रामाराव ने सन् 1949 में एक स्वैच्छिक सेवा संगठन के रूप में 'अखिल भारतीय परिवार नियोजन संघ' की स्थापना की और सीमित साधनों से संस्था का कार्य प्रारंभ कर दिया। इसके दो वर्ष बाद ही सन् 1951-55 की प्रथम पंचवर्षीय योजना में इसे राष्ट्रीय समस्या के रूप में मान्यता देकर सरकार ने भी इस दायित्व को स्वीकार कर लिया। अब तो स्थिति यह है कि सरकारी सहायता से परिवार नियोजन संघ की सेवाएँ पर्याप्त विस्तार पा चुकी हैं।

पंचवर्षीय योजनाओं में कार्यक्रम की सफलता पर श्रीमती रामाराव का मत था कि समस्या की विशालता को देखते हुए सफलता नगण्य है। भारत बहुत बड़ा देश है। जनसंख्या की समस्या दिनोंदिन जटिल होती जा रही है और साधनों का विकास उससे पिछड़ता जा रहा है। विविध समस्याओं से घिरे और शिक्षा में पिछड़े समाज में तब तक सफलता संदिग्ध है जब तक कि हम प्रत्येक ग्रामवासी तक न पहुँचें। समस्या विकराल होती जा रही है और संगठन छोटा पड़ गया है। हमें पूरी शक्ति से गाँव-गाँव और घर-घर पहुँचकर युद्ध स्तर पर समस्या का समाधान ढूँढ़ना होगा।

गर्भपात की कानूनी मान्यता पर विचार प्रकट करते हुए उन्होंने एक बार कहा था—"जनसंख्या नियंत्रण के अंतिम उपाय के रूप में मैं इसे चाहती हूँ; पर यह एक खतरनाक प्रक्रिया है। यह प्रकृति के विरुद्ध है और अनेक स्थितियों में भावी माताओं के लिए दुर्भाग्य भी ला सकती है। यहाँ भी मुख्य समस्या साधनों की कमी ही है। जब तक पूर्ण साधनयुक्त अस्पताल आदि न हों, मैं इसके लिए सलाह नहीं दूँगी। माँ का जीवन अधिक मूल्यवान् है।" बाद में यह बिल पास हो गया।

उनका कहना था—"लूप खतरनाक नहीं, पर पर्याप्त डॉक्टरी सहायता के साथ ही इसका उपयोग हो।"

सन् 1963 से श्रीपती रामाराव परिवार नियोजन की अंतरराष्ट्रीय संस्था 'इंटरनेशनल प्लांड पैरेंटहुड फेडरेशन' की अध्यक्षा हो गईं और इस नाते विश्वव्यापी ख्याति प्राप्त करने लगीं। विश्व संस्था का अध्यक्ष पद ग्रहण करने के बाद 'भारतीय परिवार नियोजन संघ' के अध्यक्ष पद से नियमानुसार त्यागपत्र देकर उन्होंने अपना काम निकट सहयोगिनी श्रीमती ऊषाबाई वाडिया को सौंप दिया था। फिर भी उनका अधिकांश समय भारतीय संस्थाओं में ही व्यतीत होता रहा। वे 'सेंट्रल बोर्ड ऑफ फैमिली प्लानिंग' की सदस्या तथा 'सरकारी योजनाओं की मूल्यांकन समिति' की उपाध्यक्षा रहीं। यह मूल्यांकन समिति नियोजन कार्यक्रम की सफलता को आँकने तथा भविष्य के लिए उपयोगी सुझाव देने के लिए स्थापित की गई थी।

'भारतीय परिवार नियोजन संघ' के बंबई, लखनऊ, कलकत्ता, हैदराबाद, पटना एवं दिल्ली अधिवेशनों के आयोजन का श्रेय श्रीमती रामाराव को ही था। उन्होंने 'इंटरनेशनल प्लांड पैरेंटहुड फेडरेशन' का तीसरा अधिवेशन भी बंबई में ही आयोजित किया था। सन् 1952 में बंबई में हुए इस अधिवेशन में ही 'प्लांड पैरेंटहुड' की विभिन्न अंतरराष्ट्रीय संस्थाओं के संघ की स्थापना हुई, जिसमें श्रीमती रामाराव को सम्मानपूर्वक अध्यक्षा चुना गया था। इसके बाद सन् 1959 में नई दिल्ली में जो 'प्लांड पैरेंटहुड' का छठा अंतरराष्ट्रीय सम्मेलन बुलाया गया था, उसका आयोजन एवं निर्देशन भी उन्होंने ही

किया था। तत्पश्चात् सन् 1963 में इस अंतरराष्ट्रीय संस्था के सिंगापुर अधिवेशन में तो उन्हें अध्यक्षा ही चुन लिया गया। इस रूप में वे भारतीय संघ के अंतरराष्ट्रीय संबंध को दृढ़ करती ही थीं, उनके अध्ययनों, सूचनाओं, साधनों का लाभ भी अपने देश को पहुँचाती थीं। कई बार अंतरराष्ट्रीय कार्यालय से प्राप्त प्रश्नावलियों का उत्तर देने तथा उनके शोध-कार्यों में सहायता पहुँचाने के लिए उन्हें अथक श्रम करना पड़ा। उनकी संस्था भारत सरकार एवं अंतरराष्ट्रीय कार्यालय दोनों के शोध-कार्यों में सहयोग प्रदान करती थी।

परिवार नियोजन कार्यक्रम के अतिरिक्त 'केंद्रीय समाज कल्याण बोर्ड' की महिला एवं बाल-सेवाओं में भी उन्होंने अनेक उत्तरदायित्वपूर्ण पदों पर कार्य किया।

इतनी व्यस्तता के बावजूद श्रीमती धनवंती रामाराव बड़ी मिलनसार, मधुर तथा सुरुचिपूर्ण स्वभाव की महिला थीं। चौहत्तर वर्ष की अवस्था में भी उनके चेहरे की सुंदरता, चमक, मुसकान और आकर्षक रंग-बिरंगी वेशभूषा देखकर मुझे आश्चर्य होता था। अपने मित्रों एवं सहयोगियों में वे अत्यंत लोकप्रिय थीं और 'कलरफुल पर्सनैलिटी' (रंगीन व्यक्तित्व) के रूप में जानी जाती थीं।

पति श्री रामाराव की मृत्यु के पूर्व उनकी सेवा में वे इतनी तल्लीन रहीं कि तीन महीनों तक मुझे उनके पत्र की प्रतीक्षा करनी पड़ी, फिर क्षमा-याचना करते हुए उन्होंने लिखा—"पति की तीमारदारी में व्यस्त हूँ, आपको कुछ समय प्रतीक्षा करनी पड़ेगी।" और फिर वायदे की इतनी धनी निकलीं कि अवसर पाते ही समय पर मेरे प्रश्नों का उत्तर उन्होंने प्रस्तुत कर दिया।

श्रीमती रामाराव तब तक कई बार सम्मानित की जा चुकी थीं। सन् 1955 में वे 'अल्बर्ट एंड मेरी लस्कर अवार्ड' से सम्मानित की गईं। फिर सन् 1959 में भारत सरकार द्वारा उन्हें 'पद्मभूषण' की उपाधि से विभूषित किया गया।

भारत ही संसार में पहला बड़ा देश है, जहाँ सरकारी स्तर एवं इतने बड़े पैमाने पर परिवार नियोजन का कार्यक्रम अपनाया जा रहा है। संसार की आँखें इस नियोजन की सफलता पर लगी हैं। भावी पीढ़ियों की खुशियाँ भी इसी पर निर्भर हैं। कितनी सफलता मिलेगी, यह तो समय बताएगा, पर इतने व्यापक कार्यक्रम की प्रणेता के रूप में श्रीमती धनवंती रामाराव की सेवाओं को क्या भारतवासी भूल सकेंगे? विवश मातृत्व से पीड़ित महिला समाज तो कदापि नहीं।

अब वे इस संसार में नहीं हैं। जीवन के अंतिम वर्षों में वे बंबई में रह रही थीं और चौरानबे वर्ष की उम्र में भी काफी सक्रिय थीं।

□

मताधिकार आंदोलन की सूत्रधार

मार्गरेट कजिंस

अखिल भारतीय महिला सम्मेलन के प्रधान कार्यालय में प्रवेश करते ही आपको एक साइनबोर्ड दिखाई देगा—'मार्गरेट कजिंस मेमोरियल लाइब्रेरी'। सामने ही दीवार पर उनका एक बड़ा सा आकर्षक चित्र टँगा है।

सन् 1917 से 1947 तक भारत में महिला संगठनों और महिला आंदोलनों का तीस वर्षों का इतिहास पढ़ जाइए। एक नाम आपको सभी जगह पहली पंक्ति में दिखाई दे जाएगा—मार्गरेट कजिंस।

मार्गरेट कजिंस ने कई क्षेत्रों में एक साथ पहल की। वे पहले अखिल भारतीय महिला संगठन 'वीमेंस इंडियन एसोसिएशन' की संस्थापिका हैं। इस संगठन के माध्यम से वे भारत में 'महिला मताधिकार आंदोलन' की सूत्रधार बनीं। 'इंडियन होम रूल लीग' एवं 'अखिल भारतीय महिला सम्मेलन' की संस्थापिकाओं में से एक हैं और स्वयं भारत की 'पहली महिला मैजिस्ट्रेट' भी हैं। उनका नाम भारत ही नहीं, विश्व भर की महिलाओं में प्रेरणा के रूप में लिया जाता है। आयरिश महिला होकर भी उन्होंने भारतीय राष्ट्रीयता ग्रहण की और अपना आधे से अधिक जीवन भारतीय महिलाओं के उत्थान के लिए व्यतीत किया।

श्रीमती कजिंस का जन्म 7 नवंबर, 1878 को आयरलैंड में हुआ। उनका घर एक ऐसे सार्वजनिक स्थल के सामने पड़ता था, जो प्रमुख राजनीतिक एवं सामाजिक गतिविधियों का केंद्र था। रोज सभाएँ देखते-देखते उनके बाल मन में कुछ करने की

प्रवृत्ति जागी और स्वतंत्र क्रांतिकारी विचार पनपने लगे। संगीत स्कूल में शिक्षा पाकर तथा साइकिल से स्कूल जाकर उन्होंने बचपन से ही रूढ़ियों को तोड़ना प्रारंभ कर दिया था। सन् 1898 में विशेष योग्यता की छात्रवृत्ति के साथ मैट्रिक परीक्षा पास की, फिर 1902 में रॉयल यूनिवर्सिटी से संगीत में डिग्री लेकर संगीत शिक्षक बनीं। सन् 1903 में उनका विवाह श्री जेम्स कजिंस के साथ संपन्न हुआ। मार्गरेट बहुत सुंदर, कलाप्रिय और भावुक थीं, वह साहसी और स्वतंत्र विचारधारा की पोषक भी थीं। 'वी टू टुगेदर' पुस्तक में अपने विवाह से संबंधित संस्मरणों में उन्होंने बड़े मनोरंजक ढंग से लिखा है कि विवाह के लिए उनका सपना था—'लंबा, गहरे रंग एवं सुंदर आवाजवाला कलाप्रिय युवक प्रोफेसर। श्री कजिंस इसके बिलकुल विपरीत थे। यानी छोटे कद, गोरे रंग, अरुचिकर आवाजवाले और एक व्यापारिक संस्थान में एकाउंटेंट। इसलिए सगाई के पहले साल उन्हें बड़ी निराशा हुई। उनके गुणों से प्रभावित होते हुए भी शायद श्रीमती कजिंस के पूर्वग्रह के कारण विवाह टूट जाता, यदि पैसे की कमी के कारण उनके विवाह में तीन साल की देर न हुई होती। सगाई के उन तीन वर्षों में जैसे-जैसे वे श्री कजिंस का अध्ययन करती गईं, उनके गुणों से उत्तरोत्तर प्रभावित होती गईं। बाद में उनका विवाहित जीवन बहुत सुखी एवं सफल रहा।

थियोसोफिकल सोसाइटी के काम में श्रीमती एनी बेसेंट को सहयोग देने के लिए नवंबर 1915 में श्रीमती कजिंस अपने पति के साथ भारत आई थीं। इसके पूर्व सन् 1906 से 1913 तक पहले आयरिश महिलाओं के मताधिकार आंदोलन में, फिर इंग्लैंड की महिलाओं के मताधिकार आंदोलन में उन्होंने प्रमुखता से भाग लिया। इस सिलसिले में उन्होंने आयरलैंड एवं इंग्लैंड की जेलों की हवा खाई थी और जेल में भूख हड़ताल भी की थी। 'चर्च ऑफ न्यू आइडियल' के महिला विभाग एवं 'शाकाहारी सोसाइटी' के काम से भी वे संबंधित रही थीं। भारतीय दर्शन ने भी उन्हें बहुत प्रभावित किया था। भारत में आते ही उन्होंने महिला उत्थान से संबंधित सभी सामाजिक, शैक्षणिक एवं राजनीतिक कार्यों में भाग लेना प्रारंभ कर दिया था; पर उनका कार्य मुख्य रूप से प्रारंभ होता है सन् 1917 से।

सन् 1917 में एक दिन समाचार छपा कि सेक्रेटरी ऑफ स्टेट श्री एडविन पी. मांटेग्यू भारतीयों के राजनीतिक अधिकारों के विस्तार के लिए भारत की स्थिति का अध्ययन करने एवं तत्कालीन वायसराय श्री चेम्सफोर्ड से मिलने इंग्लैंड से भारत आ रहे हैं। श्रीमती कजिंस ब्रिटेन में महिला मताधिकार आंदोलन की नेत्री रही थीं, इसलिए उनके पति डॉ. जेम्स कजिंस ने मजाक में उनसे कहा, "भारत में यही आंदोलन चलाने के बारे में तुम्हारा क्या खयाल है? अपने अधिकारों की माँग रखने के लिए यह अच्छा मौका है।"

श्रीमती कजिंस तो जैसे पहले से ही तैयार बैठी थीं। उन्होंने इस मजाक को चुनौती के रूप में लिया और उसी क्षण से योजना बनाने लगीं। तुरंत पूना में महिला विश्वविद्यालय के संचालक श्री कर्वे को पत्र लिखकर उनकी सम्मति माँगी। उत्साहजनक उत्तर पाकर उन्होंने कुछ प्रमुख नेत्रियों से सलाह की और उसी वर्ष मद्रास में 'वीमेंस इंडियन एसोसिएशन' की स्थापना कर डाली।

इस संस्था के माध्यम से उन्होंने भारतीय महिलाओं के लिए मताधिकार की माँग को सामने लाने का निश्चय किया। पर इंग्लैंड के अपने अनुभव के आधार पर प्रारंभ में वे आशावादी नहीं थीं। इंग्लैंड की महिलाओं को मताधिकार के लिए लड़ते पचासी वर्ष हो चुके थे और तब तक उन्हें मताधिकार नहीं मिल सका था (अगले वर्ष 1918 में ही वहाँ सीमित रूप में महिला मताधिकार स्वीकार किया गया था)। फिर जहाँ (भारत में) महिलाएँ न शिक्षित थीं, न अपने अधिकारों के प्रति सचेत या संगठित ही, वहाँ महिला मताधिकार की माँग उन्हें एक अजूबा ही मालूम होती थी। भारत आए अभी उन्हें दो वर्ष ही हुए थे, इसलिए भारतीय स्त्रियों की सामाजिक योग्यताओं की पूरी जानकारी भी उन्हें नहीं थी। फिर भी, डबलिन यूनिवर्सिटी में भारतीय दर्शन के अध्ययन से और भारत में उस समय प्रमुख राष्ट्रीय संस्था कांग्रेस के अध्यक्ष पद पर एक महिला—एनी बेसेंट—को आसीन देखकर उन्हें आशा बँधी कि भारत में महिलाओं को स्वतंत्रता भले न प्राप्त हो, उनका सम्मान अवश्य किया जाता है। इससे प्रभावित होकर उन्होंने भारत की नागरिकता ग्रहण की।

18 दिसंबर, 1917 का दिन भारत महिला पुनरुत्थान का पहला मोड़ माना जाता है। उस दिन श्रीमती सरोजिनी नायडू के नेतृत्व में सभी प्रांतों की महिलाओं का एक शिष्टमंडल सेक्रेटरी ऑफ स्टेट श्री मांटेग्यू एवं वायसराय श्री चेम्सफोर्ड से मिला। श्रीमती कजिंस एक सदस्या थीं। शिष्टमंडल की माँग थी—महिलाएँ सामान्य नागरिक मानी जाएँ, लिंग के आधार पर भेद समाप्त हो, समान मताधिकार दिया जाए एवं शिक्षा सुविधाएँ बढ़ाई जाएँ।

इसके पश्चात् स्थान-स्थान पर सभाएँ कर प्रस्ताव पारित किए गए। मताधिकार जाँच कमेटी के अध्यक्ष श्री साउथबरो को बंबई की 800 महिलाओं द्वारा ज्ञापन दिया गया। फिर भी अप्रैल 1919 में साउथबरो कमेटी की जो रिपोर्ट प्रकाशित हुई, उसमें महिलाओं का जिक्र तक न था। जुलाई के अंत में जब श्रीमती कजिंस ने पत्रों में पढ़ा कि साउथबरो ने लंदन में दोनों सदनों की 'जॉइंट सिलेक्शन कमेटी' के सामने यह बयान दिया है कि भारत में स्त्रियों की ओर से अभी ऐसी कोई माँग ही नहीं है तो उन्हें बहुत आश्चर्य एवं दुःख हुआ। परंतु 'वीमेंस इंडियन एसोसिएशन', 'वीमेंस ग्रेजुएट यूनियन', 'भारत स्त्री मंडल', 'होमरूल लीग' की महिला शाखाओं और अन्य

महिला संस्थाओं की संयुक्त सभा आयोजित करके उन्होंने साउथबरो कमेटी की रिपोर्ट पर कड़ा विरोध प्रकट किया और एक प्रस्ताव पास करवाकर लंदन में 'ज्वॉइंट सिलेक्शन कमेटी' के पास भेजा। भारतीय महिलाओं की राजनीतिक स्थिति के विषय में उन्होंने दो दलीलें प्रस्तुत की थीं—राष्ट्रीय कांग्रेस में उनका महत्त्वपूर्ण स्थान एवं अध्यक्ष पद पर महिला की नियुक्ति और विगत पंद्रह वर्षों से स्थानीय शासन में महिला प्रतिनिधित्व।

श्रीमती सरोजिनी नायडू ने कमेटी के सामने भारतीय महिलाओं का जोरदार पक्ष रखा। इस संगठित विरोध का प्रभाव इस रूप में पड़ा कि मांटेग्यू-चेम्सफोर्ड सुधारों में यद्यपि महिला मताधिकार की बात नहीं मानी गई, पर भारत में प्रांतीय सरकारों को इस विषय पर विचार करने का अधिकार दे दिया गया। श्रीमती कजिंस के आंदोलन को इससे बल मिला। उन्होंने मद्रास सरकार पर जोर डाला और सन् 1921 के प्रारंभ में मद्रास विधानसभा में एक प्रस्ताव पारित करके महिलाओं को पुरुषों के समान योग्यता के आधार पर मत देने का अधिकार प्रदान कर दिया। इस प्रकार इंग्लैंड में महिला मताधिकार के लिए जो लड़ाई सन् 1832 से 1918 तक यानी पूरे छियासी साल लड़ी गई, भारत में वही सफलता 1917 से 1921 तक के समय में प्राप्त कर ली गई।

19 मार्च, 1921 को श्रीमती कजिंस ने 'इंटरनेशनल वीमेन सफरेज एलाइंस' की ब्रिटिश शाखा की अध्यक्षा श्रीमती अबोट को एक पत्र लिखकर मद्रास में स्त्रियों को वोट का अधिकार मिल जाने की सूचना दी। साथ ही अन्य प्रांतों में इस आंदोलन को चलाने के लिए उनसे धन की माँग भी की। उत्तर में उन्हें व्यापक समर्थन देने के साथ 500-500 पौंड की सहायता कई किस्तों में प्रदान की गई। लेसली कमीशन, न्यूयॉर्क की चेयरमैन श्रीमती चैपमैन द्वारा भी उन्हें 3,000 डॉलर की सहायता इसी काम के लिए दी गई। इसके बाद इस आंदोलन को सभी प्रांतों एवं केंद्र में भी पूरे जोर से चलाया गया। उस समय के सारे प्रेस नोट तथा मद्रास गवर्नर, सेक्रेटरी ऑफ स्टेट, वाइसराय, प्रमुख विदेशी महिलाओं एवं संस्थाओं से पत्र-व्यवहार का सारा रिकॉर्ड श्रीमती कजिंस के नाम से मिलता है। यह रिकॉर्ड अब एक पुस्तिका के रूप में संगृहीत कर दिया गया है। सन् 1926 तक केंद्र में एवं सभी प्रांतों में यह अधिकार मिल गया।

19 मई, 1926 को मद्रास विधानसभा में एक अन्य प्रस्ताव पास करके मद्रास के गवर्नर को महिला प्रतिनिधि नामजद करने तथा महिलाओं को चुनाव लड़ने का अधिकार प्रदान किया गया तो 17 अक्तूबर, 1926 को ही श्रीमती कजिंस ने एक प्रेस वक्तव्य द्वारा चुनाव संघर्ष में भाग लेनेवाली अपनी दो प्रतिनिधियों—श्रीमती कमलादेवी चट्टोपाध्याय तथा हन्ना एंग्लो—के नाम घोषित कर दिए। 12 नवंबर, 1926 को मद्रास

के गवर्नर को पत्र लिखकर उन्होंने केवल श्रीमती कमलादेवी चट्टोपाध्याय के साउथ कनारा क्षेत्र से चुनाव लड़ने की सूचना दी तथा प्रार्थना की कि यदि वे हार जाएँ तो उन्हें नामजद किया जाए, क्योंकि यह पहला मौका है। नामजदगी के लिए विकल्प के तौर पर दूसरा नाम श्रीमती मुत्तुलक्ष्मी रेड्डी का सुझाया गया। कमलादेवी चुनाव लड़ीं। महिला संस्थाओं की ओर से उनकी सफलता के लिए पूरा जोर लगाया गया, फिर भी 4,976 के मुकाबले 4,533 वोट प्राप्त कर वे 423 वोटों से हार गईं। पहला अवसर और भारतीय महिलाओं की सामाजिक स्थिति से उत्पन्न पूर्वग्रह के कारण इसे कमलादेवी चट्टोपाध्याय की सफलता मानते हुए श्रीमती कजिंस ने फिर उन्हें नामजद किए जाने की प्रार्थना की; परंतु मद्रास के गवर्नर ने हारी हुई प्रतिनिधि के स्थान पर श्रीमती मुत्तुलक्ष्मी रेड्डी को ही पहली विधायक के रूप में नामजद किया। इस प्रकार वोट देने का ही नहीं, विधानसभा में बैठने का अधिकार भी भारतीय स्त्रियों ने प्राप्त कर लिया। इस सफलता पर श्रीमती कजिंस को संसार भर की स्त्रियों एवं स्त्री संस्थाओं की ओर से बधाई संदेश मिले।

इसके पूर्व 16 अक्तूबर, 1922 को चिंगलपट (मद्रास) के कलेक्टर श्री गैलेट्टी की ओर से श्रीमती मार्गरेट कजिंस को 'ऑनरेरी मैजिस्ट्रेट' के पद का निमंत्रण मिला। यह निमंत्रण उन्होंने इस दिशा में भी महिलाओं का मार्ग प्रशस्त करने के लिए स्वीकार कर लिया। इस प्रकार फरवरी 1923 में श्रीमती कजिंस स्वयं भारत की 'पहली महिला मैजिस्ट्रेट' के रूप में सामने आईं।

पर उनका लक्ष्य कोई पद पाना नहीं, महिलाओं को ऐसे पदों के योग्य बनाने के लिए जीवन-पर्यंत संघर्ष करना था। इसके लिए 'वीमेंस इंडियन एसोसिएशन' की पत्रिका 'स्त्री धर्म' का संपादन कर उसमें वे नारी जागृति एवं अधिकारों की माँग संबंधी लेख लिखतीं और प्रकाशित करती थीं। स्थान-स्थान पर मीटिंग आयोजित कर महिलाओं में जागृति का मंत्र फूँकती थीं। इसी उद्‌देश्य से उन्होंने सारे भारत तथा कई बार विदेशों की यात्रा की।

श्रीमती कजिंस ने भारत की सभी महिला संस्थाओं से प्रतिनिधि लेकर एक अखिल भारतीय स्तर का गैर-राजनीतिक महिला संगठन स्थापित करने की योजना बना डाली। इसके बाद प्रमुख नेत्रियों के सहयोग से सन् 1927 में 'अखिल भारतीय महिला सम्मेलन' नामक वह सशक्त महिला संस्था प्रकाश में आई, जो तब से आज तक महिला अधिकारों एवं उनके सामाजिक शैक्षणिक उत्थान के लिए उल्लेखनीय कार्य कर रही है। इस संस्था की पत्रिका 'रोशनी' के संपादक मंडल में भी श्रीमती कजिंस का नाम मिलता है। दिल्ली के लेडी इरविन होम साइंस कॉलेज की स्थापना में भी उनका प्रमुख योगदान था।

सन् 1931 में श्रीमती कजिंस ने लाहौर में पहली 'ऑल एशियन वीमेन कॉन्फ्रेंस' बुलाई थी। इसकी अध्यक्षता श्रीमती नायडू जेल से कर रही थीं। उनके स्थान पर प्रतिदिन अलग-अलग देश की प्रतिनिधि महिला को अध्यक्ष बनाया जाता था। सीलोन की श्रीमती भंडारनायके भी उनमें से एक थीं।

अपनी राजनीतिक गतिविधियों के साथ सामाजिक एवं शैक्षणिक क्षेत्र में भी महिलाओं और बच्चों के लिए उन्होंने अनेक कल्याणकारी कार्य किए। कई स्कूल, कॉलेज, महिला आश्रम, बाल कल्याण केंद्र खोले और खुलवाए। मदनपाल थियोसोफिकल कॉलेज में भी उनका प्रमुख योगदान रहा। सन् 1923 में इंडियन पैनल कोड के अंतर्गत एक इमरजेंसी ऑर्डिनेंस का विरोध करने के कारण वे गिरफ्तार होकर एक वर्ष बेलूर जेल में भी रहीं।

श्रीमती कजिंस इतनी श्रेष्ठ कार्यकर्त्री होने पर भी भावुक कलाकार, सौंदर्य-प्रेमी, संगीतज्ञा और लेखिका थीं। उनकी लिखी पुस्तकें हैं—'दि अवेकनिंग ऑफ एशियन वीमेनहुड', 'द म्यूजिक ऑफ ओरिएंट एंड ऑक्सीडेंट' तथा 'इंडियन वीमेनहुड टुडे'। इसके अतिरिक्त उन्होंने सैकड़ों लेख, भाषण एवं रिपोर्ट्स लिखी हैं। उनके कवि, लेखक, विद्वान् और सामाजिक कार्यकर्ता पति श्री कजिंस ने भी लगभग तीस पुस्तकें लिखी हैं। पति-पत्नी दोनों का परस्पर प्रेम और सहयोग लोगों की ईर्ष्या का विषय था। संभवत: यही उनकी अद्भुत कार्यक्षमता एवं सफलता का रहस्य भी था।

सन् 1943 में श्रीमती कजिंस को पक्षाघात हो गया था, अत: वे विभिन्न गतिविधियों में सक्रिय भाग तो न ले सकती थीं, पर महिला प्रगति का सूक्ष्म अध्ययन तब भी करती रहीं। सन् 1950 में भारत के संविधान में जब महिलाओं को पूर्ण समान अधिकार प्रदान किए गए तो उनकी खुशी की सीमा न थी। सन् 1954 के प्रारंभ में इस संतोष के साथ उन्होंने इस संसार से विदा ली कि जिस काम का उन्होंने भारत में आकर बीड़ा उठाया था, वह उनके जीते-जी पूरा हुआ।

उनकी मृत्यु पर श्रद्धांजलि अर्पित करते हुए श्रीमती विजयलक्ष्मी पंडित ने कहा था, "श्रीमती मार्गरेट कजिंस की स्मृति हमें न केवल महिला कल्याण कार्य के लिए प्रेरित करेगी, बल्कि इस देश के हर काम के लिए भी, जिसे वे प्यार करती थीं, प्रेरणा देगी । उन्हें आशा थी कि महिलाएँ केवल उनकी स्मृति में एक सम्मानजनक प्रस्ताव पास करके या कोई स्मारक खड़ा करके ही दम न लेंगी, बल्कि उस भावना को आगे बढ़ाएँगी, जो इस सारे कार्यकाल में उनके साथ रही।"

□

प्रथम रेल इंजन ड्राइवर

दिप्ती मोदेकर

शनिवार, 17 जनवरी की सुबह अंबाला कैंट स्टेशन पर भारी भीड़ जमा थी। भीड़ में शामिल लोगों का उत्साह देखते ही बनता था। भीड़ में पुरुषों की अपेक्षा महिलाओं व बच्चों की संख्या अधिक थी, मानो मौसम की ठंडक भी उनके उत्साह को ठंडा करने में असमर्थ थी। वे सभी उत्सुक थे भारत की पहली महिला रेल इंजन ड्राइवर की एक झलक पाने को।

तभी प्लेटफॉर्म पर लगे लाउडस्पीकरों से 2231 डाउन सद्भावना एक्सप्रेस के आने की उद्घोषणा की गई। देखते-ही-देखते हाथों में फूल मालाएँ व विभिन्न उपहार लिये जनसमूह उस प्लेटफॉर्म पर जुटने लगा, जिस पर सद्भावना एक्सप्रेस आनेवाली थी। इंजन ड्राइवर दीप्ती मोदेकर स्वतंत्र रूप से इस रेलगाड़ी को बिलासपुर (छत्तीसगढ़) से चलाकर अंबाला कैंट स्टेशन पर पहुँचनेवाली थीं।

जैसे ही सद्भावना एक्सप्रेस प्लेटफॉर्म पर आकर रुकी लोगों में दीप्ती को बधाई देने की होड़ लग गई। बधाई देनेवालों में रेलवे के अंबाला मंडल के अतिरिक्त मंडलीय प्रबंधक आर.के. सक्सेना ने आधिकारिक तौर पर पुष्पहार के साथ दीप्ती का स्वागत किया। हर कोई उस साहसी महिला की झलक पाना चाहता था, जो पूरी रात एक विशालकाय रेलगाड़ी को चलाकर लाई थी।

दीप्ती के पिता एल.डी. मोदेकर अपने पूरे परिवार के साथ स्टेशन पर उपस्थित थे। छत्तीसगढ़ राज्य के निवासी व रेलवे में ही कार्यरत डी.एल. मोदेकर के लिए वह शायद सर्वाधिक गर्व का दिन था। आखिर हो भी क्यों न! उनकी साहसी एवं संकल्पशक्ति की

धनी बेटी ने 'भारत की पहली रेल इंजन ड्राइवर' होने का गौरव जो प्राप्त किया था।

दीप्ती का जन्म 1981 में छत्तीसगढ़ में हुआ था। वहीं उनकी शिक्षा-दीक्षा भी शुरू हुई। शुरू से ही दीप्ती की रुचि उन विष्यों में नहीं थी, जिन्हें अधिकतर लड़कियों के लिए माना जाता है। रेलवे कॉलोनी में तो वह अपने भरे-पूरे परिवार के साथ रहती थीं। सुबह रेलगाड़ियों की सीटी के साथ उनकी आँख खुलती। दिन भर आती-जाती रेलगाड़ियों की छुक-छुक में उन्हें मधुर संगीत सुनाई देता। इस माहौल में पलनेवाली दीप्ती की आँखों में कब रेलगाड़ी चलाने का सपना बस गया, उन्हें स्वयं इसका ज्ञान नहीं। वह कहती हैं, "मैं कुछ ऐसा अनूठा कार्य करना चाहती थी, जिससे मेरे परिवार का नाम रोशन हो। मैंने बचपन से सुना था कि रेलगाड़ी चलाना महिलाओं के वश की बात नहीं। लंबी दूरी तक रेलगाड़ी चलानी पड़ती है। रात के अँधेरे में, घने जंगलों के बीच से रेलगाड़ी ले जानी पड़ती है। बीच में कुछ अनहोनी हो जाए तो? इसीलिए मैंने भी इस चुनौतीपूर्ण कार्य को करने की मन में ठान ली।"

इस चुनौती को पूरा करने के लिए दीप्ती ने वैद्युत् अभियांत्रिकी के पाठ्यक्रम में प्रवेश लिया। वैद्युत् अभियांत्रिकी में स्नातक की उपाधि अर्जित करने के पश्चात् दीप्ती ने रेलवे बोर्ड की परीक्षा उत्तीर्ण की। रेलवे में चयन होने के बाद उन्होंने छत्तीसगढ़ में प्रशिक्षण प्राप्त किया। उसके बाद गाजियाबाद में उन्हें विद्युत् अभियांत्रिकी का विशेष प्रशिक्षण दिया गया और रेलगाड़ी चलाने की बारीक तकनीकों से परिचित कराया गया। इतने कठोर प्रशिक्षणों से गुजरने के बाद ही उन्हें इंजन ड्राइवर के पद पर नियुक्ति दी गई।

हालाँकि इंजन ड्राइवर के रूप में दीप्ती की नियुक्ति सन् 2006 में ही हो गई थी, परंतु स्वतंत्र रूप से रेलगाड़ी चलाने के लिए उन्हें तीन साल प्रतीक्षा करनी पड़ी। इसका कारण था कि जिन मार्गों पर उन्हें रेल चलानी पड़ती थी, उनके किसी भी स्टेशन पर महिलाओं के लिए रात में रुकने की व्यवस्था नहीं। इसलिए उन्हें छोटी-छोटी दूरियों तक दिन में ही रेलगाड़ी चलाकर संतुष्ट हो जाना पड़ता था।

पर अब दीप्ती मोदेकर पूर्णकालिक इंजन ड्राइवर के रूप में कार्यरत हैं। लंबी दूरियों तक रेलगाड़ी चलाकर ले जाना उन्हें बच्चों का खेल लगता है। जब वह पहली बार रेल चलाकर अंबाला कैंट स्टेशन पहुँची थीं, तब के अनुभव के बारे में वह बताती हैं, "स्टेशन पर भारी भीड़ जमा थी। मुझे सुखद आश्चर्य हुआ कि वे सभी मेरे स्वागत में खड़े हैं। मुझे लगने लगा था, जैसे मैं कोई वीआईपी या सेलीब्रिटी होऊँ। मेरा मन भीड़ में को देखकर गद्गद हो गया। कृतज्ञता का भाव भी हृदय में उमड़ रहा था। मुझे विश्वास है कि लोग अब नारी की दक्षता पर भरोसा करने लगे हैं।"

चुनौतीपूर्ण कार्य करने की नारियों की क्षमता सभी संदेहों से परे है, परंतु उनमें आत्मविश्वास की कमी मुख्य बाधा है। दुर्भाग्य से हमारे समाज में अब भी अनेक ऐसे

तत्त्व सक्रिय हैं, जो महिलाओं में आत्मविश्वास को पनपने नहीं देते। जब भी कोई नारी लीक से हटकर नया कार्य करने लगती है तो ये तत्त्व एक सुर में उसकी आलोचना शुरू कर देते हैं।

लेकिन दीप्ती मोदेकर जैसी नारियों का साहस एक आश्वासन देता है कि आज की नारी चुनौतियों को स्वीकार करने में किसी से पीछे नहीं है। वह पूरी शक्ति से पारंपरिक रूढ़ियों को तोड़ रही है। आज केवल एक महिला रेलगाड़ी चला रही है। कल को अनगिनत महिलाएँ रेलगाड़ी लेकर कठिन सफर पर निकल रही होंगी। उस समय वे केवल नौकरी ही नहीं कर रही होंगी, बल्कि हजारों यात्रियों को उनके गंतव्य तक सुरक्षित ले जाने के कर्तव्य का निर्वाह भी कर रही होंगी। अगली बार जब आप रेलयात्रा पर जाएँ तो हो सकता है कि आप जिस रेलगाड़ी में यात्रा कर रहे हैं, उसे कोई महिला ही चला रही हो।